2018年主题出版重点出版物
"十三五"国家重点出版物出版规划项目

国际视野下的中国对外开放丛书
张燕生 主编

全球化视野下的我国自贸区战略

赵晋平 等著

图书在版编目（CIP）数据

全球化视野下的我国自贸区战略/赵晋平等著.—广州：广东经济出版社，2019.4

（国际视野下的中国对外开放）

ISBN 978-7-5454-6705-5

Ⅰ.①全… Ⅱ.①赵… Ⅲ.①自由贸易区-贸易战略-研究-中国 Ⅳ.①F752

中国版本图书馆 CIP 数据核字（2019）第 073558 号

出 版 人：李　鹏
责任编辑：刘　倩
责任技编：许伟斌

全球化视野下的我国自贸区战略
Quanqiuhua Shiyexia De Woguo Zimaoqu Zhanlue

出版发行	广东经济出版社（广州市环市东路水荫路11号11~12楼）
经销	全国新华书店
印刷	广东鹏腾宇文化创新有限公司 （广东省珠海市高新区科技九路88号七号厂房）
开本	787毫米×1092毫米　1/16
印张	15.75
字数	260 000字
版次	2019年4月第1版
印次	2019年4月第1次
书号	ISBN 978-7-5454-6705-5
定价	48.00元

如发现印装质量问题，影响阅读，请与承印厂联系调换。
发行部地址：广州市环市东路水荫路11号11楼
电话：（020）37601950　邮政编码：510075
邮购地址：广州市环市东路水荫路11号11楼
电话：（020）37601980　营销网址：http://www.gebook.com
广东经济出版社新浪官方微博：http://e.weibo.com/gebook
广东经济出版社常年法律顾问：胡志海律师
·版权所有　翻印必究·

课题组名单

课题负责人：

赵晋平　国务院发展研究中心对外经济研究部原部长、研究员
　　　　国研智库特邀首席经济学家
　　　　执笔：前言、导论、第五章、案例1至案例7

课题组成员：

张　琦　国务院发展研究中心对外经济研究部部长、研究员
　　　　执笔：第四章
张伯伟　南开大学经济学院副院长
　　　　执笔：第三章
许宏强　国务院发展研究中心对外经济研究部研究室主任、研究员
　　　　执笔：第二章
赵福军　国务院发展研究中心对外经济研究部研究员
　　　　执笔：第一章
陈红娜　国务院发展研究中心对外经济研究部研究助理
　　　　执笔：第六章

前　言

习近平总书记在2018年12月18日庆祝改革开放40周年大会上的重要讲话中明确提出，必须扩大对外开放，促进贸易投资自由化便利化。这是在高度概括和总结过去40年对外开放成功经验的基础上，对未来继续坚持贸易投资自由化政策提出的明确要求。

商签双边和区域自由贸易协定（Free Trade Agreement，FTA）[①]是贸易投资自由化政策的重要组成部分，也是由政策开放走向规则和制度开放的重要途径。我国自2001年正式加入世界贸易组织以来，积极推进和贸易伙伴之间的制度性合作建设，把签署自贸协定上升为对外开放的国家战略。截至2018年12月，我国已经达成17个自贸协定，涉及亚洲、拉丁美洲、大洋洲、欧洲、非洲的25个国家和地区，正在与28个国家进行13个自贸区谈判或升级谈判，与9个国家进行自贸区联合可行性研究或升级研究。

自贸协定对外贸的覆盖率是签署自贸协定成果的一项重要体现。我国在自贸协定框架下的贸易额占全部对外贸易额的比重已经达到30%，自贸协定框架下的商品进口零关税措施也正在按照协定确定的减让目标不断推进和落实。2018年12月24日，国务院关税税则委员会宣布自2019年1月1日起，我国对原产于23个国家或地区的部分商品实施协定税率，其中进一步降税的有中国与新西兰、秘鲁、哥斯达黎加、瑞士、冰岛、澳大利亚、韩国、格鲁吉亚自贸协定以及亚太贸易协定。另外，根据内地与香港、澳门签署的货物贸易协议《关于建立更紧密经贸关系的安排》，对原产于香港、澳门的进口货物

[①] FTA既可以指Free Trade Agreement，也可以指Free Trade Area。Free Trade Area是指Free Trade Agreement覆盖的地域范围。

将全面实施零关税。这可以说是落实自贸协定成果、提升贸易自由化水平取得的最新进展。

中国近20年的自贸区战略实施经验表明，签署双边和区域自贸协定，对加快我国的贸易自由化进程、拓展经济发展的新空间、促进市场竞争和企业效率提升、培育参与国际合作竞争的新优势发挥了重要作用，对和伙伴国建立互利共赢的合作关系、推动区域经济一体化和经济全球化产生了十分重要的积极影响。因此，推进自贸区建设将是我国自身发展需要和用实际行动推动区域经济一体化、经济全球化的长期战略选择，在当前单边主义和贸易保护主义抬头、逆全球化波澜不断的背景下，进一步凸显了促进贸易自由化的重要性和深远意义。

我们必须看到，全球范围内的双边和区域贸易自由化格局出现了许多重大变化，其中对中国来说，既有机遇，但更多的是挑战和竞争压力。一是美国的区域贸易政策转向重点推进双边协定，并已经与欧盟、日本相继启动贸易协定谈判，而日本和欧盟的经济伙伴关系协定（Economic Partnership Agreement,EPA）即将于2019年2月1日正式生效，由此将存在美欧日三大经济体通过双边协定相互联手的可能性，双边安排可能成为今后全球范围内区域贸易自由化的主要方式。二是发达经济体将继续主导区域和全球经贸规则的制定，发展中经济体面临进一步被边缘化的风险。除了上述三大发达经济体相互建立更紧密双边贸易关系之外，"加拿大+欧盟""美国+加拿大+墨西哥""日本+加拿大+澳大利亚+新西兰"等以发达国家和地区为主签署的全面且先进的跨太平洋伙伴关系全面进展协定（Comprehensive Progressive Trans-Pacific Partnership, CPTPP）等目前都已生效或者即将生效。这意味着今后区域贸易自由化规则制定将由发达国家主导，而发展中国家的话语权将进一步降低。另外，美欧日正在联手提出世界贸易组织（World Trade Organization,WTO）改革方案，试图主导多边贸易规则的制定。三是美国挤压中国发展空间的企图在区域合作领域中也不断显现。美国在美加墨自贸协定中加入"毒丸条款"，目的在于限制墨西哥和加拿大与中国之间的自贸合作。2018年12月21日，美国贸易谈判代表办公室发表的美日贸易谈判文件中同样加入了类似的内容，要求日本在与非市场经济地位国家进行贸易协定谈判时，必须建立相应的机制以确保透明度，采取合理行动。这一点实际上主要针对的也是中国。此外，中国并非亚太十一国组成的CPTPP成员，该协定预计2019年初正式生效，中国如果申请加入，将面临艰难的谈判进程，中短期内同样存在被拒之门外的可能性。四是在贸易保护主义的倒逼之下，东亚地区主导的《区域全面经济伙伴关系协定》（Regional Comprehensive Economic Partnership, RCEP）和中日韩自贸协定谈判明显提速，这对于中国来说是对冲风险的重要机遇。但是，由于受印度在自贸协定谈判上的消极态度、日本把CPTPP作为最优先目标等因素的影响，RCEP再次推迟了达成一致的预定时间，中日韩自贸协定也暂时无法取得实质性进展。五是发达国家主导或参与的区域自贸协定普遍具有自由化标准高、覆盖领域全面、边境后议题多的特点，中国在市场准入和国有企业、劳工标准、政府采购、环保标准、知识产权等边境后议题上，与高标准的自由化相比还存在一定差距。这也是中国迄今为止在中日韩自贸协定、RCEP谈判中缺乏强大推动力，无法在早期加入跨太平洋伙伴关系协定（Trans-Pacific Partnership Agreement, TPP）谈判的原因之一。

为了把握区域经济合作的主动权，在未来的贸易和投资自由化中发挥积极作用，中国需要按照习近平总书记的要求，加大自贸区战略的推进力度。建议在以下几个方面采取更加积极的措施。

一是将促成RCEP早日签署作为最优先目标。在与各国协商的基础上，力争在2019年亚洲太平洋经济合作组织（Asia-Pacific Economic Cooperation, APEC）成员方领导人非正式会议之前结束第一阶段谈判，并为随后几年继续提升协定自由化水平的升级谈判预留一定空间。中日韩可在RCEP框架的基础上开展三方谈判，打造自由化水平更高的三国自贸协定。

二是根据中国2018年9月发布的《关于中美经贸摩擦的事实与中方立场》中提出的政策主张，中方愿意和美方共同推动重启中美双边投资协定谈判和适时启动高水平自由化的中美贸易协定谈判。这一议题应当列入目前中美就贸易问题进行双边磋商的内容之一，并尽早落实。

三是加强与欧盟之间关于双边投资协定的政策磋商，通过主动扩大开放和改善营商环境的积极举措，为早日达成协定作出努力。在此基础上适时启动中欧自贸协定谈判进程。

四是与CPTPP各成员方进行磋商，朝着申请加入该协定的方向做好准备工作。待时机成熟时正式要求启动谈判。

为了实现这些目标，中国必须全面落实党的十八大以来关于扩大开放的一系列重大举措，扩大市场准入，打造国际一流营商环境，进一步完善国内竞争政策和知识产权保护法制环境，推动自贸试验区建设和探索建立自贸港，为构建高标准开放型经济新体制积累经验、打好基础，真正实现形成全面开放新格局的政策目标。

　　上述内容是在本书正式付印之际，笔者结合自贸区建设领域的一些最新情况完成的一篇短文。将这些内容作为本书的前言编入，是希望能为读者阅读本书提供一些参考。另外，本书的导论对书中主要章节的部分观点和内容作了归纳和梳理，使得读者更容易从其中了解本书的核心观点。本书还收录了笔者和研究团队前几年的部分研究案例，以便进一步增加关于我国自贸区政策研究等务实内容，帮助读者从历史演进和国别视角把握自贸区战略的丰富内涵。本书的全部内容是在张琦、许宏强、赵福军、陈红娜等昔日同事们的通力合作和南开大学张伯伟教授的友情参与下完成的，在广东经济出版社的大力支持下作为"国际视野下的中国对外开放丛书"之一正式出版。刘倩编辑和毛一飞编辑为本书出版做了很多工作。在此对所有参与者所做的卓有成效的工作和辛勤付出表示衷心的感谢！

赵晋平
2018年12月28日 于北京

目 录

导 论 ·· 001
  一、区域贸易协定发展格局出现新变化 ································ 001
  二、外部环境变化对中国自贸区战略带来的压力仍在上升 ········ 002
  三、实施高水平自贸区战略有利于改革和发展 ······················· 003
  四、进一步明确我国自贸区战略的阶段性目标和实施步骤 ········ 004
  五、加快自贸区建设的主要措施 ·· 005

第一章 中国经济发展总体概况 ·· 006
  一、中国经济在全球经济中的地位不断提升 ··························· 006
  二、中国产业国际竞争力不断增强 ······································· 009
  三、中国开放型经济快速发展 ·· 015
  四、中国市场仍存在进一步开放的空间 ································ 018
  五、亟须加快培育国际合作与竞争的新优势 ··························· 019

第二章 新形势下我国加快制定和推进 FTA 战略的意义 ············ 027
  一、国际新形势下我国加快制定和推进 FTA 战略的意义 ········· 028
  二、国内新形势下我国加快制定和推进 FTA 战略的意义 ········· 035
  附表 我国周边国家（地区）签署的自由贸易协定 ·················· 039

第三章　我国 FTA 战略的经济影响分析 045
　　一、自由贸易区经济影响的理论机制 045
　　二、CGE 模型的相关假定 048
　　三、不同 FTA 情景的宏观经济影响及比较 052
　　四、不同 FTA 情景的部门层面影响及比较 057
　　五、结论和建议 064

第四章　我国实施自贸区战略的进展与面临的挑战 066
　　一、我国推进自贸区战略最新进展及影响 066
　　二、我国已达成 FTA 的主要特点 070
　　三、我国推进 FTA 谈判面临的新形势 075
　　四、小结 087

第五章　我国自贸区战略规划思路与政策建议 088
　　一、全球区域经济一体化趋势新特点 088
　　二、我国自贸区战略面临的机遇和挑战 092
　　三、我国自贸区战略的未来走向与目标 094
　　四、我国自贸区战略的实施路径 098
　　五、推进我国自贸区战略的主要策略和政策举措 102

第六章　文献综述与政策建议 108
　　一、全球自贸区发展趋势变化及特点 109
　　二、中国自贸区的发展现状 114
　　三、国外 FTA 发展情况 127
　　四、中国发展 FTA 的政策建议 143
　　案例 1：跨太平洋经济伙伴关系协定（TPP）的影响与我国的对策 146

案例2：中国—加拿大自贸区建设的可行性及其影响 …………… 165

案例3：澳大利亚FTA战略对我国的影响和借鉴意义 …………… 186

案例4：中国—海合会自贸协定的意义和影响 ………………… 196

案例5：中韩自贸协定经济影响的模拟分析 …………………… 206

案例6：推进区域全面经济伙伴关系协定谈判的意义 …………… 218

案例7：中日韩自贸区进程需要再提速 ………………………… 223

参考文献 …………………………………………………… 228

导　论

2018年恰逢我国改革开放40周年，在当前全球化和区域经济一体化格局加速调整、我国经济由高速增长转向高质量发展和经济体制改革深入推进的背景下，总结40年来我国在对外开放中取得的成就和经验，科学研究和制定新时代对外开放战略与政策，对于全面落实党的十八届三中全会关于"构建开放型经济新体制"的重大部署、深入贯彻习近平总书记在党的十九大报告中提出的"推动形成全面开放新格局"战略目标、助力我国高质量发展具有重要意义。自贸区战略是我国对外开放战略的重要组成部分，在提升我国对外开放水平、培育经济发展新动能、构建互利共赢的国际和区域合作关系、促进区域经济一体化和全球化等方面发挥了十分重要的作用。在纪念改革开放40年之际，笔者将在以往10多年有关我国自贸区战略和政策研究的大量成果的基础上，对全球化视角下的我国自贸区战略进行系统的、全面的梳理和分析。

一、区域贸易协定发展格局出现新变化

受2008年国际金融危机之后全球经济持续调整、跨境贸易和投资回升乏力、主要大国单边主义和贸易保护主义行为明显抬头等因素的影响，全球区域经济格局大调整明显加快，并表现出以下六大特点：一是签署自贸协定已经成为全球范围内双边及区域多边合作的新潮流和主要内容，多数国家对于自贸协定能够带来的经济利益和竞争促进效应普遍形成共识。二是贸易投资自由化覆盖领域明显扩展，不仅涉及传统的货物贸易和市场准入，而且包括服务贸易和市场标准、规则，成员间承诺的开放水平和标准也普遍提高。三

是在发生美国退出TPP等重大事件的情况下，欧盟、日本等发达经济体加快推进CPTPP、日欧EPA等跨区域自贸区建设，成为高水平区域贸易自由化的主要推动力量。四是美国转向重视双边协定的自贸区政策，美国、欧盟、日本加强相互之间的零关税贸易安排，将自贸协定谈判作为其实现外交和地缘政治目标、主导全球新规则制定的重要工具。五是新兴经济体推进自贸区建设的力度明显加强，主要目的在于回避贸易投资转移效应的不利影响，提高国际竞争力和保持经济外交的均衡关系。六是东亚区域一体化出现突破性进展，与欧美等其他地区的差距正在缩小，中日韩自贸协定、RCEP等区域多边自贸协定谈判相继启动，追求的贸易自由化水平明显提高。

二、外部环境变化对中国自贸区战略带来的压力仍在上升

在新一轮区域经济一体化格局大调整中，我国面临的机遇日趋凸显。一是中日韩自贸协定、RCEP谈判相继启动，为我国自贸区战略全面升级提供了重要机遇。我国自贸区战略实施范围不断扩大和自由化水平逐步提升，将为构建国际国内各种要素有序自由流动、资源高效配置和市场高度融合的开放型经济新体制创造更加有利的条件。二是这些区域多边进程取得实质性进展，将有利于我国回避其他地区一体化安排带来的贸易转移效应，从东亚经济一体化加快发展中获取更多开放红利。三是加快推进中日韩自贸区和RCEP进程，有利于巩固东亚区域合作成果，提升区域成员的向心力和凝聚力，促进我国周边地区的稳定和共同发展。但今后，我国自贸区战略也将面临十分严峻的挑战。一是中日韩自贸区、RCEP的贸易自由化标准将高于以往区域内的自贸协定，我国的市场开放压力和谈判难度将显著上升。二是CPTPP和美欧、日欧等跨区域贸易集团在全球经济中占有较大份额，也是我国最为重要的贸易和跨境投资伙伴，贸易转移效应将对我国面向这些地区的贸易和投资活动造成冲击。三是主要发达经济体试图通过深化相互经济关系，联手掌控全球经济和贸易投资规则的主导权，制约新兴经济体不断上升的影响力。我国将是其中的主要围堵对象之一，面临着在全球和亚太区域合作及规则制定中被边缘化的风险。四是外部干扰加大了东亚各国关系的复杂性，周边部

分国家的"远交近攻"和"大国平衡"战略,将加大区域内双边和多边协调的难度,尤其是在许多边境后议题的解决方面中国还存在较大差距。综合来看,受目前地缘政治因素、国内行业准入及边境后议题开放水平所限,我国短期内尚不具备加入CPTPP谈判,并促成中日韩自贸协定和RCEP签署的可能性,新一轮一体化进程将对我国经济社会发展的外部环境和区域合作格局造成较大冲击,并带来一定的贸易和投资转移的不利影响。这是当前我国自贸区战略面临的重大挑战之一。

三、实施高水平自贸区战略有利于促进改革和发展

自21世纪初以来,我国的自贸区战略取得了一定成效,但是和世界一些主要经济体和周边国家的实际进展相比,不论是自贸区伙伴数量、贸易覆盖率,还是自由化标准等方面,都存在较大差距,未来的工作还面临着大量难点问题。第一,在货物贸易领域,如何在提高市场开放水平的条件下,客观评价产业冲击和确定敏感产业、如何选择原产地规则和执行方式,需要制定科学合理的谈判策略和应对措施。第二,在服务贸易领域,我国在金融、电信、文化、医疗、教育和法律服务等方面仍有较为严格的市场准入限制,而这些也往往是发达国家优势突出、较为关切的领域,在未来可能发生的FTA和服务贸易谈判中中方将面临较大开放压力。第三,在投资自由化方面,由于国际跨境投资相关规则的双向调整和高标准的投资自由化趋势进一步加快,因此无论在区域自贸安排还是在双边投资协定谈判中,我国都将面临更高标准的投资自由化要求带来的巨大谈判压力。第四,政府采购、知识产权、国有企业、劳工标准、环境保护等区域谈判中不断拓展的所谓边界后议题或新议题,涉及成员国国内的经济制度和更为广泛领域的开放,也将对我国参与新一轮贸易投资自由化、推进FTA战略构成更大挑战。

推进高水平自贸区建设是我国应对国际环境变化的严峻挑战、抢抓战略机遇、深化经济体制改革、全面提升开放型经济水平的战略需要。理论研究和国际经验表明,高水平的自贸区网络有利于促进我国的市场竞争和跨境贸易投资加快发展,有利于消除体制障碍和制约因素、培育参与和引领国际经济合作的竞争新优势,有利于促进经济、就业和国民福利增长。更为重要

的是，高水平自贸区建设有利于形成倒逼机制，以开放促改革，加快经济发展方式转变，有利于提升我国在全球经济治理和区域事务中的影响力与话语权，有利于扩大中国发展对于世界经济发展的贡献和积极作用。

四、进一步明确我国自贸区战略的阶段性目标和实施步骤

我国的自贸区战略应坚持"循序推进、质量优先、突出重点、全面参与"的战略方针，通过2~3年的努力，完成已启动的中日韩自贸协定、RCEP等谈判；初步形成"一带一路"沿线主要经济体之间的双边或此区域自贸区网络布局；推进中国—欧盟、中国—美国等双边自贸协定谈判；成功构建海峡两岸暨香港、澳门更紧密经济伙伴关系以及金砖国家自由贸易区；基本形成覆盖范围广泛的"一带一路"自贸区网络体系，贸易自由化率提高到75%以上。在2028年之前，完成亚太自贸区正式谈判的跨区域经济一体化进程，基本形成以海峡两岸暨香港、澳门为核心区，各类双边自贸区和金砖国家自贸区为基础，中日韩自贸区为先导，东亚RCEP和亚太自贸区为依托的高水平自贸区网络，对外贸易覆盖率超过90%，开放型经济水平得到全面提升。

建议按照以下步骤确定我国自贸区战略实施的路径和阶段性目标。第一，将推进中韩、中澳、中国—东盟等自贸协定升级或后续阶段谈判等作为当前我国自贸区战略实施工作的重点，力争实现以双边促区域多边的牵引效应。第二，把推进中日韩自贸协定谈判作为实现区域多边进程的突破口，在此基础上相机抉择和适时调整RCEP的谈判策略，在谈判难以取得进展的情况下，积极为转向RCEP-1做好充分准备，尤其是利用中日韩与东盟一体化各自先行完成的有利条件，重启以"10+3"为基础的东亚区域一体化进程。第三，深化我国与世界主要经济体之间的双边制度性合作。建议加强政府间高层磋商，研究启动中日、中欧、中美双边谈判的可能性。第四，积极创造条件，加快构建海峡两岸暨香港、澳门更紧密经济关系和金砖国家自贸区。海峡两岸暨香港、澳门建设共同市场事关我国的核心利益，金砖国家联手有助于新兴经济体在世界经济格局大调整中发挥主导作用，也是我国立足长远的全球战略需要。第五，抢抓重要战略机遇，建立广覆盖的自贸区网络。我国

经济地位不断上升和经济长期持续较快增长的巨大潜力，为许多国家寻求有力合作伙伴提供了现实可能性和关注对象。我国应充分利用这一有利形势，抢抓区域合作的重要机遇，为建设高水平的自贸区网络创造条件。第六，明确开启亚太自贸区谈判的中长期目标。我国应着眼长期，紧密跟踪TPP谈判重启可能出现的变化，客观分析和把握TPP生效对我国经济乃至亚太地区经济格局可能产生的影响，组织力量对加入TPP谈判的可能性、时机选择和推进策略等问题开展深入研究，并结合我国对外开放总体规划的阶段性目标提出预案。鉴于直接启动中美双边自贸区谈判难度很大，在双边进程难以取得进展的情况下，建议将其纳入可能重启TPP的多边框架内寻求突破。

五、加快自贸区建设的主要措施

为了实现我国的自贸区战略目标，建议当前和今后着力做好以下几个方面的工作。一是进一步深化涉外经济体制改革，为高水平自贸区战略提供制度与政策保障。二是充分利用自由贸易试验区、自由贸易港等特殊经济区域先行先试积累的开放经验，逐步提高自贸区谈判的自由化标准，在服务业开放领域争取更大突破。三是要系统学习、研究和借鉴国际经验，制定科学、可行的工作规划，增强谈判策略的针对性和务实性。四是更加关注和加紧研究自贸区谈判的新议题，以明确应对策略和调整方向。五是兼顾迂回贸易风险控制和企业运用便捷化的需要，根据不同谈判对象制定科学、可行的原产地规则。六是结合产业结构调整的方向，保持对敏感和优势产品的密切关注与灵活处理态度。七是切实完善敏感产业过渡期安排和生效后补偿工作预案，最大限度降低市场开放和结构调整的成本。八是强化自贸区谈判的统筹决策与内部协调，增加投入和扩大谈判队伍，提高谈判能力。九是大力推进对外经济合作与交流，充分发挥贸易投资便利化的基础作用。十是全面加强促进体系建设、人才培养等自贸区战略实施的基础性工作。

第一章 中国经济发展总体概况

经济发展和产业竞争力状况是决定一国开放领域、范围的重要因素。改革开放以来,中国经济快速发展,经济规模不断扩大,产业竞争力与企业竞争力不断增强,为进一步扩大开放、全面参与国际竞争奠定了坚实的基础。但是,中国产业竞争力特别是服务业竞争力仍不高。未来,伴随经济全球化所带来的激烈国际竞争,需要进一步扩大开放,充分利用、整合全球资源,加快培育参与和引领国际经济合作竞争新优势。

一、中国经济在全球经济中的地位不断提升

(一)中国经济发展取得举世瞩目的成就

1. 中国已成为世界第二大经济体

改革开放以来,中国经济快速增长。1979—2017年,中国经济年均增速达9.54%,同期世界经济年均增速只有2.89%。2017年,中国国民生产总值达到12万亿美元,占全球的比重为15%。目前,中国已成为世界第二大经济体。

2. 中国经济增长对全球经济发展的贡献越来越大

国务院发展研究中心利用世界银行公布的2005年不变美元价格的全球经济数据来测算中国经济增长对全球经济增长的贡献。图1-1给出了世界主要国家和经济体1980—2011年不同阶段对全球经济增长的贡献程度。从测算的结果来看,可以得到以下两点主要结论:

一是中国经济增长对全球经济增长的贡献越来越大。测算的结果显示,

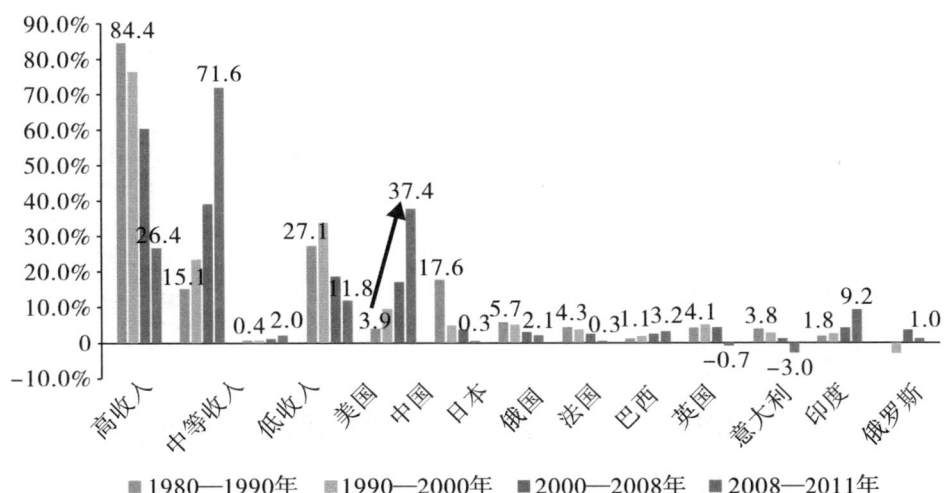

图1-1　1980—2011年世界主要国家和经济体对全球经济增长的贡献率

数据来源：世界银行，WDI 2013，作者计算。

过去的30多年，中国经济对全球经济增长的贡献率平均达到13.5%，相当于发展中国家总贡献的40%。更为关键的是，随着中国经济的增长，中国经济增长对全球经济增长的贡献越来越大。20世纪80年代，中国的贡献率不到4%。到了90年代，中国的贡献率迅速上升至10%左右，相当于80年代的2倍多。21世纪以来，在改革和进一步开放等一系列因素的推动下，中国经济增长再次步入上升通道，这一比率进一步上升，在2008年金融危机爆发之前的8年内达到17.6%。而2008年金融危机的爆发更是使得这一比率达到空前的高度，2008—2011年，全球经济增长接近40%来自中国。根据2018年国务院《政府工作报告》，"十二五"期间，中国经济实力跃上新台阶，国内生产总值从54万亿元增加到82.7万亿元，年均增长8.9%，占世界经济比重从11.4%提高到15.0%左右，对全球经济增长贡献率超过30%。

二是近年来中国逐步取代美国成为全球经济增长量最大的贡献者。在过去的几十年内，美国经济一直是全球经济增长的中流砥柱，1/4左右的全球经济增长来自美国。20世纪的后几十年内，除了日本在60年代和80年代对全球经济增长的贡献接近美国外，其他国家对全球经济增长的贡献都远远低于美国。随着中国经济增速以远高于美国经济增速的速度快速增长，中国经济对全球经济增长的贡献程度越来越接近美国。21世纪初至2008年金融危机爆发之初,中国对全球经济增长的贡献率仅比美国低1.7个百分点。2008年金融危机的爆发加速了这一追赶过程,中国对全球经济增长的贡献迅速超过所有其他国家,成为全球经济增长的第一大引擎。2008年金融危机爆发以来,美国经济的整体贡献迅速下滑至13.7%,2012年这一比率有所上升,达到25.3%。虽然中国经济的增速在下滑,但中国经济对全球经济增长的贡献仍然超过美国经济。中国成为全球经济最大的火车头,特别是在2008年金融危机爆发以后,中国经济对全球经济复苏发挥了重要的作用。

(二)未来中国经济仍将是全球经济增长的头号引擎

未来,中国加快推进工业化、城镇化和农业现代化、信息化,消费结构和产业结构将会不断升级,在较长时期内,中国经济发展仍面临重要机遇。根据国务院发展研究中心外经部课题组测算,预计2021—2025年中国GDP年均增长率为5.9%左右,2026—2030年中国GDP年均增长率为5.0%左右。

而未来,发达经济体可能需要相当长一段时间才能走出困境。2008年金融危机爆发后,发达经济体经济增长陷入低迷,尽管目前已走出最为困难的时期,并初显复苏迹象,但由于普遍面临着高负债、高赤字、高失业和低储蓄的结构性问题,发达经济体可能需要相当长一段时间才能走出困境。与此同时,发达经济体和中国人口逐步老龄化,对储蓄率和投资率产生不利的影响。经受2008年金融危机的冲击后,发达国家实施再工业化战略,积极推进新一轮工业革命,如美国实施以页岩气为主导的能源革命等,促进经济发展。但是,这些举措在短期内难以成为经济增长的主要动力。预计未来10年世界经济平均增速将降至2.9%,明显低于2008年金融危机爆发前5年的3.6%和危机爆发前20年3.1%~3.2%的平均增速。

综观中国与世界未来经济增长态势,尽管未来中国经济增速会逐步下降,但中国经济仍将是全球经济增长的头号引擎。

(三)发展方式转变将进一步扩大进口需求

中国进口规模不断增长,从2007年的9561.16亿美元增长至2017年的18437.93亿美元,增加近1倍。未来世界经济转入低速增长期,外需难以为中国经济发展提供持续发展的支撑，中国经济发展将更多地依靠内需特别是消费需求拉动。未来，扩大居民消费有一定的基础。居民收入不断提高，居民消费结构升级步伐在加快。近几年，中国居民在海外购买奢侈品规模不断扩大。贝恩咨询联手意大利奢侈品贸易协会Altagamma公布了《2017年全球奢侈行业研究报告》（第16版）。2017年个人奢侈品的产值约为2600亿欧元，其中销售对象有32%来自中国的消费者。未来，随着居民消费结构升级，进一步扩大商品、服务进口的潜力很大，今后5年中国将进口10万亿美元左右的商品。未来，随着中国经济发展方式的转变，中国将进一步优化进口商品结构，稳定和引导大宗商品进口，积极扩大先进技术设备和关键零部件进口，适度扩大消费品进口，这将是进一步扩大进口的基础。

二、中国产业国际竞争力不断增强

2017年中国国民生产总值达到12万亿美元，占全球的比重为15%。目前，中国已成为世界第二大经济体。在经济规模不断扩大的同时，产业的国际竞争力不断增强，中国在全球产业分工中的地位不断提升，企业竞争力不断增强，具备进一步扩大开放的基础与条件。

（一）产业竞争力不断提升

一是中国已成为具有影响力的制造业大国。2017年工业增加值约为27.9万亿元，在全球制造业中的比重达到20.7%，居世界首位。从工业产品产量看，目前，中国有220多种产品产量居世界首位，工业制成品出口也已跃居世界第一。从工业竞争力看，根据联合国工业发展组织发布的《2016年工业发展报告》，中国工业竞争力全球排名由2000年的第31位上升到2016年的第5位。

二是中国主要出口产品的竞争力在增强［见图1-2（a）、图1-2（b）］。机电、音像设备及其零件、附件是我国主要的出口产品，占我国出口比重不断提高，2017年这一比重为43.39%。与此同时，2017年机器、机械器具等产品的竞争力进一步提升，显性比较优势指数（RCA）从2002年的1.33上升至2017年的1.62（见表1-1）。

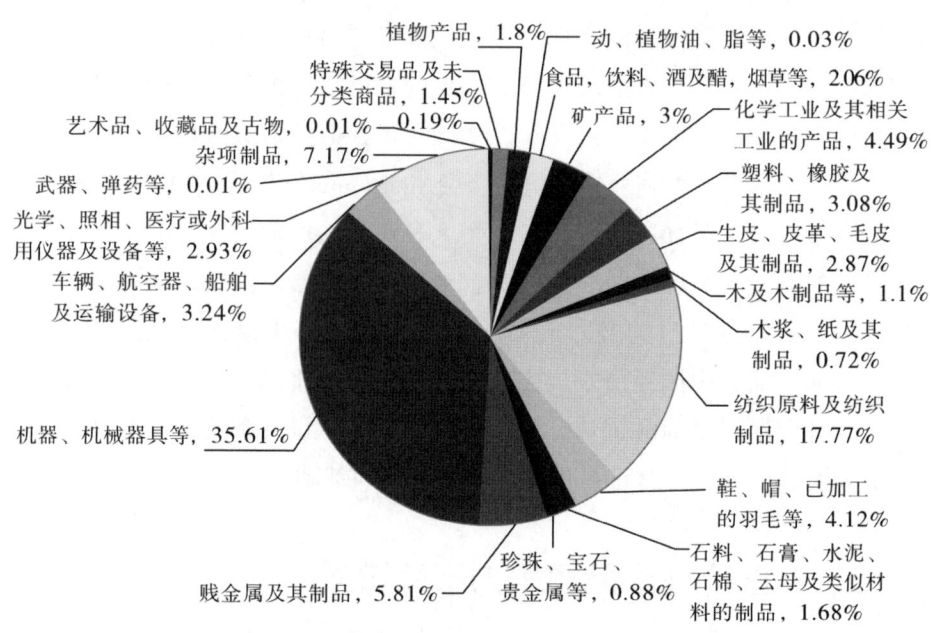

图1-2（a） 2002年中国各类产品出口的占比情况

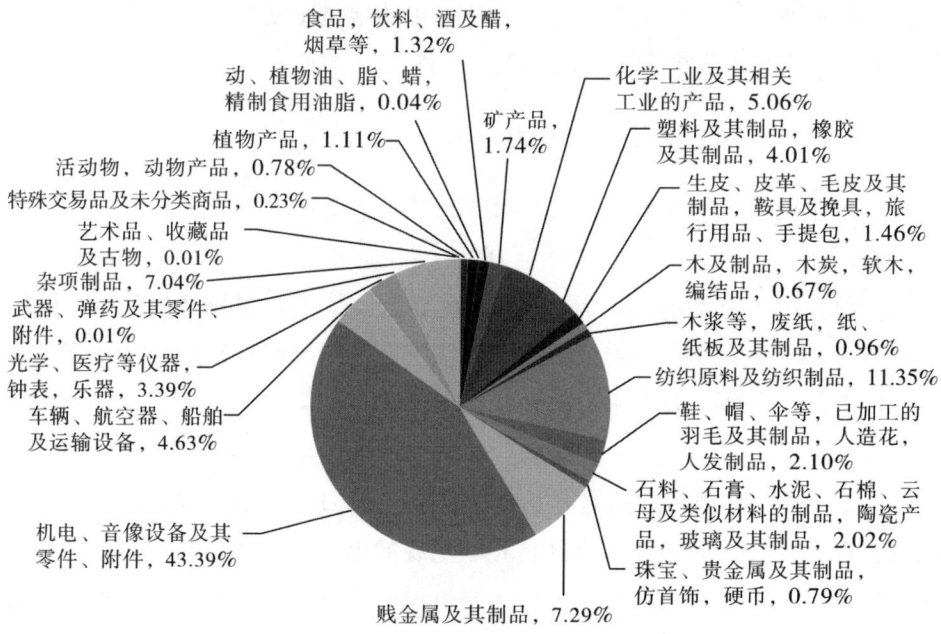

图1-2（b） 2017年中国各类产品出口的占比情况

表1-1 中国出口产品显性比较优势指数变化情况

代号	产业类别	2002年	2017年
1类	农产品	0.80	0.37
2类	植物产品	0.91	0.39
3类	动、植物油、脂等	0.09	0.06
4类	食品，饮料、酒及醋，烟草等	0.54	0.41
5类	矿产品	0.43	0.16
6类	化学工业及其相关工业的产品	0.53	0.55
7类	塑料、橡胶及其制品	0.80	0.92
8类	生皮、皮革、毛皮及其制品	3.83	2.29
9类	木及木制品等	1.08	0.82
10类	木浆、纸及其制品	0.32	0.60
11类	纺织原料及纺织制品	3.50	2.61
12类	鞋、帽、已加工的羽毛等	5.22	3.03
13类	石料、石膏、水泥、石棉、云母及类似材料的制品	1.57	1.93
14类	珍珠、宝石、贵金属等	0.53	0.21
15类	贱金属及其制品	1.04	1.06
16类	机器、机械器具等	1.33	1.62
17类	车辆、航空器、船舶及有关运输设备	0.26	0.40
18类	光学、照相、医疗或外科用仪器及设备等	0.88	0.83
20类	杂项制品	3.33	2.94
21类	艺术品、收藏品及古物	0.05	0.03
22类	特殊交易品及未分类商品	0.07	0.12

数据来源：联合国工业发展组织数据库，HS2002版分类法数据。

说明：（1）该指数的含义为一国商品在全部出口中的占比与全球该商品在出口总额中的占比的比率。定义公式为 $\frac{X_j^k / X_w^k}{X_j / X_w}$。其中 X 代表出口，k 代表出口商品类别，j 代表具体涉及国家，w 代表全球。

（2）按照国际通行标准，显性比较优势指数超过2.5表示竞争力极强，1.25～2.5表示竞争力较强，0.8～1.24表示竞争力处于中等水平，0.8以下表示竞争力较弱。

三是高新技术产业在世界中的地位不断提高。近30年来，我国高新技术产业快速发展，促进了高新技术产品出口。1992年中国高新技术产品出口仅为40亿美元，占全部出口商品的4.7%。经过20年的发展，高新技术产品出口规模越来越大，占全部出口商品的比重也越来越高，2017年高新技术产品出口为6674.4亿美元，占全部出口商品的29.5%（见图1-3）。

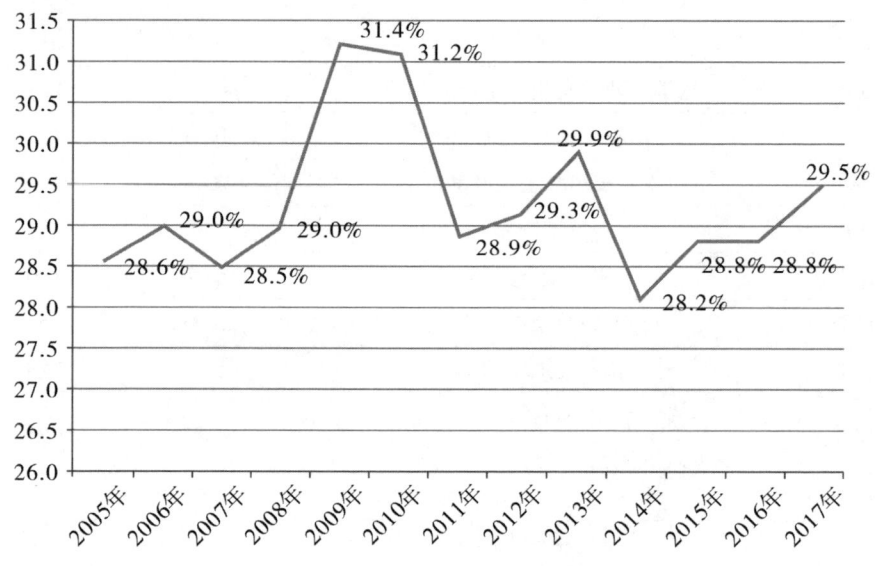

图1-3 高新技术产品占出口的比重

注：图1-3根据中国高新技术出口统计数据与中国出口数据计算出的比例绘制而成。

四是服务业快速发展，服务业发展质量不断提升。①近年来，我国服务业快速发展，服务经济在国民经济和社会发展中正发挥着越来越重要的作用。伴随着服务业快速发展，第三产业占GDP的比重不断上升，从1978年的23.9%上升至2017年的51.6%。②服务业快速发展，带动服务业出口快速增长。服务出口从1982年的25亿美元，增加至2017年的2281亿美元（见表1-2），增加了90倍。与此同时，服务出口占世界比重也不断提高，从1982年占世界的0.7%，上升至2017年的4.3%。2017年我国服务业出口规模居世界第2位。③服务出口结构优化，高附加值服务出口增长较快。2006—2017年服务出口年均增长速度为9.37%，而同期金融服务出口、计算机和信息服务出口年均增长速度分别为

45.95%、26.97%，高于服务出口年均增长速度（见图1-4）。

表1-2　服务出口与金融服务出口、计算机和信息服务出口情况

单位：亿美元

年份	服务出口	金融服务出口	计算机和信息服务出口
2006年	1030.00	1.45	29.58
2007年	1353.00	2.30	43.45
2008年	1633.00	3.15	62.52
2009年	1436.00	4.37	65.12
2010年	1783.00	13.31	92.56
2011年	2010.00	8.00	139.00
2012年	2016.00	19.00	162.00
2013年	2070.00	32.00	171.00
2014年	2191.00	45.00	202.00
2015年	2186.00	23.00	258.00
2016年	2095.00	32.00	265.00
2017年	2281.00	37.00	278.00

资料来源：WIND数据。

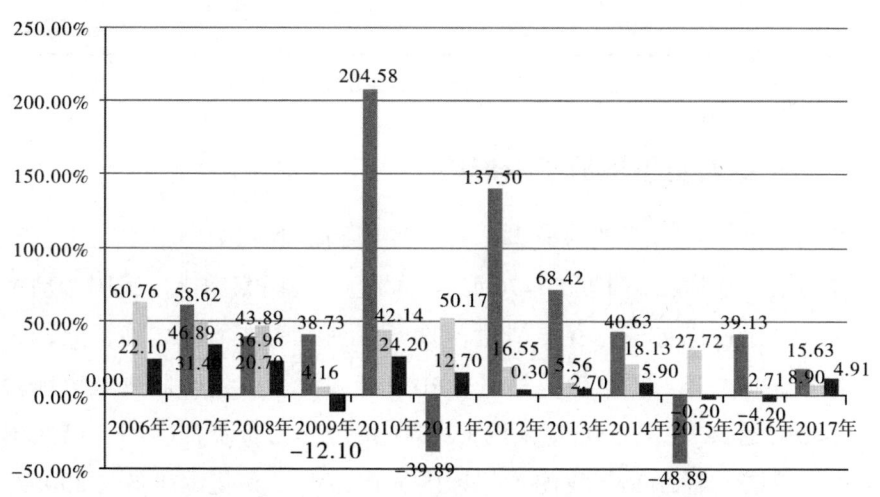

图1-4　金融服务出口、计算机和信息服务出口与服务出口增长情况对比

注：图1-4根据WIND数据整理绘制。

(二)企业实力与品牌竞争力不断增强

在衡量全球大型企业实力最权威的《财富》世界500强企业排行榜中,中国企业上榜数量连续9年持续增加,从2002年的仅11家增长到2018年的120家,上榜企业数量位居世界第2位(见表1-3)。与此同时,中国企业品牌竞争力不断增强,在世界品牌实验室(World Brand Lab)发布的2017年世界品牌500强中,中国有37家企业入选,中国上榜企业数量居全球第5位。

表1-3　2018年各国世界品牌500强企业数

排序	国家	品牌入选数量/家
1	美国	126
2	中国	120
3	日本	52
4	德国	32
5	法国	28
6	英国	20.5
7	韩国	16
8	荷兰	15.5
9	瑞士	14
10	加拿大	12

资料来源:2018年《财富》世界500强企业排名数据。

(三)综合竞争优势不断形成

近10年来,我国劳动力成本上升。我国制造业职工年平均工资从2000年的8750元上升到2016年的59470元。与周边一些国家相比,我国劳动力成本低的传统比较优势正在逐步消退。除了劳动力成本上升之外,土地、资源成本等也在上升。从土地价格看,2011年底,全国主要监测城市地价总水平为4082元/米^2,是2005年末的3.2倍。我国作为负责任大国,已向国际社会庄严承诺,到2020年我国单位国内生产总值二氧化碳排放比2005年降低40%~45%。根据国务院2016年公布的《"十三五"节能减排综合工作方案》,到2020年,全国万元国内生产总值能耗比2015年下降15%。资源、环境约束的加大,必然导致生产成本提高。

调查研究显示[①]，我国在传统劳动力、土地、环境等生产要素方面的低成本优势将逐步减弱。但是，我国劳动力素质、市场环境、基础设施、产业配套、生活环境、社会环境和政府服务等综合优势明显改善。与其他经济体，尤其是其他新兴经济体相比，我国投资环境具有较为明显的综合优势。

相较于其他发展中国家，我国仍具有几个方面的产业配套综合优势：一是我国的绝对优势仍是劳动力规模庞大和占绝对优势比重。比如，与被认为具有经济增长潜力并且与人口红利相关的"新钻十一国"（韩国、印度尼西亚、墨西哥、巴基斯坦、菲律宾、孟加拉国、尼日利亚、伊朗、越南、土耳其、埃及）加上印度共十二国相比，2017年，在15~64岁劳动年龄人口总量中，中国占到了54.5%的绝对多数比重。二是我国劳动力素质不断提高，正在成为经济竞争的新优势。1982年我国劳动者人均受教育年限为4.6年，到2015年已达到9.28年，预计到2020年可达11.2年。这一点，中国相对于许多发展中国家而言都具有明显的优势。三是我国已形成完整的产业链。改革开放40年来，我国在经济发展的同时，产业内分工不断细化，形成了完整产业链的供给能力。

三、中国开放型经济快速发展

（一）中国已成为世界重要的贸易大国

改革开放以来，中国货物贸易快速发展，进出口规模跃居世界第一，成为世界第一大出口国和第二大进口国。货物贸易规模从1992年的1655.3亿美元增加至2017年的4.11万亿美元，增加超过24倍。中国出口的全球市场份额不断增加，从1980年占全球比重的0.9%，增长至2017年的12.7%。与此同时，中国进口正在成为带动全球市场需求增长的最重要因素，中国进口占全球的份额从1980年的1%增长至2017年的10.5%，仅次于美国，居全球第二。

中国服务贸易快速发展，从1982年的44亿美元增加至2017年的6956.8亿美元。与此同时，中国服务贸易占世界比重也不断提升，从1982年的0.6%增加至2017年的6.6%。2017年，在全球服务贸易新的排名中，中国位居世界第

[①] 隆国强等：《中国比较优势的新变化与对策》，中国发展出版社，2013年。

二。2017年服务贸易出口额为2280.9亿美元，占全球的比重为4.3%，居全球第五；进口额为4675.9亿美元，占全球的比重为9%，居全球第二。

（二）中国已成为吸引跨境投资的主要目的地与资本输出大国

2017年中国吸收外商直接投资流量达1310.4亿美元，占全球的比重为9.2%，居世界第二，连续20年成为发展中国家吸收外资最多的国家。根据联合国贸发会议数据库，截至2017年底，中国吸引外商直接投资存量达到1.49万亿美元，占全球的比重为4.7%，居全球第六。

与此同时，中国对外投资规模不断扩大，2017年中国对外直接投资流量达到1200.8亿美元，占全球的比重为8.39%，居世界第三。根据联合国贸发会议数据库，截至2017年底，中国对外直接投资存量达到1.48万亿美元，占全球的比重为4.8%，居全球第六。

（三）中国在全球规则制定中的作用逐步增强

一是中国在国际经济组织中的作用不断提升（见表1-4）。中国在国际货币基金组织中的份额从1980年的2.34%增加至2010年的6.39%；与此同时，投票权也在增加，从1980年的2.28%增加至2010年的6.07%。目前，中国在国际货币基金组织中拥有的份额位居第三；近期国际货币基金组织使用2015年的数据，按照现行份额公式对份额数据进行了更新，中国份额上升至12.6%[①]。中国在世界银行中的份额为5.71%，成为第三大股东，提升了中国在国际经济组织中的地位。与此同时，2008年起，中国人开始在世界银行、国际货币基金组织中出任副行长、副总干事等高级别职务。

表1-4 中国在国际货币基金组织中的份额与投票权

单位：%

年份	份额	投票权
1980	2.34	2.28
2006	3.72	3.65
2010	6.39	6.07

资料来源：根据国际货币基金组织相关数据整理。

[①] 朱隽主编《金融业开放和参与全球治理》，中国金融出版社，2018。

二是积极争取金融等领域的话语权。长期以来，美国穆迪、标准普尔、惠誉三家评级机构长期垄断了国际信用评级话语权。2011年7月，大公国际发布了2010年国家信用风险报告和首批50个典型国家的信用等级，这是中国也是世界第一个非西方国家评级机构第一次向全球发布国家信用风险信息。2011年以来，大公国际连续发布国家信用风险报告，这为中国争取应有的国际金融话语权、规则制定权提供了支持。

（四）中国外汇储备快速增长

从外汇储备数额增长看，1981年底外汇储备首次达到27亿美元；1990年底首次突破100亿美元，达到110.9亿美元；1996年底首次突破1000亿美元；2001年底跨过2000亿美元的门槛；2006年底为1.07万亿美元（见图1-5），首次突破1万亿美元；2012年底为3.31万亿美元。2007—2012年我国外汇储备年均增长16.7%，截至2017年底外汇储备规模为3.14万亿美元。目前，中国外汇储备规模居世界第一。

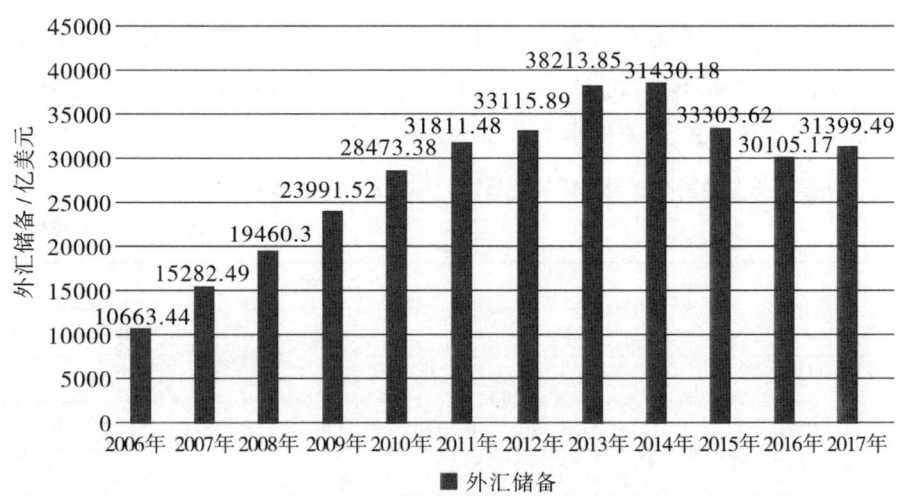

图1-5 中国外汇储备规模变化情况

注：图1-5根据2006—2017年各年底外汇储备存量数据绘制而成。

快速增长的外汇储备，给我国经济发展带来了一系列负面影响。比如使得我国人民币被动超发，加大了人民币升值压力，不利于宏观经济稳定与发展等。因此,为了消化快速增长的外汇储备所带来的压力与负面影响,需要加快扩大进口和对外投资。

四、中国市场仍存在进一步开放的空间

(一)中国关税水平存在减让空间

经历了肯尼迪回合(1964—1967年)—东京回合(1973—1979年)—乌拉圭回合(1986—1993年)—多哈回合(2001—2006年)等进程,世界各国的总体关税水平一直且普遍呈下降趋势。截至2010年,中国货物降税承诺全部履行完毕,关税总水平由2001年的15.3%降至9.8%。而且,中国通过签订自由贸易协定,给予最不发达国家关税特殊优惠,多次以暂定税率方式大幅自主降低进口关税水平,中国实际实施的关税水平远低于向WTO承诺的最惠国平均税率。根据WTO关税数据库(见表1-5),2015年中国实际贸易加权平均关税水平已降至4.4%,明显低于韩国、印度、印度尼西亚等新兴经济体和发展中国家;在农产品和制成品方面,中国已经分别低于日本农产品和澳大利亚非农产品的实际关税水平。但与美国、欧盟相比,中国仍有降税空间。2015年美国、欧盟关税水平分别为2.4%、2.4%。

表1-5 中国与欧盟、印度、日本、印度尼西亚、美国关税水平比较

单位:%

国家/组织	2015年		
	总体	农业	非农业
中国	4.4	9.7	4.0
欧盟	2.4	3.8	2.3
印度	7.6	38.0	5.6
日本	2.1	11.1	1.2
印度尼西亚	6.8	7.8	6.7
美国	2.4	3.8	2.3

资料来源:WTO关税数据库。

（二）扩大开放仍有潜力与空间

经过40年的对外开放，中国已形成全方位多层次宽领域对外开放格局。从开放的部门和领域看，开放了货物、服务、资本、技术等领域，货物贸易关税税率不断降低，履行《服务贸易总协定》的承诺，技术合作不断深化，吸收外资和对外投资快速发展。从开放空间布局看，形成了沿海—内陆与沿江城市—边境地区的全面开放格局。从开放的方式看，积极发展双边、多边经贸关系，推进区域经济合作和区域经济一体化。从参与全球经济治理看，目前中国几乎参加了所有全球经济治理平台，并开始发挥作用。尤其是在国际经贸规则制定中，由被动地接受国际经贸规则，转变为主动参与国际经贸规则的制定。

中国对外开放取得了巨大成就，但为了推进中国经济高质量发展，在对外开放水平、广度和深度方面还需要进一步提升，比如服务业领域开放水平还需进一步提高。我国已经建立自由贸易试验区，通过改革外商投资管理体制、在全国范围内实施外商投资准入前国民待遇、进一步扩大服务业开放等，为全面提升开放型经济水平进行大胆的体制创新和政策突破。

五、亟须加快培育国际合作与竞争的新优势

改革开放40年来，中国通过实施改革开放战略，不断增强产业国际竞争力，中国在全球经济中的地位不断提升，这为中国进一步扩大开放、全面参与国际竞争奠定了坚实的基础。但是，中国仍处在国际分工和价值链的低端环节，服务业竞争力还较弱，未来，为适应国际经济竞争与满足国内需求，中国应全面提高开放型经济水平，加快培育参与和引领国际经济合作竞争新优势。

（一）在国际分工中仍然处于价值链低端环节，创新能力亟待增强

尽管中国在国际产业分工中的地位有所提升，但中国在全球价值链分工中仍然处于较低的生产环节上。从价值链微笑曲线来看，中国大多数产业

在国际分工中位于低增加值率的加工组装和简单零部件生产环节上,而研发活动、高技术零部件生产以及市场与营销、生产性服务业等高附加值生产环节,往往掌握在发达国家的跨国公司手中。具体表现在:

一是中国出口增加值低于发达国家。根据中国科学院数学与系统科学研究院的计算(对中国出口中的加工贸易未做处理),中国出口增加值从20世纪90年代至今呈下降态势(见表1-6),1996年出口增加值为85.51%。与美国、日本相比,中国出口增加值偏低。2011年,中国出口增加值为77.42%,而美国、日本则为84.40%、82.70%。2011年以来,我国不断促进产业转型升级,提高在全球产业价值链中的地位,2016年出口增加值增加至83.13%。事实上,中国出口中加工贸易占比较大,因加工贸易的国内增加值较低[①],如果考虑中国出口加工贸易因素,中国出口增加值远远低于美国、日本。

表1-6 中国出口增加值

单位:%

国家	1996年	2001年	2007年	2011年	2016年
中国	85.51	83.22	74.41	77.42	83.13
美国	92.39	89.34	85.91	84.40	83.80
日本	89.79	90.52	84.23	82.70	85.03

资料来源:中国科学院数学与系统科学研究院计算的数据、全球价值链和中国贸易增加值核算数据库(http://gvc.mofcom.gov.cn/data/)。

二是在高新技术产品贸易中,加工贸易占很大比重。在高新技术产品出口中,加工贸易占比从2012年的71.81%,下降至2016年的61.1%(见表1-7),但占比仍高于我国货物出口平均水平。由于高新技术产品出口中加工贸易比重较大,决定了其增加值较低。作为高科技产业代表的交通运输设备制造业、电气机械及器材制造业、通信设备和计算机及其他电子设备制造业与仪器仪表及文化办公用品制造业的增加值含量较低,1000美元出口带来的国内增加值均不足550美元(见图1-6),如交通运输设备制造业为521美元、电气机械及器材制造业为523美元、通信设备和计算机及其他电子设备

---

① 在总出口拉动的国内增加值中,加工出口拉动的国内增加值仅占26.6%。引自张向晨、徐清军:《国内外贸易增加值问题研究的进展》,《国际经济评论》2013年第4期。

制造447美元、仪器仪表及文化办公用品制造业为409美元,均低于全国平均水平的615美元①。

表1-7　2016年高新技术产品贸易情况

项目	出口		进口		进出口	
	金额/亿美元	比重/%	金额/亿美元	比重/%	金额/亿美元	比重/%
高新技术产品贸易	6041.74	100	5237.24	100	11278.97	100
一般贸易	1577.12	26.1	1644.10	31.4	3221.22	28.6
加工贸易	3691.04	61.1	2190.01	41.8	5881.04	52.1
其他贸易	773.58	12.8	1403.13	26.8	2176.71	19.3

资料来源:《2016年中国统计年鉴》。

三是一些产业发展所需的核心技术、关键部件、基础材料等严重受制于人。例如,与电子信息产业核心竞争力相关的集成电路芯片仍需要大量进口。

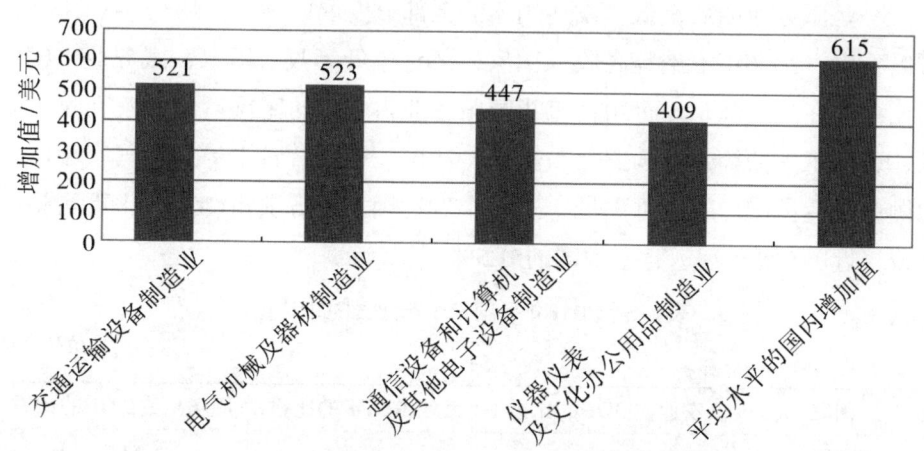

图1-6　高科技产业中不同行业的增加值比较

注:图1-6根据张向晨、徐清军的文章《国内外贸易增加值问题研究的进展》,(《国际经济评论》2013年第4期)的数据绘制而成。

---

①张向晨、徐清军:《国内外贸易增加值问题研究的进展》,《国际经济评论》2013年第4期。

四是研发投入有限,创新能力不足。2017年我国规模以上工业企业研发强度为2.12%[1],而发达国家一般为3%~5%。国际上制造业跨国公司的研发投入占销售收入的比重一般为5%左右,高的甚至为10%~15%,而中国企业中只有华为、中兴等极少数公司可以达到5%的水平。2017年中国创新指数居全球第17位[2],与发达国家还有很大差距。

五是企业国际竞争力有待提高。中国企业收入规模、盈利能力与世界性大企业差距很大。例如:2017年我国电子百强企业总收入合计为3.5万亿元(大约5340亿美元),而2017年IBM收入为791.39亿美元,苹果公司收入为2292.34亿美元;2017年我国电子百强企业利润总额约收入2249亿元(大约340亿美元),而2017年IBM利润为149.76亿美元,苹果公司利润为613.44亿美元。

(二)中国服务业竞争力仍较弱

一是服务业的比重低于发达国家甚至部分发展中国家。从表1-8及图1-7可以看出,2016年不论是高收入国家,还是中低等收入国家,服务业占GDP的比重都在50%以上,而2016年我国服务业占GDP的比重不仅低于高收入国家,还低于中低等收入国家。与美国、法国、德国、日本等发达国家相比,中国服务业占GDP的比重更低。这几个发达国家服务业占GDP的比重均超过(或接近)70%,远远高于中国的51.5%。

表1-8 2016年各国三个产业占GDP比重

单位:%

国家	农业占GDP的比重	工业占GDP的比重	服务业占GDP的比重
中国	8.6	39.9	51.5
高收入国家	1.3	22.9	75.8
中高等收入国家	6.8	32.6	60.6
中等收入国家	8.8	31.6	59.6
中低等收入国家	15.6	28.0	56.4

---

[1] 新华网,http://www.xinhuanet.com/2018-02/13/c_1122413865.htm。
[2] 中国科学技术发展战略研究院发布的《国家创新指数报告2016—2017》。

（续表）

国家	农业占GDP的比重	工业占GDP的比重	服务业占GDP的比重
低收入国家	26.3	29.7	44.0
法国	1.5	17.6	80.9
美国	1.0	18.9	80.1
日本	1.2	29.3	69.5
德国	0.6	27.5	71.9
韩国	1.9	35.1	63.0

数据来源：世界银行数据库。

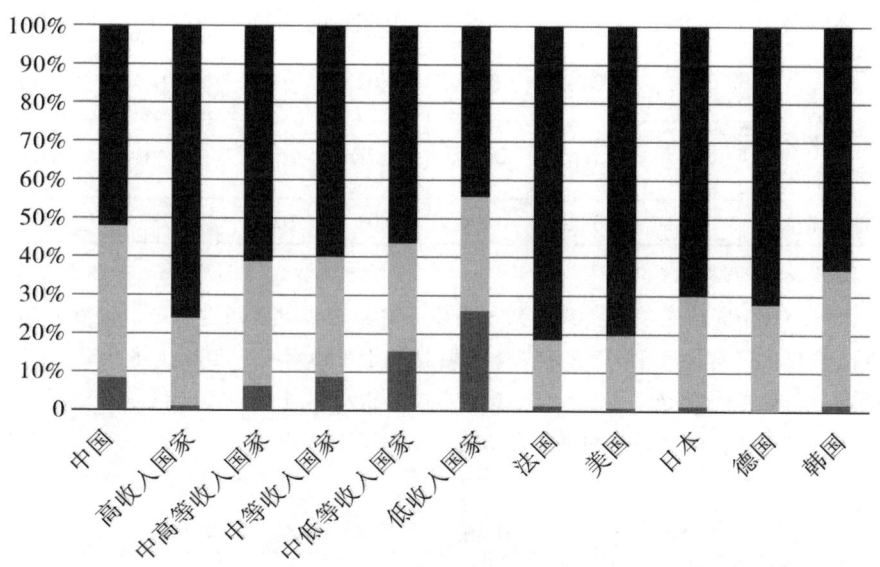

图1-7 2016年主要国家服务业重要性的国际比较

二是中国服务贸易整体竞争力较弱（见表1-9、图1-8）。2017年中国服务业总体贸易竞争力指数为-0.34，其中建筑服务、计算机和信息服务、其他商业服务的竞争力相对较强，而运输服务、旅游、保险服务、金融服务、专有权利使用费和特许费等竞争力相对较弱。从服务贸易竞争力变化态势看，中国服务业总体贸易竞争力指数从2012年的-0.17下降至2017年的-0.34，下降了0.17，显示我国在服务贸易大规模出口增长的同时，进口增速更快。其中，旅游的贸易竞争力持续下降，旅游贸易竞争力指数从2012年的-0.11下降至2017年的-0.31，下降了0.20。

表1-9 服务业分行业贸易竞争力指数

项目	2012年	2013年	2014年	2015年	2016年	2017年	2012—2017年的下降幅度
服务业	-0.17	-0.23	-0.33	-0.33	-0.37	-0.34	-0.17
运输服务	-0.10	-0.11	-0.09	-0.07	-0.07	-0.08	0.02
旅游	-0.11	-0.14	-0.28	-0.31	-0.33	-0.31	-0.20
建筑服务	0.02	0.01	0.02	0.01	0.01	0.02	0.00
保险服务	-0.04	-0.03	-0.03	-0.01	-0.01	-0.01	0.03
金融服务	0.00	0.00	0.00	0.00	0.00	0.00	0.00
计算机和信息服务	0.02	0.02	0.01	0.02	0.02	0.01	-0.01
专有权利使用费和特许费	-0.03	-0.04	-0.03	-0.03	-0.03	-0.03	0.00
其他商业服务	0.02	0.02	0.04	0.03	0.02	0.03	0.01

数据来源：WIND。

说明：服务贸易竞争力指数是指一国服务贸易进出口差额占其进出口贸易总额的比重。该指数值越接近于0，表示竞争力越接近于平均水平；指数值越接近于1，则表示竞争力越大；指数值等于1时，表示该产业只出口不进口；指数值越接近于-1，表示竞争力越弱；指数值等于-1时，表示该产业只进口不出口。

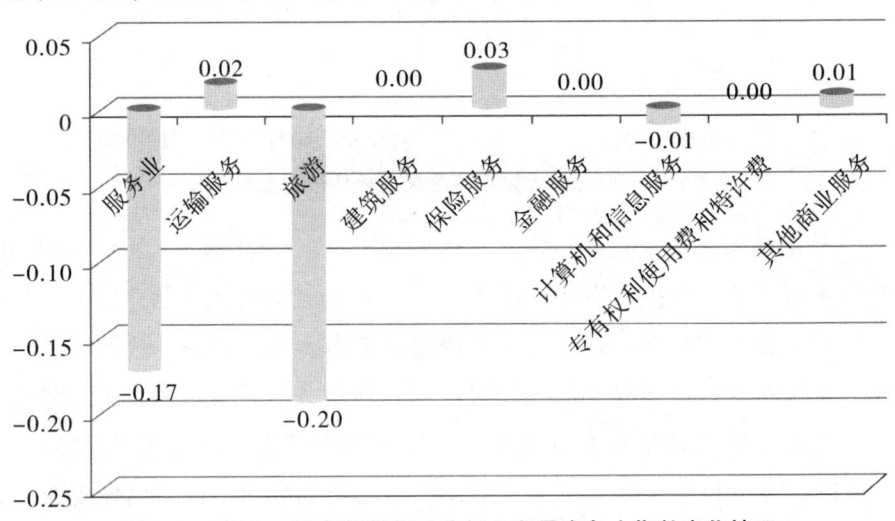

图1-8 2012—2017年服务业分行业贸易竞争力指数变化情况

注：图1-8根据表1-9服务贸易竞争力指数下降幅度绘制而成。

（三）全面提高开放型经济水平，满足国内转型发展需要

改革开放以来，中国经济快速发展，中国在全球经济中的地位显著提升，但是，中国仍处在国际分工体系的低端环节。目前，中国很多出口产品科技含量不高、附加值较低，多数企业缺乏核心技术和自主品牌，中国企业"走出去"的国际化经验不足，参与全球价值链的能力有限。这其中的原因与参与国际竞争不充分、开放程度还有待进一步提高有关。未来，可以进口国内发展急需的大型机器设备、工作母机，加快提升产业水平；增加进口科研设备，提升研发能力等；进一步加强资源、能源领域的国际合作，提升中国在战略性新兴产业领域中的世界地位；实施自贸区战略、积极参与全球治理、提升大宗商品定价权、加快人民币国际化，多管齐下全面提升中国在全球经济治理中的地位；统筹考虑不同国家在国际的地位以及对中国全球战略的影响，有针对性地选择扩大开放、加强国际合作的形式与领域。

中国服务业虽然发展较快，但与发达国家相比仍有一定的差距。未来，随着居民收入不断提高而带来的需求结构升级，服务业在一定程度上必将不能满足居民消费需求、生产发展需要。因此，需要进一步扩大服务业开放，不断满足居民日益提高的服务性需求。

综合以上分析，我们可以得出以下几点基本判断：

一是我国具有进一步扩大开放的基础。我国产业竞争力不断增强，高新技术产业、服务业的竞争力不断提升，逐步形成劳动力素质、市场环境、基础设施、产业配套、生活环境、社会环境和政府服务等质量综合优势，外贸与跨境投资在全球中的地位显著提升，在全球规则制定中的作用逐步增强，外汇储备快速增加，市场开放度仍存在进一步拓展的空间，这为我国进一步扩大开放奠定了坚实的基础。

二是应进一步提升我国产业竞争力与国际话语权，提升我国服务业发展水平，进一步深化开放的领域和提高开放的层次。尽管我国产业竞争力不断增强，但是，我国仍处在国际分工和价值链的低端环节，服务业竞争力还较弱。要改变这一状况，需要进一步深化开放的领域和提高开放的层次，在全球范围整合、利用资源，积极引进进口所需要的资源、产业、技术、设备等，扩大进口规模，不断增强我国在国际规则制定上的话语权。

三是适应经济高质量发展需要,进一步扩大开放。未来世界经济将转入低速增长期,外需难以为中国经济发展提供持续发展的支撑,未来中国经济发展将更多地依靠内需特别是消费需求拉动,因此,要想实现经济高质量发展,就需要进一步扩大进口,不断满足国内需求升级的需要。

第二章　新形势下我国加快制定和推进FTA战略的意义

习近平总书记在党的十九大报告中指出，"中国支持多边贸易体制，促进自由贸易区建设，推动建设开放型世界经济"。李克强总理在2018年发布的《政府工作报告》中提出，"中国坚定不移推进经济全球化，维护自由贸易，愿同有关方推动多边贸易谈判进程，早日结束区域全面经济伙伴关系协定谈判，加快亚太自贸区和东亚经济共同体建设"。

党的十八届三中全会公布的《中共中央关于全面深化改革若干重大问题的决定》要求，"加快自由贸易区建设。坚持世界贸易体制规则，坚持双边、多边、区域次区域开放合作，扩大同各国各地区利益汇合点，以周边为基础加快实施自由贸易区战略。改革市场准入、海关监管、检验检疫等管理体制，加快环境保护、投资保护、政府采购、电子商务等新议题谈判，形成面向全球的高标准自由贸易区网络"。中国加快自由贸易区建设，既是对全球范围内区域经济合作新一轮发展趋势的应对之策，也是我国在当前发展阶段以开放促改革，加快国内体制改革，促进经济结构升级的内在要求。通过签订高水平的自贸协定，建立公平开放透明的市场规则，对外商投资实行准入前国民待遇加负面清单的管理模式，清理和废除妨碍全国统一市场和公平竞争的各种规定和做法，能够推动建立统一开放、竞争有序的市场体系，使市场在资源配置中起决定性作用。

本章内容从我国面临的国际国内新形势出发，分析我国加快制定推进FTA战略的意义。

一、国际新形势下我国加快制定和推进FTA战略的意义

2008年金融危机爆发以来，全球区域经济合作快速发展，呈现出新的趋势性特征，其影响力正日益扩大。这些新的趋势性特征包括：①全球区域一体化趋势增强，进程加快，影响力日益扩大；②新的贸易投资自由化协定覆盖领域广、开放水平和市场标准高；③政治外交因素在新贸易投资协定谈判中起着重要作用。这些特征将对未来国际经贸规则体系和世界经济格局产生重大影响。面对全球贸易投资自由化的新特点和由此可能产生的影响，加快制定和推进我国的FTA战略具有重要意义。

（一）全球区域一体化趋势增强，进程加快，影响力日益扩大

当前，全球多边贸易谈判停滞，区域贸易投资自由化安排（RTA）[①]谈判正在加速。TPP[②]、跨大西洋贸易与投资伙伴关系协定（Transatlantic Trade and Investment Partnership, TTIP）、东盟自由贸易区、RCEP等区域经济协定正在迅速推进，服务贸易协定（TISA）也在谈判之中。这将极大地改变国际经济规则体系，WTO框架下的多边贸易谈判有被边缘化的可能性。

在20世纪末的区域经济一体化安排中，欧盟和北美自由贸易区（NAFTA）的影响力较大，其他的区域或双边贸易投资自由化安排的影响力相对较弱。其中的重要原因在于，参加各个区域经济协定的国家数量有限，区域经济协定覆盖的经济规模占全球比重不高。例如，美国在NAFTA之后签订的自由贸易协定，大多是和一些小型经济体签订的，直到2012年与韩国签订的FTA才是规模较大和对美国经济具有较明显商业价值的协定。

[①] 新的区域贸易投资自由化安排，由于侧重点不同会采用不同的名称，有些称为"经济伙伴协定"（如TPP），有些称为"自由贸易协定"等，本部分内容在分析时将其统称为"区域经济协定"。

[②] 2016年美国新政府上台，实行贸易保护主义和单边主义，退出TPP谈判，重新谈判北美自贸协定的内容，提出建立美欧日零关税区等。美国退出TPP后，在日本等国的推动下，2017年11月11日，启动TPP谈判的11个亚太国家共同发布了一份联合声明，宣布"已经就新的协议达成了基础性的重要共识"，并决定改名为"跨太平洋伙伴关系全面进展协定"。

进入21世纪，尤其是2008年金融危机爆发以来，越来越多的国家正在加入新的区域经济协定，其中既有发达国家，也有新兴经济体和发展中国家，一些原来对区域经济协定态度消极的国家，如日本等，也开始积极加入谈判。随着参与的国家数量增加和经济规模日益扩大，区域经济协定所涵盖的经济和贸易投资总额占全球的比重也越来越高，影响力正日益增强。例如，TPP成员已经包括澳大利亚、文莱、智利、新西兰、秘鲁、新加坡、越南、美国、马来西亚、墨西哥、加拿大、日本12个国家，占APEC成员的一半以上；TPP12个国家的GDP总量约占世界的40%，贸易额约占世界的1/3。而且，在近期的FTA发展趋势中，发达国家之间签订FTA日益增多，TPP协定中包括了美国、日本、加拿大、澳大利亚等亚太主要的发达经济体；美国与欧盟之间正在谈判成立TTIP；欧盟和日本也已经启动自贸区谈判①。经验表明，主要经济体参与的区域经济协定，由于其经济贸易投资规模大、规则制定能力强，往往能够产生较明显的经济效果，对全球经济的影响力也会比较大。

我国周边国家和地区签订FTA的数量也在迅速增加。例如韩国已经与欧盟、美国签订了自由贸易协定；新加坡已经与21个贸易伙伴签订并实施了19个区域和双边自由贸易协定；东盟、日本、美国等都签订了一系列FTA（见本章附表）。

区域经济协定成员之间将按照新的国际贸易投资规则开展国际贸易和投资活动，相互之间的经贸往来将比非协定成员更加便利，占有的国际市场份额将会扩大，相互之间的投资和吸引协定外国家的投资都会增加。尤其是美国主导的TPP谈判，已经有一半以上的APEC成员加入，这些成员大多是我国主要的贸易投资伙伴，一旦TPP谈判完成而我国被排除在外，有可能对我国的对外贸易、吸引外资和对外投资形成不利的竞争局面。如果考虑到APEC成员中还有中国香港、中国台北，那么面对TPP日益加快的进程，我国对外经贸的局面显得更加不利。

我国需要加快推进自贸区战略，积极参加于我国有利的区域经济协定，

---

① 2018年7月17日在欧盟—日本峰会上，日本与欧盟签署了经济伙伴关系协定，双方承诺取消99%的关税。该协定预计将在2019年秋季生效。这是欧盟有史以来经过谈判达成的最大贸易协定，双方将建立一个覆盖6亿人口的自贸区，其GDP总量几乎占全球的1/3。

为我国的对外开放和经济长期发展创造条件，避免我国在新的国际经济体系内被边缘化，在国际经济竞争中处于不利地位。

（二）贸易投资自由化出现新特点

WTO规则以及传统的FTA主要促进了货物贸易的自由化，关于服务贸易自由化和投资自由化的内容相对较少和简单。新一轮FTA下的贸易投资自由化出现了新的特点，主要包括：

1. 议题涵盖范围广泛

2011年11月，TPP成员公布了TPP大纲，阐述了TPP的基本框架。TPP有五个关键性特征：①全面的市场准入，消除关税和其他阻碍商品和服务贸易与投资的壁垒；②全面的地区协定；③跨领域贸易问题，即将监管一致性、竞争力和商务便利化、中小企业、发展等四项新的跨领域议题纳入TPP；④新的贸易挑战，即促进创新产品与服务的贸易与投资；⑤与时俱进的协定，适时更新修改协定。TPP涵盖的议题包括：竞争、合作和能力建设、跨境服务、海关、电子商务、环境、金融服务、政府采购、知识产权、投资、劳工、法律问题、产品的市场准入、原产地规则、卫生与植物检疫标准、技术性贸易壁垒、电信、临时入境、纺织品和服装、贸易救济措施等。大纲还宣布，TPP的关税目录将涵盖所有商品，服务与投资计划将涵盖所有服务行业（但通过谈判可以保留部分例外），各成员的政府采购市场也将开放。

对比我国原先签订的FTA，以TPP为代表的新一代FTA，覆盖的议题更多、领域更广。即使对比发达国家早先签订的FTA，新FTA也针对新的经济情况增加了一些新议题。例如，对比北美自贸协定和美韩自贸协定的内容，就可以发现增加了电子商务和透明度等内容（见表2-1）。

表2-1　美韩自贸协定和北美自贸协定的目录比较

美韩自贸协定	北美自贸协定
前言 1. 初始条款和定义	序言 第1章　目标
2. 国民待遇与货物贸易市场准入	第2章　一般定义
3. 农业	第3章　国民待遇和货物贸易市场准入

（续表）

美韩自贸协定	北美自贸协定
4. 纺织品和服装	第4章 原产地规则
5. 药品和医疗器械	第5章 海关手续
6. 原产地规则和原产地程序	第6章 能源和基础石化
7. 海关管理和贸易便利化	第7章 农业和卫生与植物卫生措施
8. 卫生和动植物检验检疫措施	第8章 紧急行动
9. 技术性贸易壁垒	第9章 相关标准的措施
10. 贸易救济	第10章 政府采购
11. 投资	第11章 投资
12. 跨境贸易服务	第12章 跨境服务贸易
13. 金融服务	第13章 电信
14. 电信	第14章 金融服务
15. 电子商务	第15章 竞争政策，垄断和国有企业
16. 与竞争相关的事宜	第16章 商务人员临时入境
17. 政府采购	第17章 知识产权
18. 知识产权	第18章 出版，通知和管理的法律
19. 劳工	第19章 反倾销/反补贴税事项的审查和争端解决
20. 环境	第20章 制度安排与争端解决程序
21. 透明度	第21章 例外
22. 制度规定和解决争端	第22章 最后条款
23. 例外	—
24. 最后条款	—
附件1 不符合要求的服务和投资的措施 附件2 不符合要求的服务和投资的措施 附件3 不符合要求的金融服务的措施 一般性注释，关税减让表和关税配额附件	附件1 现有措施和自由化承诺的保留 附件2 未来措施的保留 附件3 国家保留的活动 附件4 最惠国待遇的例外 附件5 数量限制 附件6 杂项承诺 附件7 具体承诺和其他物品的保留

2. 开放水平和市场标准高

新的FTA不仅在货物贸易领域自由化程度高,例如TPP要求实现100%零关税,而且在服务贸易开放和投资准入领域的自由化水平也大大提高,基本上实施准入前国民待遇和负面清单管理模式。新的FTA采用的透明度标准、环境保护标准、劳动者权益保护标准、知识产权保护标准、原产地标准等要求都很高,基本上是按照发达国家的标准要求执行的。在这些新的FTA中,发达国家要求发展中国家执行发达国家成熟的市场经济体制的标准,这虽然增加了发展中国家实施FTA的难度,但也在一定程度上促进了发展中国家改革国内经济体制和提高经济管理水平。

以美国2012年版的"双边投资协定"与2004年版的"双边投资协定"为例,在同样的条目下,2012年版规则标准的要求更高(见表2-2)。有分析报告指出,与2004年版相比,2012年版本维持了在保护投资者利益与维护政府出于公共利益采取管理措施权力之间的平衡。同时,更强调透明度和公共参与,强化了对于劳工与环境的保护,并针对国有企业的特殊待遇和自主创新政策带来的扭曲等制定了更加严格的纪律,包括:①协议方的采购政策不得与本国技术含量要求挂钩;②允许外国投资者在非歧视的基础上参加标准制定;③对"国有企业被授予政府职能"作出定义[1]。

表2-2 美国双边投资条约范本目录

2004年版	2012年版
第一部分	A节
第1条 条约用语	第1条 定义
第2条 范围和内容	第2条 范围和覆盖面
第3条 国民待遇	第3条 国民待遇
第4条 最惠国待遇	第4条 最惠国待遇
第5条 最低待遇标准[8]	第5条 最低标准Treatment9
第6条 征收和补偿[9]	第6条 征收与补偿
第7条 资金汇兑	第7条 转让
第8条 履行要求	第8条 性能要求
第9条 高级管理人员和董事会	第9条 高级管理人员及董事会
第10条 投资相关法律和决策的公开	第10条 公开的法律和决定,尊重投资

---

[1] 引自相关分析报告。

（续表）

2004年版	2012年版
第11条　透明度	第11条　透明度
第12条　投资和环境	第12条　投资环境
第13条　投资和劳工	第13条　投资和劳动力
第14条　例外规定	第14条　不符措施
第15条　形式和信息要求	第15条　特别手续和信息需求
第16条　不减损	第16条　不减损
第17条　利益否定	第17条　拒绝福利
第18条　重大安全	第18条　基本安全
第19条　信息公开	第19条　信息披露
第20条　金融服务	第20条　金融服务
第21条　税收	第21条　税收
第22条　效力、期限和终止	第22条　进入部队，持续时间和终止
第二部分	B节
第23条　协商与谈判	第23条　协商和谈判
第24条　提交仲裁	第24条　提交仲裁索赔
第25条　缔约双方的仲裁许可	第25条　每一缔约方同意仲裁
第26条　缔约双方各自许可的条件和限制	第26条　各缔约方同意的条件及限制
第27条　仲裁员的选任	第27条　仲裁员的选择
第28条　仲裁程序	第28条　进行仲裁
第29条　仲裁过程的透明度	第29条　仲裁程序的透明度
第30条　法律适用	第30条　治法
第31条　对附件的解释	第31条　附件解读
第32条　专家意见	第32条　专家报告
第33条　合并审理	第33条　综合
第34条　裁决	第34条　奖励
第35条　附件和脚注	第35条　附件和脚注
第36条　文件送达	第36条　文件服务
第三部分 第37条　国家间争端解决 附件A　国际习惯法 附件B　征收 附件C　文件送达 附件D　建立双边上诉机制的可能性	C节 第37条　国家与国家争端解决 附件A　国际习惯法 附件B　征用 附件C　文件服务

（三）非经济因素影响力日益扩大

当前的区域经济协定虽然与WTO协定不冲突，但是是在WTO多边框架以外进行的。因为在WTO框架内，谈判的力量格局发生了变化，发达国家面对新兴经济体和广大发展中国家，已经很难掌控谈判过程和规则制定过程，很难使得WTO规则体现其意愿和利益。而且，发达国家认为WTO规则是有利于发展中国家的，发达国家希望制定新的有利于其产业竞争力的规则，但在WTO的框架内，它们难以如愿。因此，发达国家另起炉灶，在小范围内推动区域经济合作，按照有益于自身的标准制定规则，并通过开放市场吸引发展中国家加入由其主导的区域经济协定。而这些在新的FTA谈判中被占据主导地位的发达国家选中的谈判伙伴国家，无论是发展中国家还是发达国家，往往都是对前者具有经济贸易利益，更重要的是具有战略利益的国家。发达国家通过新的FTA谈判，不仅继续掌握制定贸易投资规则的主导权，以构建未来国际贸易投资规则体系，而且形成符合其战略利益的区域性贸易集团，以追求和实现其最大化的国家利益。而一些积极参与新FTA谈判的发展中国家，一方面希望通过与发达国家达成贸易投资协定，获得进入发达国家市场的优势条件；另一方面则为了在大国之间实施平衡外交战略，避免过于依赖某一大国的市场，并加快推动相互之间的区域经济合作。

我国加快制定和推进FTA战略，可以从新国际经贸规则制定的内容以及成员关系两方面，化不利为有利，提高主动性和话语权。

（1）就其内容而言，发达国家根据其需要不断增加有利于其自身的条款，更加强调服务业开放和保护知识产权、环境、劳工权益等，要求开放政府采购、增加政策透明度等，在争端解决上要求实行投资者起诉国家制度，美国还要求加强医药制度和国有企业改革，等等。这些规则内容都是在发达国家已经存在，而在发展中国家往往尚未完全建立起来的经济制度。因此，发达国家在这些规则条款的设立、谈判、论证其合理性等方面有丰富的理论准备和实践经验。我国加快FTA战略研究和制定，有助于我国在国际规则制定过程中，借鉴其他国家的经验，在条款的选择、设立等方面，作出正确的抉择，即确定哪些条款能够接受、在哪些条款上妥协、拒绝哪些条款、提出哪些条款等，从而在开始谈判与签订协定时，不至于陷入过于被动的状态，并且争取化被动为主动，化不利为有利。

（2）就成员而言，由于参与国家数量大大少于WTO成员数量，发达国家更能掌握规则制定的主导权，协调成本和难度大大降低，而且发达国家能通过控制参与国家的数量和类别来掌握规则制定的主导权。我国通过实施FTA战略，有步骤地推进与不同国家签订FTA，丰富FTA谈判的实践经验，减少对外贸易和吸引外资、对外投资的障碍，既能在国际经贸规则制定和实践中将符合自己发展阶段和发展趋势的内容包括进去，与处于相似发展阶段的国家在区域性FTA谈判中形成利益同盟，避免在谈判中陷入过于被动的境地，也能通过主动扩大市场开放，为贸易协定伙伴国和世界提供更多的发展机会，扩大我国的国际影响力，增强我国在国际经贸规则制定中的主动性和话语权。

二、国内新形势下我国加快制定和推进FTA战略的意义

我国经济发展正面临一系列深层次的矛盾。解决这些矛盾，需要加快国内体制改革和经济结构转型。加快制定和推进FTA战略，不仅有助于通过扩大开放形成倒逼国内改革的机制，也有助于消除我国对外贸易投资关系中的障碍和不利因素，创造有利的国际经贸环境和我国对外开放的新优势，实现经济结构转型升级，促进我国经济持续稳定发展。

（一）形成倒逼机制以开放促改革的需要

当前，我国国内经济面临结构转型、体制改革的任务，需要促进市场公平竞争、破除垄断、鼓励创新、保护环境、提高市场诚信度等。新的FTA既包括降低或者消除货物贸易的关税和非关税壁垒，还包括服务贸易开放、外商投资准入、市场机制和标准等一系列规则。签订高水平的FTA，扩大开放，实施更高的市场化标准和机制，将倒逼国内经济体制改革，促进经济结构转型升级，完善社会主义市场经济体制。

第一，从观念上，有助于提高我国对市场经济体制发展的认识。新一代FTA的内涵和实质是发达经济体国内市场经济标准向全球的推广，代表了发达国家主导的国际贸易投资规则的发展方向，学习、参考、借鉴这些标准，

对于制定未来的改革方案、政策,具有重要的借鉴和实践意义。

第二,从体制上,改变我国经济管理和市场运行的规则,有助于解决我国改革中的深层次矛盾。新的FTA标准,集中于服务领域开放和投资规则改革。实施这些标准和规则,将改变国内相关领域的行政管理模式和商业模式,如审批的范围和数量、知识产权保护、各类资本进入市场的壁垒等。在改革体制的过程中,将会清理大量妨碍市场公平竞争的管理规定,大大减少不合理的行业管理措施,这样不仅有利于外商投资进入,也有利于国内民营资金的行业进入,并且有利于环境保护、劳动者权益保护、知识产权保护等,可以打破垄断,创造更为公平的市场竞争环境。例如,实施外商投资准入前国民待遇和负面清单管理模式,需要对限制或者禁止外商投资进入的措施进行梳理,根据有关统计,这些措施有数万条之多。将这些措施清理并停止执行已经过时或者不适宜的措施,进一步实行准入前国民待遇,将极大地促进我国外商投资管理体制改革,并推动市场在资源配置中起决定性作用。

第三,促进相关行业发展和结构转型升级。实施新的国际贸易和投资规则,扩大开放领域,引入新的外国投资者,获得新的国际市场机遇,将促进相关行业的发展、相关企业制度和市场结构的变革,实现经济结构转型升级和可持续发展的目标。

当然,由于新一代FTA规则是发达国家成熟市场经济规则向全球市场的推广,我国的比较优势、产业结构与发达国家有所区别,特别是市场经济体制和涉外经济管理体制还有诸多有待完善之处,因此,全球贸易投资自由化新趋势会对我国构成较大的压力和一定的冲击,这就更需要我们加快推进FTA战略的研究,做好充分准备和应对预案。

(二)创造国际竞争新优势

我国已经成为世界第一贸易大国,对外贸易对我国经济发展作出了重要贡献。但是,我国外贸发展中尚存在着一些障碍和制约因素,如我国正面临要素成本上升、贸易摩擦增加、新兴经济体出口竞争、边缘化于新的区域经济协定之外等国际贸易环境恶化的问题。

(1)我国产品在生产过程中,的确存在环境污染、低工资、不重视知识产权保护等问题,这经常成为其他国家对我国产品采取出口管制措施的依据。加快FTA建设，引入新的环境保护标准和劳动者权益保护标准，提高环境保护和知识产权保护水平，改变企业和政府管理的观念和行为规范，既有助于促进我国低碳绿色发展，促进技术创新，提高国际竞争力，又有助于形成多种所有制共同发展的局面，改变国际上对我国产品的观念，促进我国对外贸易环境的改善，减少贸易摩擦。

（2）我国出口产品技术含量低，位于全球价值链的低端。实施新的FTA贸易和投资标准，有助于我国引进或者购买国际先进技术和进入高端价值链环节，扩大对发达国家的投资，以投资带动贸易和获取先进技术，提升我国在全球分工中的地位；也有助于扩大与发展中国家的贸易，使我国的产品技术水平和环保标准得到提高，创造出口竞争新优势。在全球价值链生产和东亚地区已经形成了紧密的分工贸易网络的条件下，加快实施自贸区战略、推进自贸区建设、降低关税和非关税壁垒，有助于通过降低进口中间产品成本来提高出口最终产品的竞争力，并有助于吸引高端生产环节投资，提高国内生产技术含量和出口产品的附加价值，从而提升我国在全球生产价值链上的位置。

（3）中国出口正面临着周边发展中国家以及其他新兴经济体的竞争，这些国家正在积极参加和实施FTA，如果中国被排除在世界主要FTA之外，那么我国产品在国际市场上的竞争将会处于不利地位。通过实施FTA战略，我国能够获得进入主要经济体和新兴经济体市场的平等机会，在新一轮全球化进程中依然处于较为有利的位置。

（三）提升对跨境投资的吸引力

外商直接投资在我国引进先进技术和管理经验、扩大出口、促进国内市场竞争、扩大就业等方面作出了重要贡献。未来，外商投资依然会在我国改革开放和经济发展中发挥重要作用。但是，随着国内外形势的变化，我国吸引外商投资面临着一些不利因素。

1. 国内不利因素

（1）要素成本上升。外商投资很大一部分是为了出口，外商看中的主要是中国廉价的劳动力、土地、配套设施等，目的是在最终产品价格上赢得竞争优势。近年来，中国的生产要素成本，包括劳动力成本、土地价格、环境要求等上升较快，削弱了中国产品的价格优势，也削弱了对外商投资的吸引力。

（2）外资优惠逐渐减少。过去我国以优惠政策吸引外商投资，目前我国更加强调创造公平竞争的市场环境，外资优惠政策正在逐渐减少，例如所得税优惠在外商投资5年之后就取消了。这些优惠政策的取消，减弱了外商投资企业产品在国内外市场上的竞争力，降低了对外商投资的吸引力。

（3）国内市场环境体系不健全。国内知识产权保护存在不足、某些行业内行政干预行为较多并存在阻碍改革的利益集团、地方保护主义现象还较为普遍等，这些造成了外商投资企业产品竞争力下降，降低了外商投资的积极性。

2. 国际不利因素

（1）新兴经济体以及周边国家等争夺外资。新兴经济体和我国周边国家正在采取各种政策积极吸引外商投资，由于这些国家的劳动力、土地等要素成本和我国相似，有些甚至还低于我国，同时，这些国家正在实施一系列外商投资优惠政策，部分国家还正在与发达国家商签FTA，其进入发达国家市场所遇到的各种关税和非关税壁垒的障碍将会少于我国，因此，这些国家对外商投资的吸引力正在增强。一些发达国家为了维持区域政治经济力量平衡，正在扩大对这些国家的投资和援助。

（2）发达国家再工业化政策。2008年金融危机爆发之后，发达国家开始实施再工业化战略，采取措施吸引企业投资回流，一些跨国公司开始撤资或者将新增投资投向自己国家，这给我国吸引外商直接投资造成了影响，而且使得一些原先投资我国的企业（追随或者配套）转向投资发达国家。

（3）与主要发达国家缺少双边投资协定。目前，全球多边投资协定正在商谈之中，新的贸易投资协定中一般都包含新的投资条款。中国与主要发达国家之间还没有普遍签订双边投资保护协定，尤其是按照新的国际投资规则签订双边协定，例如实行准入前国民待遇和负面清单管理模式，这降低了我国对于外商投资的吸引力，不利于服务业开放和发展，不利于产业结构升级和经济结构转型。同时，在我国企业"走出去"的过程中，也缺乏双边投资协定等法律保障。

总体来讲，通过实施FTA战略，推进签署FTA，有助于实行新的外商投资准入和管理措施,扩大开放领域,减少审批程序,优化工商登记程序,包括设立、变更、撤销等环节,改进外资管理体制,增强对外商投资的吸引力,吸引优质先进服务业外商投资企业,减少在吸引外商投资方面的不利因素。实施FTA战略,还能够使我国产品更容易进入FTA伙伴国(地区)而增强对区域外投资的吸引力。

从我国产业结构升级和比较优势动态变化的角度来看,未来高端制造业和服务业将在我国的经济结构中占有越来越大的比重,也是我国未来对外贸易中需要重点扩大出口的领域。新的FTA规则,重点是促进服务业开放和市场经济管理体制保持一致,这些规则有利于在服务业和科技创新方面具有竞争优势的国家,也有利于推动服务业发展和促进科技创新。因此,采取正确的应对措施,激发我国国内服务业发展的优势与活力,采用和实施新的FTA标准,将有利于促进我国比较优势动态升级和产业结构的高端化,也有利于我国在未来的国际竞争中占据新的有利地位。

附表 我国周边国家(地区)签署的自由贸易协定

附表1 新加坡签署的自由贸易协定[①]

已签署并生效的自由贸易协定	
东盟自由贸易协定(AFTA)	1993年1月1日生效 并且在1992年1月28日签署了共同有效优惠关税协定(CEPT)
东盟—澳大利亚—新西兰自由贸易协定(AANZFTA)	2009年2月27日签署 2010年1月1日生效
中国—东盟自由贸易协定(ACFTA)	商品贸易协议:东盟国家于2005年7月1日生效,中国于2005年7月20日生效 服务贸易协议:2007年7月生效 投资协议:2010年2月15日生效
东盟—印度自由贸易协定(AIFTA)	2009年8月13日签署 2010年10月1日生效

①根据相关资料整理。

(续表)

已签署并生效的自由贸易协定	
东盟—日本全面经济合作伙伴协议（AJCEP）	2008年4月14日签署 新加坡于2009年1月1日实施
东盟—韩国自由贸易协定（AKFTA）	商品贸易部分于2007年6月生效
新加坡—澳大利亚自由贸易协定（SAFTA）	2003年2月17日签署 2003年7月28日生效 包含商品贸易、服务贸易、投资、人员流动、政府采购和知识产权等内容的全面协议
中国—新加坡自由贸易协定（CSFTA）	2008年9月3日签署 2009年1月1日生效
新加坡—约旦自由贸易协定（SJFTA）	2004年4月29日签署 2005年8月22日生效 同时签署了新加坡—约旦双边投资协议（BIT）
印度—新加坡全面经济合作协定（CECA）	2005年6月29日签署
日本—新加坡经济合作协定（JSEPA）	2002年1月13日签署 2002年11月30日生效 日本签署的第一份自由贸易协定
韩国—新加坡自由贸易协定（KSFTA）	2005年8月4日签署 2006年3月2日生效
新西兰—新加坡更紧密经济伙伴协议（ANZSCEP）	2000年8月18日签署 2001年8月18日生效
巴拿马—新加坡自由贸易协定（PSFTA）	2006年3月1日签署 新加坡与拉美国家签订的第一份全面自由贸易协定
秘鲁—新加坡自由贸易协定（PeSFTA）	2008年5月29日签署 2009年8月1日生效
欧盟—新加坡自由贸易协定（EuSFTA）	2002年6月26日签署 2003年1月1日生效
跨太平洋战略经济伙伴关系协定（Trans-Pacific SEP）	2006年5月28日生效
美国—新加坡自由贸易协定（USSFTA）	2003年5月6日签署 2004年1月1日生效
全面与进步跨太平洋伙伴关系协定（CPTPP）	2018年3月8日签署

（续表）

新加坡—哥斯达黎加自由贸易协定（SCRFTA）	2010年4月6日签署 2013年7月1日生效
海湾合作委员会—新加坡自由贸易协定（GSFTA）	2013年9月1日生效
谈判中的自由贸易协定	
加拿大	2001年10月开始谈判
墨西哥	2000年7月开始谈判
巴基斯坦	2005年8月开始谈判
乌克兰	2007年5月8日开始谈判

附表2　日本FTA/EPA的现状[①]

已生效的FTA/EPA	
日新EPA	2002年1月签署，2002年11月30日生效
日墨EPA	2004年9月签署，2005年4月1日生效
日马EPA	2005年12月签署，2006年7月13日生效
日智EPA	2006年签署EPA，2007年3月27日签署SEP，2007年9月3日生效
日泰EPA	2007年4月3日签署，2007年11月1日生效
日印（尼）EPA	2007年8月20日签署，2008年7月1日生效
日文EPA	2007年6月18日签署，2008年7月31日生效
日菲EPA	2006年9月签署，2008年12月11日生效
日本—东盟全面经济伙伴关系协定（AJCEP）	2008年4月14日签署，2008年12月1日生效
日越EPA	2008年12月25日签署，2009年10月1日生效
日瑞EPA	2009年2月17日签署，2009年9月1日生效
日印EPA	2011年2月15日签署，2011年8月1日生效
日秘EPA	2011年5月31日签署
CPTPP	2018年3月8日签署
日本—欧盟 EPA	2018年7月17日签署

---

①附表2、附表3、附表4引自赵晋平等：《跨太平洋经济伙伴协定》，中国财政经济出版社，2013，第13、第17、第20页。

（续表）

谈判中的FTA/EPA	
日韩EPA	2003年开始谈判，2004年11月第6次谈判后中断，2008年7月召开工作级咨询会议，为恢复EPA谈判创造有利环境
日本—GCC EPA	2007年1月完成第2回合谈判，之后中断
日澳EPA	2011年12月完成第13轮谈判
研究中的FTA/EPA	
日加FTA	2007年10月完成研究报告
中日韩FTA	2011年12月完成三国官产学联合研究，结论积极，政策建议可行
日美FTA	官产学接触推动中

附表3 韩国FTA的现状

已生效的FTA	
韩国—新加坡FTA	2005年8月4日签署，2006年3月2日生效
韩智FTA	2004年4月生效
韩国—EFTA FTA	2005年12月15日签署，2006年9月1日生效
韩国—东盟FTA	2006年8月24日签署，2007年7月1日生效
韩印CEPA	2009年8月7日签署，2010年1月1日生效
韩欧FTA	2009年10月15日初步签署，2011年7月1日生效
韩秘FTA	2011年3月21日签署，2011年8月1日生效
韩美FTA	2007年6月30日签署，2010年12月3日重新签订，奥巴马于2011年10月21日签署通过，韩国议会于2011年11月22日通过批准议案，于2012年1月1日生效
谈判中的FTA	
韩国—GCC FTA	2009年7月开始第3回合谈判
韩墨FTA	2008年6月开始第2回合谈判
韩加FTA	2008年3月开始第13回合谈判
韩澳FTA	2010年5月开始第5回合谈判
韩国—新西兰FTA	2010年5月开始第4回合谈判
韩哥FTA	2010年10月开始第4回合谈判
韩土FTA	2011年3月开始第3回合谈判

(续表)

研究中的FTA	
韩国—MERCOSUR FTA	2007年10月完成联合研究，2009年7月签署备忘录
韩国—日本FTA	2011年5月9日进行了第2轮总干事级别咨询会，为恢复谈判而努力
韩国—中国FTA	2011年4月11日召开部长级会议商讨FTA事宜
中日韩FTA	2011年12月已结束联合研究，政策建议可行
韩以FTA	2010年8月完成联合可行性研究
韩国—SACU FTA	2008年12月同意启动联合可行性研究
韩俄BEPA（Bilateral Economic Partnership Agreement）	2008年7月举行第2次联合研究会议
韩越FTA	2011年10月举行第6次联合研究小组会议
韩蒙FTA	2008年10月启动联合可行性研究
韩国—中美洲FTA	2011年5月完成联合可行性研究
韩国—印度尼西亚FTA	2011年5月同意启动联合可行性研究
韩国—马来西亚FTA	2011年5月同意启动联合可行性研究

附表4　东盟FTA的现状

已生效的FTA	
CAFTA（中国）	2002年11月5日签署框架协议，2004年11月29日签署《货物贸易协议》，2007年1月签署《服务贸易协议》，2009年8月15日签署《投资协议》
KAFTA（韩国）	2006年8月24日签署，2007年7月1日生效，2009年完成其他协议签署
AJCEP（日本）	2008年4月14日签署，2008年12月1日生效
AANZFTA（澳大利亚、新西兰）	2009年2月27日签署，2010年1月1日生效
东盟—印度RTIA（区域贸易投资区）	2003年10月8日签署《东盟—印度全面经济合作框架协议》，2004年7月1日生效；2009年8月签署货物贸易协议，2010年1月1日生效

（续表）

谈判中的FTA	
ASEAN—EU FTA	正在与欧盟各国进行谈判
研究中的FTA	
PAFTA（巴基斯坦）	正在进行最后阶段的可行性研究
东盟—海合会FTA	2009年6月同意对建立框架协议和货物贸易协议进行可行性研究
"10+3" FTA	启动民间可行性研究，2009年已完成二轨研究
"10+6" FTA（RCEP）	启动民间可行性研究，2009年已完成二轨研究

第三章 我国FTA战略的经济影响分析

一、自由贸易区经济影响的理论机制

自由贸易区通常指签订自由贸易协定的成员国在区内消除关税壁垒和数量限制，实现自由贸易，但各成员国仍将保持本国设定的对非成员国的独立关税和其他贸易限制。为防止非成员国利用转口贸易方式在低关税成员国获取额外的利益，在执行自由贸易政策时要分清产品是来自成员国还是非成员国，只有产自成员国内的商品才享有自由贸易及免征关税的待遇，这也被称为"原产地原则"。

自由贸易区作为国际区域经济一体化方式的一种，其经济效应的研究也在经济一体化经济效应的分析框架之中。长期以来，对经济一体化的经济效应理论的研究主要包括静态效应和动态效应两个方面。最早对经济一体化的静态效应进行科学分析的是Viner（1950），其提出了关税同盟理论，将定量分析用于对关税同盟经济效应的研究，提出了关税同盟的贸易创造效应（Trade Creation Effect）和贸易转移效应（Trade Diversion Effect）学说。

（一）静态效应

（1）贸易创造效应是指由于国际经济一体化组织成员国之间相互取消了关税以及与关税具有同等效力的其他非关税壁垒，使成员国之间相互的双边贸易规模显著增长，并使国内的消费者以较低的价格购买进口商品替代更高价格的国产产品。从成员国一国看，以扩大的贸易取代了本国的低效率生产；从同盟整体看，生产从高成本的地方转向低成本的地方，同盟内部的生产要素可以重新配置，使资源的利用效率得到提高。同时，随着进口商品价格的下降，消费者的实际收入增加，也增加了消费者的福利。

（2）贸易转移效应是指在自由贸易区内消除关税壁垒和数量限制后，由于各成员国仍将保持本国制定的对非成员国的独立关税和其他贸易限制，在差别待遇的影响下，对非成员国的低成本进口转向对成员国高的成本进口，在这种情况下，贸易转移造成了利益的损失，降低了资源配置效率，减少了世界福利。这种贸易转移效应造成的损失会随着对自由贸易区外国家的关税降低而减少。建立自由贸易区的贸易静态净效应取决于贸易创造效应和贸易转移效应的大小。

（二）动态效应

建立自由贸易区还具有动态效应。动态效应包括竞争效应、投资效应、规模效应等方面。

1. 竞争效应

关注区域经济一体化动态效应的学者认为，在不完全的市场结构下，贸易自由化不但会带来基于比较优势的资源配置效应，还会有各种竞争效应，而竞争效应的存在大大增加了贸易自由化的福利影响（Devarajaan and Rodrik，1991）。在自由贸易区内实现自由贸易，能够把成员国原来被分割的小市场统一起来，成为共同大市场，自由贸易和生产要素的自由转移使各成员国都面临比原来更激烈的竞争。竞争激烈程度的提高以及由此带来的价格下降迫使企业不得不去追求更低的生产成本，从而转向大规模的专业化生产。生产的扩大能够提高消费者的实际收入水平，增强其购买力，由此获得了更多的消费及达到了更高的福利水平。同时，大市场范围内的竞争将提高资源配置效率，并提高市场效率和价格的透明度，这些都有利于区内成员国提高经济运行效率。

2. 投资效应

投资效应指自由贸易区的建立引起投资增长而产生的效应。借鉴Viner的贸易创造效应和贸易转移效应学说，Kindelberger提出了区域经济一体化的投资创造效应（Investment Creation Effect）和投资转移效应（Investment Diversion Effect）学说。

（1）投资创造效应是指自由贸易区建立后产生的贸易转移现象使区外企业的产品进入该市场变得困难，因此区外的大量投资进入并占领成员国市场。贸易壁垒削减以及原产地规则对区内外企业影响不同。区外的企业为了能够享受到区域内的关税优惠会加大在区域内的投资。自由贸易区建成后使用原产地规则的话，区外的企业无法享受到原产地规则，从而无法获得优惠的关税待遇。因此，区外企业只能以直接投资的方式进入该区，就地生产就地销售，为此必将吸引更多的外资进入。

为了推动资本、技术等生产要素在成员国之间流动，促进自由贸易区内的跨国投资，需要建立一个自由、便利、透明、具有竞争力的投资体制，而自由贸易区能够通过取消各种对投资流动的管制和限制并设立其他投资保护措施来达到这种目标。比如《中国—东盟全面经济合作框架协议》中就有如下条约：①通过谈判逐步实现投资机制的自由化；②加强投资领域的合作，给区域内的跨国投资提供便利，并提高投资规章和法规的透明度；③提供投资保护。有了这些制度性的协定作保证，各成员国就会有法律上的约束力，这就为区内外的投资者提供了稳定的政策保证，这种政策对扩大吸引外部资金的流入非常有利。

自由贸易区建成后，各成员国的国内市场将向统一的大市场转换，这必然使双方在吸引外资方面的整体优势加强。对区内成员国相互投资的限制措施将减少甚至取消，对于有关投资的法规、条件和政策将进一步放宽，对在本地筹资的规定和对收款、支付、利润汇出等的规定也将实现自由化、便利化。这些都将增强双方吸引外资的能力。

（2）投资转移效应是指先前进入区内的企业，为了利用市场统一以后所提供的实现规模经济和专业化的机会，对该地区的生产经营活动进行重新布局。比较典型的是贸易倾斜（Trade Deflection）式投资转移。区内关税壁垒消失后，跨国企业选择在自由贸易区内具有相对成本或其他优势的国家进行投资，然后向区域内其他成员国出口，从而导致这些成员国的投资减少。

投资创造效应和投资转移效应是静态的，区域经济一体化的投资效应还具有长期的动态效应。由于投资而带来的投资效率利益将在中长期内提升成员国的经济增长率，这些效率利益至少体现在专业化分工和竞争效应两个方面。

3. 规模效应

Viner在分析经济一体化的福利效应时，假定生产成本固定不变，只考虑了关税同盟的静态福利效应。Corden（1972）在此理论上提出了发展中国家经济一体化的另一重要动力——规模经济。在《规模经济与关税同盟理论》一文中，他提出了规模经济的两个效应：成本降低效应和贸易抑制效应。Balassa也认为，关税可以使生产厂商同时获得内部经济和外部经济的利益。

自由贸易区的启动，有利于促进该地区内经济一体化和专门化，从而实现经济利益的最大化。自由贸易区成立之后，区域内的关税税率下降以及非关税壁垒的逐渐减少，使区域内各成员国的生产要素和产品的自由流动性加强，因此形成了成员国之间新的国际分工和专业化的生产经营，有利于发挥各国的比较优势，提高劳动生产率水平，引起平均成本的下降，实现规模经济。

规模经济的出现，使某项产品的生产集中到一个国家，出现较大的产业规模。大量企业集中在某一个地区内，能够提高经济效益，从而产生产业的规模效益。对于区内较小的经济体而言，这种规模经济效应更加明显。

在统一大市场内，在进行贸易的条件下，每个国家都可以进行专业化生产，各自生产较少的品种，因此每一件产品都能扩大生产规模，发挥规模经济效益。规模经济还可以使区内的企业加速科技创新、在更高层次上开发新技术、改善经营管理、提高劳动生产效率，有利于促进区内各国产业结构的升级。而产业内水平分工、规模经济的形成能使区内企业对各自产品结构进行调整，实现生产的合理布局，避免贸易摩擦。

二、CGE模型的相关假定

（一）拟分析的问题

拟分析的问题集中在如下5个方面：

（1）对于已参与东亚经济合作进程的经济体（包括中国、日本、韩国、新加坡、马来西亚、越南、澳大利亚和新西兰）而言，都面临着下一步是扩大已有东亚区域FTA范围，还是加入TPP的选择。因此，需要分析这些经济体在不同的未来东亚FTA方案中所受的影响与TPP13对其所造成的影响的异同。

（2）欧盟是中国第一大贸易伙伴，中国是欧盟第二大贸易伙伴。在具有排他性的TPP13的影响下，中国和欧盟经济分别会受到何种冲击？中国—欧盟自由贸易区若建立，将会对双方带来何种影响？

（3）东盟—欧盟FTA的建立将会对欧盟经济带来何种影响？很明显，这种影响将决定欧盟对推进与东盟建立双边FTA的态度和措施。而鉴于东盟同中国经济之间的高度依赖性，东盟—欧盟FTA的前景也将在一定程度上影响中国—欧盟FTA的谈判前景。

（4）从TPP谈判的进展来看，目前环太平洋地区的中国、俄罗斯和巴西尚未加入，而另外两个金砖国家（印度和南非）则位处TPP涵盖的地理范围之外。鉴于TPP的排他性，谋求在身为全球经济增长重要引擎的金砖国家之间建立FTA，具有重要的现实意义。这个方向的努力面临两种选择：一是首先建立一对一的双边FTA，而后将这些FTA整合成一个BRICS FTA；二是五个金砖国家直接谈判建立BRICS FTA。要从中国的角度比较上述两种方案的可行性，首先须将中国与其他金砖国家的四个双边FTA方案为双方带来的经济收益和成本同BRICS FTA方案下双方的情形进行对比。

（5）在多边贸易谈判受阻的背景下，推进构建以自身为轴心的"轮轴—辐条（Hub-Spokes）"双边FTA网络，是许多国家FTA战略的重要组成部分。中国正在与一些经济体进行双边FTA谈判，或者准备推进谈判。值得注意的是，多数已经或即将加入TPP谈判的成员均是中国未来双边FTA的对象国。在TPP谈判正在推进的背景下，这些国家在与中国的双边FTA中将获得何种收益，是影响这些国家在TPP谈判过程中所持态度的一个因素，而中国从这些双边FTA中可能获得的总体收益也是影响中国决定是否加入TPP谈判的一个重要参考。

对以上问题的分析，均从宏观经济和部门两个层面展开。

（二）模型假定及数据说明

采用多国多部门可计算一般均衡模型，假定：规模收益不变、市场完全竞争，不同国家的产品存在差异（Armington，1969），资本可跨国流动；生产函数为CES形式；私人消费需求由CDE（Constant Difference of Elasticity）支出函数决定；政府支出对各国最终产品的需求份额固定。各国经济被划分为37个可贸易品部门（包括1个服务业部门）。本文使用的各国社会收支矩阵和弹性参数来自GTAP（Global Trade Analysis Project）数据库第8版（V8，基期为2007年）。各国关税数据来自WTO关税数据库。根据模拟结果得到的各项指标变动，以2009年为基期，利用GDP缩减指数进行比率折算。在各种情景中，成员国相互间消除全部关税。

（三）模拟方案设定

模拟分为区域性FTA和双边FTA两部分。区域性FTA的模拟情景设定为两类。

第一类情景研究中日韩FTA，在"10+3""10+5"和"10+6"FTA方案下，其成员和其他经济体所受的影响[①]。以上FTA方案均是目前已参与东亚合作的亚太经济体在现有的基础上推进的全新区域性FTA。假定这些FTA方案将完全替代当前已经成熟且范围较小的FTA［主要指东盟自由贸易区（AFTA）和澳新更紧密经济关系协定（Closer Economic Relations Trade Agreement,CER）[②]］。为增强模拟结论的稳健性，本文对已生效但仍处于建设进程中的中国—东盟自由贸易区（CAFTA）的影响，通过在模拟中保留与不保留两种方式进行对比。比如，"10p3"方案模拟"10+3"FTA，同时包括CAFTA的影响，也即在实施"10+3"范围的关税削减之初，CAFTA之间已经完成关税削减；而"10p3x"方案则剔除CAFTA，假定全部"10+3"成员均在当前平均进口关税水平的基础上取消彼此之间的进口关税（加"x"

[①]GTAP数据库只含有新加坡、马来西亚、泰国、印度尼西亚、菲律宾和越南六国的数据，模拟中用该六国来替代东盟十国。

[②]AFTA于1992年提出，2002年正式启动。原东盟六国（印度尼西亚、马来西亚、菲律宾、新加坡、泰国、文莱）于2010年实现了贸易自由化，新四国（越南、老挝、缅甸、柬埔寨）也于2015年达成贸易自由化目标。澳新CER早在1982年便已启动。

的方案更接近于范围较大的FTA的现实起点）①。"10p5"和"10p5x"以及"10p6"和"10p6x"的设定与此类似。

第二类情景研究TPP。目前已经确定加入TPP谈判的成员有新西兰、新加坡、智利、文莱、美国、澳大利亚、秘鲁、马来西亚、越南、墨西哥、加拿大、日本，共12个国家，另外韩国极有可能在2014年加入TPP谈判。由于文莱数据缺失，因此本文的TPP13国方案包含上述除文莱以外的所有国家。在这一部分的情景设定中，"TPP13"为TPP13国包括成员间已生效但未完成关税削减的FTA情形；"TPP13x"则为剔除成员间所有已生效或已成熟的FTA；"TPP13CHN"为TPP13国加上中国，同时剔除所有成员间已完成关税削减的FTA。各种方案的设定总结如表3-1所示。

表3-1 对不同区域性FTA方案设定的说明

方案	含义
CJK	中日韩FTA
10p3	"10+3" FTA，包括CAFTA的影响
10p3x	"10+3" FTA，剔除CAFTA
10p5	"10+5"（中国—东盟—日韩—澳新）FTA，包括CAFTA的影响，但剔除澳新CER
10p5x	"10+5"（中国—东盟—日韩—澳新）FTA，剔除CAFTA和澳新CER
10p6	"10+6"（中国—东盟—日韩—澳新—印度）FTA，包括CAFTA的影响，但剔除澳新CER
10p6x	"10+6"（中国—东盟—日韩—澳新—印度）FTA，剔除CAFTA和澳新CER
TPP13	TPP13国，剔除内部成员之间已完成关税削减的FTA
TPP13x	TPP13国，剔除内部成员之间所有已生效的FTA
TPP13CHN	TPP13国加上中国，但剔除内部成员之间所有已完成关税削减的FTA

---

①模拟中所用的关税数据是各国各部门当前的平均进口关税率。如果组建新的FTA时剔除区域内已有的但范围较小的FTA，其实是假定较大范围的FTA成员在削减关税前，彼此之间实施的是各自现行的平均进口关税率。新的FTA促使各国在现行关税水平的基础上将对其他FTA成员的关税削减至零，而对非FTA成员继续保持现行关税。如果假定组建新的FTA时包括已有的范围较小的FTA的影响，那么就意味着原来的FTA成员间已经实现了零关税。新的FTA组建后，这些老成员间在继续保持零关税的基础上，对新加入的成员也实施零关税，同时对非FTA成员保持原有关税。

在双边FTA方案中，涉及中国与韩国、新加坡、澳大利亚、新西兰、加拿大、美国、墨西哥、哥伦比亚、秘鲁、智利和欧盟。除哥伦比亚和欧盟以外，上述其他国家均是TPP13的谈判成员。欧盟是目前中国第一大贸易伙伴，在美国力推TPP谈判的背景下，推进中国与欧盟的双边贸易自由化可能对双方应对美国TPP战略具有十分重要的意义。纳入双边FTA模拟的还有中国与其他金砖四国（俄罗斯、印度、巴西和南非）组建的以中国为轴心的双边FTA体系，也有由五个金砖国家组成的BRICS FTA方案。此外，东盟已经表明希望以一个整体同欧盟建立FTA的态度，东盟—欧盟FTA的前景将在很大程度上影响中国—欧盟FTA的谈判前景，因此，双边FTA模拟也设定了东盟—欧盟FTA。所有的双边FTA模拟设定总结如表3-2所示。

表3-2 对不同双边FTA方案设定的说明

方案	说明	方案	说明
ASN_EU	东盟—欧盟FTA	CHN_AUS	中国—澳大利亚FTA
CHN_EU	中国—欧盟FTA	CHN_NZL	中国—新西兰FTA
BRICS	金砖五国FTA	CHN_CAN	中国—加拿大FTA
CHN_RUS	中国—俄罗斯FTA	CHN_USA	中国—美国FTA
CHN_IND	中国—印度FTA	CHN_MEX	中国—墨西哥FTA
CHN_BRA	中国—巴西FTA	CHN_PER	中国—秘鲁FTA
CHN_SAF	中国—南非FTA	CHN_CHL	中国—智利FTA
CHN_KOR	中国—韩国FTA	CHN_COL	中国—哥伦比亚FTA
CHN_SGP	中国—新加坡FTA	—	—

基于以上情况，文中关注的经济体除中国以外，还将涵盖美国、欧盟、日本、韩国、新加坡、马来西亚、越南、澳大利亚、新西兰、加拿大、墨西哥、智利、秘鲁、哥伦比亚、俄罗斯、印度、巴西和南非，共计19个经济体。

三、不同FTA情景的宏观经济影响及比较

该部分的分析包括区域性FTA方案下的宏观经济影响和双边FTA方案下的宏观经济影响两部分。选取的宏观经济指标有名义和实际GDP增长率、进出口增长率、福利（等价变化）、贸易收支额变动、贸易条件变动、实际投资和劳动就业（区分熟练和非熟练劳动）变动率。

全部模拟方案可分为区域性FTA和双边FTA两部分。对中国在不同区域性FTA方案下的宏观经济影响总结如表3-3所示，所有中国参与的双边FTA情景下，中国所受的影响总结如表3-4所示。对上述其他国家的宏观经济变动不再按区域性FTA和双边FTA分开总结，而是对每个国家将上述两类模拟集中在一张对应的表格中。

表3-3 不同区域性FTA方案下中国宏观经济指标的变动

类别	名义GDP/%	实际GDP/%	福利/百万美元	出口/%	进口/%	贸易收支/百万美元	贸易条件/%	非熟练劳动就业/%	熟练劳动就业/%	实际投资/%
CJK	0.96	0.91	13607.63	5.48	7.35	−6006.96	−0.35	1.91	1.74	1.62
10p3	1.5	1.37	20036.25	7.74	10.39	−8510.88	−0.53	2.76	2.74	2.15
10p3x	0.77	0.89	12233.18	5.22	6.98	−5557.02	−0.53	1.86	1.73	1.39
10p5	1.54	1.49	21554.95	8.05	10.89	−9357.54	−0.6	2.96	3.04	2.27
10p5x	0.81	1.01	13753.61	5.53	7.48	−6419.08	−0.6	2.07	2.02	1.5
10p6	1.62	1.52	22118.64	8.26	11.1	−9214.56	−0.6	3.01	3.09	2.28
10p6x	0.91	1.05	14492.12	5.76	7.74	−6352.35	−0.58	2.13	2.09	1.54
TPP13	−0.49	−0.06	−2947.85	−0.65	−0.75	−56.02	−0.31	−0.08	−0.01	−0.4
TPP13x	−0.39	−0.04	−2094.22	−0.52	−0.59	−65.62	−0.24	−0.04	0.03	−0.31
TPP13CHN	0.89	1.19	15790.91	6.21	8.63	−8556.74	−0.7	2.43	2.48	1.79

资料来源：作者模拟得到。

由表3-3和表3-4可见，如果TPP在中国不加入的情况下得以实施，则中国几乎所有的宏观经济指标均将受到负面冲击，但如果TPP在13个成员的基础上加进中国，则中国的GDP增长、福利水平、进出口规模、劳动就业和实际投资均会因此而得到促进，其中GDP实际增长率将显著超过名义增长率。但这种情形下，中国的进口增长潜力将超过出口增长，贸易收支和贸易条件均将趋于恶化。而将上述结果与各种东亚FTA方案对比后可以发现，中国在当前的基础上推进中日韩FTA，或者加入涵盖全东亚地区（可包含澳新）的FTA，可以在GDP增长、福利水平、进出口规模、劳动就业和实际投资等方面获得接近加入TPP情景下的收益①。特别是中日韩FTA范围虽小，但其对中

---

① 按照文中设定，加入TPP的情景同各种带"x"的模拟方案相比更具直接可比性。可以发现，加入范围更大的东亚区域FTA后中国的获利略低于加入TPP的情景。

国各项宏观经济指标的推动却与加入TPP的情景相差不远。

上述结果的原因可能在于，中国同各东亚经济体已经在生产分工和贸易方面紧密相连，同时与非东亚（包括澳新）TPP成员相比，东亚经济体又具备地理上更加邻近的优势。另外，中日韩三国经济体量占到东亚"10+3"的80%以上。结合上述模拟结果，可以断定，即使中国加入TPP，其获得的主要收益也将来自东亚伙伴成员。

表3-4　不同双边FTA方案下中国宏观经济指标的变动

类别	名义GDP/%	实际GDP/%	福利/百万美元	出口/%	进口/%	贸易收支/百万美元	贸易条件/%	非熟练劳动就业/%	熟练劳动就业/%	实际投资/%
CHN_KOR	0.51	1.59	5341.64	2.42	3.26	−2755.24	−0.16	0.79	0.72	0.66
CHN_SGP	0.06	0.09	1120.47	0.44	0.71	−1206.36	−0.07	0.21	0.24	0.17
CHN_AUS	0.09	0.01	1641.1	0.33	0.53	−856.46	−0.03	0.19	0.25	0.15
CHN_NZL	0.01	0.02	271.55	0.05	0.08	−127.58	0	0.03	0.04	0.02
CHN_CAN	0.1	0.09	1634.54	0.38	0.62	−1076.32	0.01	0.2	0.24	0.17
CHN_USA	1.37	0.74	14931.83	3.63	3.73	2820.31	0.43	0.91	0.94	0.96
CHN_MEX	0.09	0.02	549.35	0.2	0.23	21.9	0.05	0.03	0.03	0.05
CHN_CHL	0.02	0.01	234.52	0.06	0.09	−102.13	0	0.03	0.03	0.02
CHN_COL	0.01	0	78.8	0.02	0.02	18.35	0.01	0	0	0.01
CHN_PER	0	0.01	103.12	0.02	0.04	−111.12	0	0.01	0.02	0.01
CHN_EU	1.42	0.77	16051.81	4.92	5.72	−101.53	0.48	1.27	1.23	1.41
CHN_BRA	0.11	0.05	1166.18	0.27	0.37	−316.3	0.04	0.11	0.12	0.1
CHN_IND	0.13	0.03	965.84	0.3	0.33	80.77	0.06	0.07	0.06	0.07
CHN_RUS	0.16	0.08	1560.03	0.36	0.48	−422.31	0.04	0.16	0.16	0.15
CHN_SAF	0.08	0.02	539.7	0.14	0.14	108.62	0.04	0.04	0.03	0.04
BRICS	0.46	0.18	4075.53	1.04	1.29	−482.83	0.17	0.36	0.36	0.34

从各种双边FTA的模拟结果看，中韩FTA对中国实际GDP增长的推动力最强，其次分别是中国—欧盟FTA和中美FTA。中韩FTA为中国带来的福利增长也是最高的。与金砖国家建立双边FTA（不论是一对一还是建立整体的金砖五国FTA），中国GDP增长获得的推动力均相对有限，但福利增长却很显

著（仅次于中韩FTA）。在贸易增长推动力方面，同欧盟和美国的双边FTA潜力最大（这是由于欧盟和美国分别是当前中国第一和第二大贸易伙伴），但同欧盟贸易的增长将趋向于为中国带来逆差，而与美国贸易的增长将继续扩大中国的贸易盈余。贸易条件变动方面，在中韩、中国—新加坡和中国—澳大利亚三个双边FTA方案下，中国的贸易条件趋于恶化；在其他双边FTA情形中，中国的贸易条件将获得改善，其中相对来说与欧盟和美国的贸易条件改善最为显著。同欧盟、美国和韩国的双边FTA对促进中国的就业和投资也有显著的积极作用。

综观各项宏观经济指标，中国—欧盟FTA对中国的影响是各类双边FTA方案中最强的。总体而言，由于金砖国家之间当前的贸易基数相对较小，故在当前基础上推进同其他金砖国家的双边贸易自由化，对中国各类宏观经济指标的影响有限，但对几乎所有指标的影响都是正向的。可以推断，随着金砖五国之间贸易额的不断增长和经济联系的强化，组建金砖国家FTA的经济意义也将逐步增强。

值得注意的是，在上述16个双边FTA方案中，除哥伦比亚、欧盟和其他金砖四国以外，其他10个国家均是（或即将成为）TPP13的谈判成员。这些国家绝大多数宏观经济指标也将受到与中国建立双边FTA的推动[①]，而且从变化率对比的角度看，这种双边影响是不对称的，即上述国家受到推动的宏观经济指标增长率显著高于中国的相应指标。

对于美国而言，鉴于FTA的排他性，各种东亚区域FTA将使美国经济受到整体的负面冲击。TPP13的实施除了在一定程度上扩大美国的贸易逆差以外，其他各项宏观经济指标均将获得增长。中国是否加入TPP对美国并不产生显著的直接经济影响（贸易收支例外，中国加入TPP会使美国贸易收支改变方向）。实际上，TPP13对美国各项宏观经济指标的影响幅度并不是很大，其幅度甚至显著低于中美双边FTA情景下美国所受到的影响。这表明美国在当前极力主导和推动TPP谈判，具有经济因素以外的其他动因。

对欧盟而言，同东盟或中国订立双边FTA将会促进其GDP、福利、进出口、就业和投资水平的增长，但其贸易收支将趋于恶化。同时中国—欧盟

[①] 新加坡的实际GDP和劳动就业变动例外，另外多数国家的贸易收支将收于逆差。

FTA对欧盟经济的影响显著超过东盟—欧盟FTA，但在中国—欧盟FTA情景下，欧盟各项宏观经济指标受到的促进均低于中国相应的指标。

在各种区域性FTA方案下，日韩两国的宏观经济变动呈现出与中国类似的特征。两国加入TPP将获得总体上的正收益（但贸易收支将会收于逆差），而这些收益将低于加入各类东亚FTA方案下的情形。仅仅依靠中日韩FTA，上述两国就可以获得接近于加入TPP的总体收益。另外，如果中国加入TPP，则日韩两国经济受到的总体促进作用会显著增强。这再次证明了中日韩三国经济之间的高度依赖和相互促进的潜力。另外一个特征是，与日本相比，韩国在各类FTA方案情景下，其宏观经济指标变动的幅度显著大于日本，也大于中国。

对东盟国家来讲，从实际GDP、福利、进出口增长、就业和投资等指标来看，马来西亚和越南参与东亚FTA所能获得的总体收益也超过参加TPP的情景。与中国类似，上述两国在包括CAFTA影响的东亚FTA方案下获益更大。

各种FTA方案对新加坡的影响比较复杂。其实际GDP在大范围的东亚区域FTA方案和TPP情景下，以及与欧盟或中国的双边FTA情景下均将受到负面冲击，而将其排除在外的中日韩FTA却能稍微促进其实际GDP的增长。在各种包括未成熟的次区域FTA（比如CAFTA）的东亚FTA或TPP情形中，该国福利、进出口和贸易条件将获得提高，而在未成熟的次区域FTA情形下，其福利、进出口和贸易条件均下降。另外，新加坡在同中国及东盟与欧盟FTA方案中，上述指标连同实际投资将得到促进。上述事实表明，中国的影响对新加坡参与各种FTA所能获得的利益是非常重要的。

澳大利亚和新西兰通过参与TPP所获得的实际GDP和劳动就业增长率超过参与"10+5"和"10+6"的情景，而其进出口增长率在"10+5"和"10+6"的情景下则较高。中国参与TPP会显著提升澳大利亚的收益水平，但对新西兰影响相对较小。与中国订立双边FTA将使上述两国的贸易收支逆差扩大，其他指标基本上将获得促进。

对加拿大和墨西哥而言，两国与中国组建双边FTA将扩大其贸易逆差，但其他宏观经济指标均将获得正增长。但在中国加入TPP的情形下，两国的多数宏观经济指标增长率均下降。这反映出上述两国在经济结构方面存在较强的竞争性。

拉美的秘鲁、智利和哥伦比亚，在与中国建立双边FTA的情形下，贸易收支将收于逆差，但其他各项指标均将得到促进（仅哥伦比亚的贸易条件会趋于小幅恶化）。对于已加入TPP谈判的秘鲁和智利而言，中国若加入TPP，则其从TPP获得的宏观经济收益会进一步提升。

在金砖国家中，巴西、俄罗斯和南非三国在与中国的双边FTA方案以及金砖国家FTA情形下，贸易收支将收于逆差，而GDP、福利、进出口规模、就业以及投资水平均将得到提升。印度的情形相对特殊，其参加金砖国家FTA除了能获得福利提升以外，其他所有宏观经济指标均将受到冲击。而与中国建立双边FTA能促进其就业和投资，但程度非常有限。值得注意的是，在与中国的双边FTA情形下，其进出口规模均将小幅下降。这可能与印度制造业不发达的经济结构相关，也意味着印度对成立金砖国家FTA的热情将是最小的。

四、不同FTA情景的部门层面影响及比较

各国经济被划分为37个可贸易品部门。其中农业部门17个，非农业部门20个（包括19个制造业部门和1个服务业部门）。选取的部门经济指标包括部门产出变动比率以及部门进出口变动比率。对于区域性FTA（包括各种东亚FTA和TPP）方案，只列出中国各部门所受的影响，而对于中国参与的全部双边FTA方案，则列出了中国和伙伴国各部门所受的影响。

（一）区域性FTA方案对中国各部门的影响

各种区域性FTA方案下中国各部门产出的变动总结如表3-5和表3-6。

表3-5　不同区域性FTA方案下中国农业部门产出变动率

单位：%

农产品	CJK	10p3	10p3x	10p5	10p5x	10p6	10p6x	TPP13	TPP13x	TPP13CHN
水稻	4	2.47	3.51	2.25	3.29	2.26	3.3	-0.29	-0.3	2.78
小麦	1.5	1.96	1.63	-4.95	-5.3	-4.99	-5.39	0.81	0.79	1.2
其他粮作物	12.64	11.96	11.53	11.79	11.36	10.57	10.14	-2.88	-2.86	4.14

(续表)

农产品	CJK	10p3	10p3x	10p5	10p5x	10p6	10p6x	TPP13	TPP13x	TPP13CHN
蔬菜水果	1.6	1.87	1.45	1.96	1.54	2.01	1.59	−0.29	−0.26	1.53
油籽	0.83	0.68	1.01	0.68	1.01	0.45	0.76	−0.02	−0.06	0.37
植物纤维	0.7	1.17	0.69	1.85	1.36	1.83	1.35	0.55	0.67	2.04
其他农作物	2.51	2.62	2.03	2.56	1.96	3.28	2.69	−1.52	−1.71	0.16
油脂	2.06	−4.17	2.2	−4.04	2.32	−4.22	2.08	−0.08	−0.26	−2.54
奶制品	1.07	1.02	1.18	−4.34	−4.19	−4.42	−4.49	1.71	1.76	2.5
毛织物	−1.39	−1.21	−1.2	−8.41	−8.32	−7.82	−8.21	2.93	2.56	2.3
动物产品	1.33	1.73	1.31	1.78	1.36	1.78	1.37	−0.2	−0.17	1.4
林产品	0.79	0.91	0.77	1.02	0.87	1.07	0.92	−0.02	−0.01	0.92
渔产品	1.41	1.59	1.37	1.68	1.46	1.69	1.47	−0.06	−0.06	1.49
肉	4.72	4.98	4.75	3.98	3.75	3.88	3.65	−1.32	−1.3	2.82
糖	4.39	−11.04	−6.33	−14.55	−10.33	−14.54	−10.3	−1.48	−1.6	−4.22
饮料和烟草	0.79	1.63	0.77	1.75	0.9	1.78	0.96	−0.03	−0.01	1.3
加工食品	4.53	4.59	4.11	4.52	4.04	4.44	3.97	−1.05	−0.99	3.38

在中日韩FTA方案下，中国的农产品除了毛织物产出下降以外，其他产品产量均上升。"10+3"情景下，东盟会对中国的糖产量形成冲击；"10+5"情景下，澳大利亚和新西兰将对中国的奶制品产量构成冲击。不参加TPP的情景下，中国的多数农产品产量下降，但毛织物、奶制品和小麦产量上升。而在加入TPP的情景下，糖和油脂的产量下降，其他农产品产量均上升。

无论是参加各种东亚区域性FTA，还是加入TPP，中国所有的农产品进口均增加。而在不参加TPP的情景之下，所有的农产品进口均下降。出口的变动则更复杂，总体上也更为剧烈，其中变动幅度最大的是水稻和小麦。在各种东亚FTA方案下，我国的水稻出口增幅高达200%，在加入TPP的情景之下，水稻出口增幅降至154%，但在不加入TPP的情景下，水稻出口将下降。肉类的出口变化与水稻类似，但幅度维持在20%~50%的量级。在各种东亚FTA方案下，中国小麦出口增幅为70%~80%，但在加入TPP后迅速下降至

1.9%。相反,在不加入TPP的情景下,中国小麦的出口仍将维持25%左右的增长。在中日韩FTA方案下,中国糖的出口增长也将达到175.5%,但在东亚FTA方案下,由于东盟的冲击,其出口增幅迅速下降。加工食品、渔产品和蔬菜水果也是在各种东亚FTA方案下出口增长较快的农产品。

表3-6 不同区域性FTA方案下中国非农业部门产出变动率

单位:%

非农产品	CJK	10p3	10p3x	10p5	10p5x	10p6	10p6x	TPP13	TPP13x	TPP13CHN
燃料	0.21	0.35	0.33	0.38	0.35	0.4	0.36	0.26	0.19	0.46
采矿	0.01	0.34	0.06	0.37	0.09	0.41	0.12	0.18	0.15	0.39
木制品	0.9	0.67	0.85	0.85	1.04	0.82	1.03	0.14	0.24	1.04
纺织品	1.63	2.33	1.53	3.25	2.44	3.45	2.67	0.04	0.22	2.53
服装	6.9	6.81	6.75	7.82	7.76	7.68	7.64	−0.29	0	6.85
皮革	3.38	3.43	3.22	4.07	3.86	3.86	3.71	−1.12	−0.81	2.73
化工	−0.59	−0.5	−0.42	−0.39	−0.31	−0.19	−0.12	0.16	0.11	−0.36
钢铁	−0.74	−0.12	−0.71	0.04	−0.56	0.08	−0.5	0.26	0.29	−0.09
有色金属	−0.43	−0.48	−0.28	−0.67	−0.47	−0.51	−0.33	0.35	0.23	−0.33
金属制品	−0.25	0.25	−0.27	0.52	0	0.58	0.08	0.09	0.13	0.2
机动车辆	−1.94	−1.51	−2.17	−1.44	−2.1	−1.43	−2.08	−0.09	0.04	−1.52
其他运输工具	1.33	3.14	1.26	3.34	1.46	3.68	1.81	−0.11	−0.11	2.24
电子产品	4.99	8.08	4.93	8.09	4.94	8.06	4.91	−0.54	−0.48	6.58
机械产品	−1.69	−1.38	−1.48	−1.21	−1.32	−1.13	−1.24	0.37	0.32	−1.1
矿产品	0.88	1.74	0.84	1.9	1.01	1.95	1.07	−0.16	−0.11	1.51
造纸和印刷业	0.26	0.47	0.38	0.63	0.54	0.67	0.58	0.25	0.24	0.73
其他制成品	−0.66	−0.57	−0.43	−0.38	−0.24	−0.5	−0.35	0.25	0.22	−0.46
建筑业	1.59	2.12	1.37	2.23	1.48	2.25	1.52	−0.38	−0.3	1.77
商业和运输服务	0.68	1.07	0.7	1.2	0.84	1.22	0.85	0.12	0.11	1.07
服务业	0.76	1.21	0.76	1.34	0.9	1.36	0.93	0.02	0.03	1.11

在非农业部门中,纺织品、服装、皮革和电子产品产出将因加入东亚区域性FTA或TPP而实现显著的增长,上述部门的出口增长幅度超过产出增幅。服务业产出变动方向与上述行业相同,但相应情景下的出口下降。机械产品、机动车辆和化工的产量将因加入区域性FTA而受到冲击,但出口却将实现增长。在加入区域性FTA的情景下,所有非农业部门的进口均将实现增长,其中以纺织品、皮革、金属制品、机动车辆、机械产品和矿产品增幅最大。总体来看,中国加入各类区域性FTA对于非农业部门的产出和贸易增长是有益的。

(二)双边FTA方案下双方各部门受到的影响

在中国参与的部分双边FTA方案情景下,双方农业部门和非农业部门产出的变动如表3-7和表3-8所示。

表3-7 不同双边FTA方案下双方农业部门产出变动率

单位:%

农产品	CHN_EU		CHN_KOR		CHN_SGP		CHN_AUS	
	中国	欧盟	中国	韩国	中国	新加坡	中国	澳大利亚
水稻	1.25	-8.42	0.29	0.6	0.08	-1.63	0.08	-1.13
小麦	-0.65	1.05	-0.18	0.83	0.07	-1.4	-7.9	29.31
其他粮作物	0.97	0.07	11.37	-20.16	0.07	-0.67	0.05	-2.06
蔬菜水果	0.81	-0.13	0.76	-2.46	0.08	-0.51	0.18	-1.06
油籽	-0.36	-0.05	0.67	-8.99	0.03	-0.98	-0.01	-7.67
植物纤维	2.54	0.24	-0.29	3.43	0.01	-1.07	0.48	1.15
其他农作物	-0.87	-0.08	3.95	-5.02	-0.07	-0.6	0.31	-2.21
油脂	-0.43	-0.02	0.65	12.65	-0.03	-0.27	0.2	-0.39
奶制品	-2.81	0.19	-0.48	2.29	-0.16	-2.3	-0.87	-1.39
毛织物	-0.14	24.4	-1.09	5.07	-0.03	-1.93	-9.63	9.44
动物产品	0.79	0.22	0.15	2.51	0.09	-0.24	0.17	-1.01
林产品	0.55	0.03	0.23	-1.2	0.09	-1.73	0.11	-0.13
渔产品	0.56	0.05	0.61	-0.76	0.08	-0.32	0.11	0.02
肉	0.66	0.17	-0.21	2.33	0.03	-2.39	0.08	-2.13
糖	-0.58	0.11	-7.9	13.33	-0.03	-0.36	-3.46	2.54

（续表）

农产品	CHN_EU		CHN_KOR		CHN_SGP		CHN_AUS	
	中国	欧盟	中国	韩国	中国	新加坡	中国	澳大利亚
饮料和烟草	0.35	0.19	0.35	2.42	0.1	−1.41	0.13	−0.36
加工食品	1.25	0.05	1.85	0.28	0.02	0.73	0.19	−0.31

表3-8 不同双边FTA方案下双方制造业和服务业部门产出变动率

单位：%

非农产品	CHN_EU		CHN_KOR		CHN_SGP		CHN_AUS	
	中国	欧盟	中国	韩国	中国	新加坡	中国	澳大利亚
燃料	−0.21	0.05	0.13	3.49	−0.02	6.37	−0.01	−0.09
采矿	−0.37	0.15	0.19	0.51	0.07	−0.91	−0.04	0.27
木制品	0.02	−0.14	−0.09	−1.95	0.04	−2.8	0.18	−1.17
纺织品	3.46	−1.23	0.11	2.72	0.02	0.58	0.85	−3.11
服装	9.29	−2.46	1.25	−3.62	0.05	−4.34	0.79	−6.2
皮革	5.83	−1.79	−0.36	18.56	−0.02	14.82	0.56	4.59
化工	0.08	0.09	−0.26	2.98	−0.07	1.19	0.06	−0.38
钢铁	−0.89	0.58	−0.14	−1.35	0.06	−2.02	0.14	−0.54
有色金属	−1.84	0.48	0.5	2.66	0.03	−0.27	−0.26	0.71
金属制品	0.14	0.33	0.04	0.43	0.01	2.09	0.25	−0.8
机动车辆	−1.48	0.44	−0.26	−2.29	0.07	−0.7	0.09	−0.35
其他运输工具	0.84	0.27	0.64	−12.37	0.16	−5.41	0.18	−1.14
电子产品	4.19	−0.69	2.39	2.6	0.88	7.93	−0.04	−0.53
机械产品	−2.1	1.43	−0.29	3.42	0.02	5.99	0.13	−0.47
矿产品	0.87	0.18	0.71	0.87	0.16	−0.36	0.15	−0.25
造纸和印刷业	−0.25	0.18	0.06	0	0.09	−2.44	0.14	−0.24
其他制成品	0.23	−0.03	−0.31	−0.57	0	−2.85	0.11	−0.68
建筑业	1.38	0.31	0.65	3.68	0.17	1.79	0.15	0.35
商业和运输服务	0.4	0.15	0.27	−0.13	0.1	−1.98	0.1	−0.26
服务业	0.46	0.11	0.32	1.44	0.11	−1.42	0.12	−0.01

在进口方面,在17种中国参与的双边FTA情景中,除少数例外情景,双边FTA的订立将促使双方几乎所有农业部门和非农业部门的进口增长(在少数例外情景下,一方或双方的进口下降幅度也非常有限)。以下重点结合产出和出口两方面总结各种双边FTA的部门影响。

中国—欧盟FTA:中国的小麦、奶制品、毛织物、糖、燃料、采矿、钢铁、有色金属、机动车辆、机械产品、造纸和印刷业的产出将受到来自欧盟的冲击。而欧盟的水稻、蔬菜水果、木制品、纺织品、服装、皮革、电子产品产出将受到来自中国的冲击。上述行业的出口变动方向与产出大体相同,但糖、有色金属、机动车辆、机械产品例外(产出变动方面,这些均是中国受到冲击的行业,但双方在上述部门的出口均增加)。

中韩FTA:中国的小麦、植物纤维、糖、皮革、化工、钢铁、有色金属、机动车辆、机械产品将受到来自韩国的冲击。韩国的蔬菜水果、油籽、渔产品、服装将受到中国相应部门的冲击。

中国—新加坡FTA:中国受到冲击的部门有燃料、皮革和化工,但程度均不显著。新加坡所有的农产品产出均下降,其中大部分受到中国的直接冲击。在非农业部门中,新加坡受到中国冲击的部门有采矿、木制品、服装、钢铁、有色金属、机动车辆、矿产品,但上述行业均不是新加坡的重点产业。值得注意的是,新加坡服务业的产出和出口均将受到中国的冲击,这可能导致新加坡方面对双边FTA谈判持保留态度。

中国—澳大利亚FTA:在农业部门中,中国的小麦、毛织物和糖的产出将受到来自澳大利亚的明显冲击,但出口却会增加。在非农业部门中,只有采矿和有色金属的产量会受到澳大利亚方的冲击,同样,上述两个部门的出口也将增加。澳大利亚产出受到明显冲击的部门有纺织品和服装,但其出口也将增加。

中国—新西兰FTA:中国的奶制品产出明显下降,但新西兰该部门的产出也稍微下降,双方出口均略有增长。新西兰的纺织品和服装,特别是服装产出将受到中国的明显冲击。

中国—加拿大FTA:中国的小麦将受到来自加拿大的严重冲击,产出下降幅度达到12.9%,而加拿大的小麦产出将上升42.5%。加拿大的服装产出将受到来自中国的冲击,下降幅度达到8.2%。

中国—美国FTA：中国农业部门中的小麦、油籽、植物纤维和糖，特别是小麦将受到美国的明显冲击，小麦产出下降幅度达14.6%。燃料、采矿、化工、钢铁、有色金属、机械产品及造纸和印刷业将受到美国的冲击，其中机械产品所受冲击明显。美国的水稻、蔬菜水果、木制品、纺织品、服装、皮革将受到中国的冲击，其中以纺织品和服装最为明显。

中国—墨西哥FTA：中国的小麦、油脂、毛织物、奶制品、化工、有色金属、机动车辆、机械产品等将受到影响，墨西哥方面受到影响的部门有水稻、蔬菜水果、油籽、林产品、木制品、纺织品、电子产品等，但双方所受的冲击均不大。

中国—秘鲁FTA：中国的糖类和加工食品受到来自秘鲁的轻微冲击，而秘鲁的多数非农业部门将受到来自中国的一定程度的冲击。

中国—智利FTA：智利的多数种植业部门将受将到中国的轻微冲击，但其毛织物产出将大幅增加（11.8%）。在非农业部门中，智利的采矿、造纸和印刷业会对中国构成一定冲击，但其他多数制造业部门，特别是服装和皮革将受到中国的冲击。

中国—哥伦比亚FTA：哥伦比亚的服装和中国的钢铁将受到对方一定程度的冲击，哥伦比亚的皮革产出将实现接近1%的增长。

中国—俄罗斯FTA：中国受到俄罗斯冲击的部门有油脂、林产品、加工食品、燃料、采矿和化工，但程度有限。在俄罗斯的农业部门中，水稻、小麦、油籽、植物纤维、毛织物和肉将受到中国轻微的冲击，非农业部门中的纺织品、服装和皮革将受到显著冲击。

中国—巴西FTA：中国的油籽、肉、采矿、化工、钢铁、金属制品将受到巴西的一定冲击。巴西的纺织品和服装将受到中国的明显冲击，电子产品和机械产品也将受到轻微影响，而其皮革产出则将获得6.2%的增长。

中国—印度FTA：由于两国当前FTA的经济效应较小，因此两国部门间的相互影响均不显著。

中国—南非FTA：南非的纺织品、服装和皮革将受到中国的显著冲击，而其钢铁、有色金属、机动车辆、电子产品、机械产品和建筑业的产出将在一定程度上获得增长。

五、结论和建议

上文的分析结果表明,当前东亚经济体间密切的生产分工关联已经为推进东亚FTA奠定了较好的基础。若东亚区域FTA方案能得以推进并按严格的标准加以实施,则东亚经济体从本地区FTA当中获得经济收益的潜力高于参加TPP的情形。

但在现实中,由于多数东亚经济体长期对自由贸易协定持强烈的实用主义态度,故区域性FTA和各类双边FTA在该地区交错叠加,已经存在的自由贸易协定多数水平也不高。另外,由于区域内外复杂的经济和非经济因素,当前在本地区扩大和深化推进FTA面临种种制约。对中国而言,同东亚以外其他小规模经济体建立双边FTA所带来的经济效应有限,其意义更多地在于追求"轮轴—辐条"型FTA网络中的中心经济体效应。而推进同欧盟等世界主要经济体的自由贸易谈判,无论是在经济效应还是制度效应方面,均存在较为显著的收益。在产业层面,中国的纺织品、服装、机械产品和电子产品将是受各种FTA推动最为显著的部门,而农业则是各国最为敏感的部门。

结合上文的研究结论和当前中国面临的形势,这里从近期和长期两个层面对中国的FTA战略提出政策建议。近期政策建议如下:

第一,文中模拟的各种双边FTA方案,或者已经进入谈判阶段,或者已经经历了一定时期的双边磋商,具备一定的基础。其中的多数对象国(十国)已经加入或者即将加入TPP谈判,但当前TPP谈判也面临重重困难,短期内取得全面突破的可能性不是很大。我们可以利用这些国家(包括美国)同中国建立双边FTA可能获得的经济促进潜力,积极推进或启动双边FTA谈判,以此来影响TPP谈判的进程。

第二,由于日本、韩国、马来西亚、新加坡、文莱、澳大利亚和新西兰均已加入或即将加入TPP谈判,因此近期内启动"10+3""10+5"或"10+6"FTA谈判的可能性不大。在这种情况下,中国应当大力巩固现有的东亚经济合作成果,包括推动CAFTA的建设进程,并推进中日韩自由贸易区谈判。另外,鉴于加入TPP谈判给中国带来的总体经济效应不亚于参加各种东亚区域FTA,中国应当积极寻求适当的时机,以适当的前提加入TPP谈判,以避免被隔绝在TPP之外。

第三，加强同当前第一大贸易伙伴——欧盟的经济合作，在条件成熟的前提下及早启动中国—欧盟FTA谈判。TPP的排他性对欧盟经济可能带来的负面冲击将强化欧盟推进上述谈判的动力。

第四，应当利用2008年经济危机过后全球经济恢复和调整的契机，加强南南经济合作，增强发展中国家在国际经济新秩序塑造过程中的影响力和话语权。

对东亚成员而言，发达的地区生产分工网络已经将彼此的经济紧密联系在一起，再加上地理上相互邻近的优势，东亚区域FTA为多数东亚成员带来的经济收益较TPP更为显著，表明推进东亚FTA建设其实具备更为坚实的经济基础。从长期来看，这种经济基础将是影响区域经济合作形式和水平的决定性因素。因而在长期内，我们应当着手强化并积极利用这种促进区域经济合作的基础。只有不断强化东亚区域经济合作的经济基础，才可能克服当前推进东亚区域FTA面临的许多现实障碍，比如邻国对中国崛起的担忧、东亚各国间的领土主权纠纷等。

对应的长期政策建议有三个方面：第一，积极推进东亚成员间基础设施的互联互通，通过互通的基础设施将各国经济更加紧密地联系在一起。第二，抓住经济全球化深刻调整的长期趋势，加快技术创新和国内产业结构调整，增强我国在东亚地区生产分工体系中的引领作用。第三，在产业层面，无论是当前的多边贸易自由化谈判还是区域贸易协定谈判，农业均是敏感部门。正因如此，主动而又稳妥地推进农产品的贸易便利化，将可能为自由贸易谈判注入强劲的动力。这需要积极推动国内农业经营体制的改革，增强农产品的国际竞争力。

第四章　我国实施自贸区战略的进展与面临的挑战

加快实施自由贸易区战略，是我国建立稳定对外经贸关系、发展高层次开放型经济的重要举措。2008年金融危机后全球贸易投资自由化出现新趋势，区域一体化不断增强。近年来出现区域和双边自贸协定向高标准、大型化转变的趋势，并向强调"监管一致性"和"21世纪议题"延伸。我国应认真研究面临的新形势和新挑战，采取兼顾灵活性与现实性的原则，推进落实党的十八届三中全会提出的"加快形成面向全球的高标准自贸区网络"。

一、我国推进自贸区战略最新进展及影响

（一）我国自贸区战略取得积极进展

进入21世纪以来，中国积极参与区域经济合作，大力实施自贸区战略，取得了积极进展。截至2018年1月，中国已对外签署了16个自由贸易协定，涉及24个国家和地区，自贸伙伴遍及亚洲、大洋洲、美洲和欧洲。中国与自贸伙伴的贸易投资额占中国对外货物贸易、服务贸易、双向投资的比重分别达到25%、51%、67%。

此外，已经启动谈判的自贸区有11个，包括：中国与海湾合作委员会（GCC）、挪威、斯里兰卡、以色列和摩尔多瓦开展的双边FTA谈判，中日韩自贸区和《区域全面经济伙伴关系协定》2个区域FTA谈判，以及与巴基斯坦、新西兰、秘鲁、韩国等的自贸协定升级谈判。此外，中国已完成了中印

区域贸易安排（CECA）联合研究，并正在与哥伦比亚、蒙古、斐济、尼泊尔、孟加拉国等进行双边FTA的可行性研究。

作为推进实施自贸区战略的牵头部门，商务部正加快推进自贸区的配套工作，如不断强化已建成自贸区实施、宣传推广工作和自贸区网站建设，进一步鼓励提升企业用好用足自贸区优惠政策的意识和水平。自中韩第二阶段谈判开始，逐步探索推进以负面清单方式开启自贸协定的服务贸易和投资谈判。

（二）实施自贸区战略成效显著

总体来讲，我国推进实施自贸区战略，不仅对推动中国与贸易伙伴的贸易和投资快速发展、加强区域成员之间互利共赢的经济合作关系起到了十分重要的作用，同时也彰显了中国和平发展和对外开放的积极姿态，为增强我国在区域和国际事务中的话语权与影响力、营造良好外部环境作出了贡献。

首先，有助于加强协定成员方之间互利共赢的经济合作关系，推动中国与自贸伙伴的贸易和投资快速发展。图4-1显示，2008—2012年，我国对多数自贸伙伴的出口增速都明显高于对全球出口增速，表明贸易自由化安排对促进双边贸易加快增长发挥了积极的作用。

2013年后，在全球贸易增速明显下降且连续低于全球经济增速的情况下，中国对外贸易承受下行压力，自贸区的作用开始显现。根据中国海关统计数据，2014年中国大陆（内地）对除中国台湾、中国香港、中国澳门之外

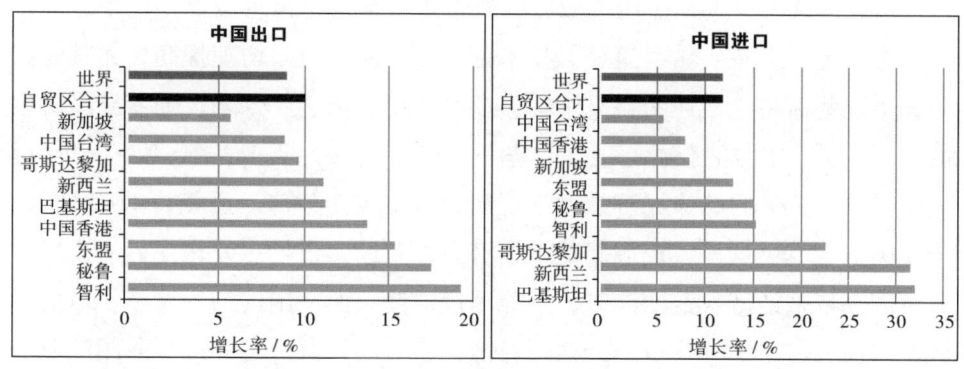

图4-1　中国对全球和主要自贸伙伴贸易增速比较（2008—2012年）

资料来源：中国海关统计。

17个自贸伙伴的出口增幅为10.7%，高于对全球出口增速4.6个百分点；2015年我国对19个自贸伙伴的出口增幅为2.6%，也明显好于对全球出口负增长的局面（见图4-2）。这表明我国自贸区的发展，为全球贸易发展及中国和自贸伙伴的经济增长提供了新的动力。

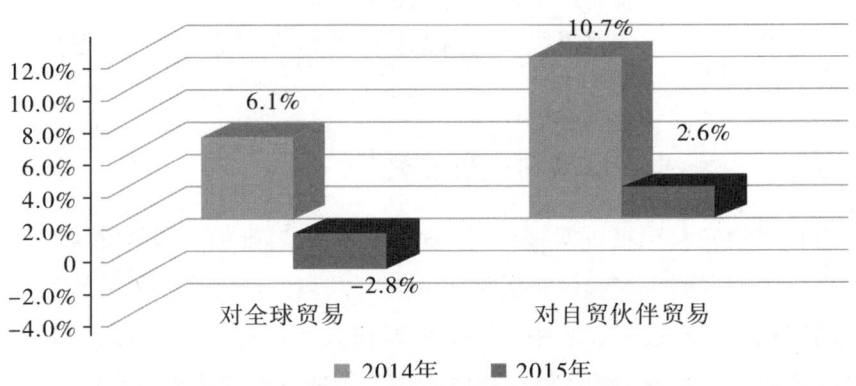

图4-2　中国对自贸伙伴贸易增长好于对全球贸易表现

资料来源：中国海关统计。

与此同时，贸易伙伴同样受益。中国来自自贸伙伴的进口增长明显快于对其的出口增长，与自贸伙伴的双边贸易在中国对外贸易中的重要性进一步上升，反映出中国在自贸安排中实施实质性减税以及市场空间大等特点，说明在我国消费者从自贸安排中获得收益的同时，自贸伙伴从中国的经济增长和双边制度性安排中同样获得了好处，促进了双边贸易结构的升级。以中国—东盟自贸区为例，协定生效后，双边贸易结构也出现明显变化，运输设备、电气电子设备、精密机械等技术密集型产品进出口增速提高，尤其是我国进口这些商品的增速明显高于同类产品的出口增速。未来，随着升级协定的全面实施，双方的获益程度还会进一步扩大。

其次，FTA的总体经济效益远远超过贸易创造效应。已签订的FTA有助于我国引入市场竞争、挖掘新的市场潜力，有助于市场多元化发展。当然，自贸区在带来经济收益的同时，可能因进口增长而使国内结构调整和市场开放压力加大。由于处理得当，截至目前，已有的自贸协定并未对我国产业造成巨大冲击，反而因扩大市场开放、引入竞争，促进了经济发展和体制机制改革。

再次，中国开始了在规则谈判领域的积极探索，意义重大。中韩、中澳自由贸易区，是我国迄今为止对外商签整体化水平最高、覆盖领域最广的自由贸易区，总体上实现了"高水平、全面、利益大体平衡"的目标，其重要性和意义为各方瞩目。不仅在货物贸易上实现了高水平的自由化，还包含电子商务、知识产权保护、竞争政策、政府采购、环境等规则谈判内容（也被称为"21世纪经贸议题"），而且在服务贸易和投资领域以开展第二阶段谈判为未来进一步开放及模式选择等作出了承诺。其重要性，不仅体现在协议自身上，也体现在我国未来自由贸易区谈判与国际高水平经贸规则对接上，有助于以进一步改革开放，更好地融入经济全球化。

最后，签署这些自贸协定，彰显了中国和平发展和对外开放的积极姿态。通过签署高水平的自贸协定，突显了我国对外开放的积极姿态和坚定决心，促进了国内经济管理体制改革及与国际高标准规则接轨；有助于建立公平透明的市场规则，推动建立统一开放、竞争有序的市场体系，使市场在资源配置中起决定性作用；对营造良好外部环境具有积极意义。

（三）面临的困难和问题

自贸区在带来经济收益的同时，也会增加双方结构调整和市场开放的压力，并随着区域一体化格局的变化，产生一定的贸易转移效应。由于相对比较优势的作用，中国部分产品出口可能会因面临当地其他伙伴国产品的竞争而出现下降，进口过快增长也会对我国国内生产造成冲击等，因此会增加国内的结构调整压力。如何趋利避害，在获得贸易自由化收益的同时，降低结构调整成本？中国还需要进一步完善自贸区战略及其政策，包括学习和借鉴其他国家的经验。

目前，扩大自贸区网络覆盖面、提升开放水平、提高企业利用率，是中国面临的三大问题。

例如，2008年金融危机后，多哈谈判陷入僵局，多边贸易体制短期内取得实质性进展较为困难，各国对区域和双边自由贸易的制度性安排更加重视，区域一体化出现加速发展的趋势。中国的自贸区战略虽然取得了一定成效，但是和世界一些主要经济体和周边国家的实际进展相比，从自贸区伙伴数量、贸易覆盖率以及自由化标准等方面来看，仍然存在一定差距。数据显示,目前欧盟已达成26个自由贸易协定,伙伴国多达87个;美国已达成15个自贸协定,拥有25个伙伴国;日本已达成16个自贸协定,拥有20个伙伴国;韩国达成15个自贸协定,但伙伴国却多达52个。我国FTA伙伴覆盖面不足,特别是经济体量普遍较小,即使在谈的和在研究的自贸协定全部谈成,我国FTA伙伴所涉及的自贸区市场规模也仅占世界GDP的35%左右。

党的十八大提出"加快自由贸易区建设",十八届五中全会进一步要求以周边为基础加快实施自贸区战略,形成面向全球的高标准自由贸易区网络。"加快实施自由贸易区战略,构建高水平自贸区网络"是我国构建开放型经济新体制的重要内容,2015年,国务院出台《关于加快实施自由贸易区战略的若干意见》,对我国自贸区战略进行了总体部署。这表明,中国将会继续推进实施自贸区战略,努力扩大自贸区成果,为中国高质量发展及贸易伙伴的经济增长提供新的动力。

二、我国已达成FTA的主要特点

(一)基本原则

长期以来,中国在推进贸易投资自由化制度性安排和区域合作进程中一直秉持的原则及主张,在区域合作实践中得到了合作各方的认同和普遍接受。

一是开放性原则。即坚持开放的地区主义,主张与所有具有参加区域合作意愿的经济体探讨建立自贸区的可能性。

二是实质性原则。即遵循世贸组织关于区域贸易协定的规则,主张签署具备实质性自由化标准的高质量自贸协定。

三是平等性原则。即参与合作的各方成员具有平等的谈判地位,主张将互利共赢作为基本的目标。

四是渐进性原则。即按照由易到难、循序渐进的推进方式,主张在成员范围、谈判领域和自由化程度等方面,分阶段扩展和深化,逐步实现预定目标。

五是包容性原则。即兼顾不同经济体的特殊性,对于发展水平较低的经济体和小国，给予一定的灵活安排。

在2015年国务院出台的《关于加快实施自由贸易区战略的若干意见》中，正式提出"扩大开放，深化改革；全面参与，重点突破；互利共赢，共同发展；科学评估，防控风险"四项基本原则。

（二）与时俱进地选择谈判模式

中国在对外自贸协定谈判中，依据双方的要求和实际磋商，采取较为灵活的谈判模式（见表4-1）。在我国最早商签的中国—东盟、中国—巴基斯坦和中国—智利FTA谈判中，采取的是分别开展货物贸易、服务贸易和投资谈判的模式，最后逐步建成一个涵盖货物贸易、服务贸易和投资自由化的全面自由贸易安排。此外，中国与巴基斯坦在达成的自贸区货物贸易协定中包括投资的章节，2008年10月又签署补充议定书，促进双边投资合作。根据对方经济发展水平和要求，在与东盟、巴基斯坦等的FTA中设立了早期收获产品清单，促使谈判加快取得成果。

中国—新西兰FTA是中国与发达国家签署的第一个自贸协定，也是我国首次采取一揽子谈判方式并签署的涵盖货物贸易、服务贸易、投资等诸多领域的全面自贸协定。此后，中国与其他贸易伙伴商谈区域或双边FTA大多采取一揽子甚至包括规则领域谈判的方式。

表4-1　中国已签署FTA的谈判模式

自由贸易区安排	谈判模式		
	货物贸易	服务贸易	投资
中国—东盟	2004年11月	2007年1月	投资协议
内地—港澳	2005年10月	2005年10月	投资协议
中国—智利	2005年11月	2008年4月	补充协议
中国—巴基斯坦	2006年11月	2009年2月	"投资"章节及补充议定书
中国—新西兰	2008年4月，一揽子协议		
中国—新加坡	2008年10月，一揽子协议		
中国—秘鲁	2009年4月，一揽子协议		
中国—哥斯达黎加	2010年4月，一揽子协议		
中国—冰岛	2013年4月，一揽子协议		

(续表)

自由贸易区安排	谈判模式		
	货物贸易	服务贸易	投资
中国—瑞士	2013年7月，一揽子协议		
中国—澳大利亚	2015年6月，一揽子协议		
中国—韩国	2015年6月，一揽子协议		
中国—东盟升级	2015年11月，一揽子协议		
中国—格鲁吉亚	2017年5月，一揽子协议		
中国—智利升级	2017年11月，一揽子协议		
中国—马尔代夫	2017年12月，一揽子协议		

资料来源：根据商务部网站信息整理。

（三）多元化原产地规则

在中国已签署的FTA中，都包含原产地规则及相关操作程序的章节。从判定标准看，中国原产地规则的规定可主要分为两大类：

（1）在已达成的双边FTA中，中国多数产品的原产地规则以增值率为主要判定标准（一般要求国内增值成分占比为40%以上），并且使用船上交货价格；少数产品使用税目改变标准和加工工序标准。

（2）在少数（如中国—哥斯达黎加FTA）自贸协定中，规定以税则归类改变作为原产地判定的基本标准，将区域价值成分和加工工序标准作为辅助标准。

（四）关税减让：实质性与灵活性相结合

第一，进行实质性减让，例外产品占比低。通常将产品分为正常产品和敏感产品，对敏感产品分别给予关税减让的过渡期或例外处理。根据WTO的标准，区域贸易安排中关税的实质性减让包括两个方面，即关税减免产品的税目与进口额的占比为90%以上。从中国已签署的FTA中可以看出，以进口额计，中国进行的大多为实质性减让，而且多以过渡期形式处理敏感产品，例外产品占比很小。在中国近期签署的FTA中，最终实现零关税的产品税目和在双边贸易中的比重仍较高。例如，在中韩FTA中，中方实现零关税的产品将达到税目的91%、进口额的85%,韩方实现零关税的产品将达到税目的92%、进口额的91%,均达到WTO规定的实质性减让标准。

第二,灵活的关税减让时间安排。在我国已签署的FTA中,根据缔约方发展水平的不同,实行不同的减税时间表;正常产品和敏感产品一般都享受梯次降税的待遇,即依照产品的关税水平实行分步降税。在中国—东盟FTA的减税计划中,在双方对等的基本原则上,对越、老、柬、缅等发展水平相对较低的东盟新成员在减税时间和敏感产品数量上予以区别对待,允许东盟新成员保留的敏感产品税目比中国和东盟老六国多,降税时间表也推迟了3~5年。为加速减税,在中韩和中澳自贸协定中,从自贸协定生效之日起,实施各项产品过渡期内的第一次降税,在时隔11天之后实施第二次降税。

(五)以积极审慎的态度对待服务业开放

对于相对弱势或敏感的服务业部门,中国采取国际上通常使用的两种方式处理:一是在FTA的服务贸易承诺表中予以具体安排和明确限制;二是在"范围和覆盖领域"条款中,以明确规定不适用的方式将特殊的敏感服务部门排除在协议之外。另外,中国在入世承诺的基础上,对FTA伙伴的服务提供者进一步扩大市场开放领域和程度,即给予对方高于WTO承诺的市场开放待遇,体现了中方积极的开放态度。

尤为值得一提的是,参照国际先进做法,中韩自贸协定开创性地设立了金融服务和电信两个单独章节,专门处理与服务贸易密切相关、关系国计民生又相对复杂的议题。并且双方商定在协定生效后2年内,以负面清单模式启动服务贸易的第二阶段谈判,这是我国第一次在自贸协定中承诺未来将采用负面清单方式开展服务贸易和投资谈判,将有利于我国改革并完善服务业开放及管理模式,在服务贸易领域逐步实现更高的自由化水平。

(六)协议涵盖内容日益扩大

FTA的传统含义是缔约方之间相互取消货物贸易关税和数量限制。但是,进入21世纪以来,FTA所包含的自由化内容在原有基础上开始向两个方面持续扩展。

一方面,贸易便利化成为各国在多边和区域贸易安排中积极采用的重要手段。根据WTO相关规定，区域贸易协定（RTA）中涉及取消或消除贸易障碍的范围进一步扩大，不仅包括传统意义的关税和数量限制等贸易障碍，而且包括诸如通关程序、检验检疫、标准认证、政府采购规则等更加广泛的内容，这些内容被称为"便利化"，包括便利化内容的自由化被称为"广义的贸易自由化"。由于便利化相关措施能够简化和协调国际贸易程序、加速要素的跨境流动，从而降低交易成本、提高贸易投资效率、带来巨大的经济收益，因此目前许多RTA/FTA中都同时包括范围广泛的贸易投资自由化与便利化内容。

另一方面，更多涉及成员方国内经济管理体制的监管一致性等规则领域。包括从服务贸易自由化、投资保障和投资自由化等发达国家更具优势、更为关注的市场开放领域，到知识产权保护、竞争政策、经济合作、环境保护、自然人流动等更多成员方国内经济管理体制的制度性安排。

在中国已达成的FTA中，也出现了涵盖内容日益扩大的趋势：

第一，便利化成为重点内容之一。在我国签署的FTA中，贸易便利化的涵盖领域较为广泛，包括货物贸易、服务贸易、自然人流动以及资本和信息流动等。例如：中国政府十分重视海关程序的简化和透明度，认为这是促进便利化最重要的内容和最直接的手段，因此在与新西兰、新加坡、秘鲁和哥斯达黎加签订的双边FTA一揽子协议中，都专门设有一章讨论海关程序和技术合作；中国提倡消除技术性贸易壁垒，有助于促进双边货物和服务贸易便利化，在已签署的FTA中涵盖了绝大部分相关内容；中国在自然人流动方面也表现出积极态度，在与新西兰、智利、新加坡、秘鲁、哥斯达黎加等签订的双边FTA中，都有专门的关于便利双边商务人员往来等的条款。

第二，积极促进相互投资。经济全球化促使各国之间的贸易与投资关系日益密切，跨国公司在全球范围内投资建立生产网络，产业内贸易和公司内贸易成为贸易发展的新动力。为进一步改善投资环境、提高法律法规的透明度、降低投资成本，中国所有已签署的FTA都涵盖了投资协议或投资章节；在中国与新西兰、秘鲁的FTA中，则在"经济合作"条款中涵盖诸如开展政策对话、加强信息和机会共享以消除贸易投资障碍等内容。

第三，重视并不断拓展经济合作。经济合作是我国商签区域和双边FTA的重要内容，合作领域较为广泛、内容日渐丰富，不仅包括科技合作、中小企业合作等，还提倡在信息通信、环保、旅游、金融、人力资源等领域的合作。特别是，近年来在新签署的FTA中将促进中国企业"走出去"、促进中国区域经济协调发展等纳入经济合作的范围内，通过FTA促进双边或区域经济合作的领域不断拓展。

第四，涉及更多的规则领域谈判。在中国与智利、新西兰、秘鲁和哥斯达黎加等签订的FTA中，保护知识产权成为重要的合作领域之一。在我国最新达成的中国—瑞士FTA中，双方还就政府采购、环境、就业合作等中方以往自贸谈判中很少涉及的规则问题达成一致。例如就环境问题单独设立一章，并明确规定了知识产权保护的具体权利和义务，增强了权利人保护的透明度和便利性等内容。同谈判伙伴探讨与经济制度相关的内容并达成共识，显示出中国进一步改革开放、按国际通行规则进行涉外经济管理的决心和自信。

三、我国推进FTA谈判面临的新形势

（一）全球区域一体化呈现新趋势

积极参与区域经济合作与一体化，已成为近年来各国开展经济战略合作与竞争的重要手段，并呈现新的趋势：

一是区域/双边自由贸易安排和国际投资协定快速发展。

二是区域贸易安排出现大型化趋势。自贸区理论认为，"区域范围越大，收益越多"，越来越多的经济体希望参与大型自贸协定谈判，分享更大区域内市场机遇。此外，由于经济体的全球优势地位有所减弱，部分学者认为只有扩大联盟的影响力，才能主导未来世界经贸规则走向。虽然TPP完成谈判后又因特朗普决定退出TPP、TTIP而停滞，但在日本等国的力推下其他11个国家达成了CPTPP；日欧与加拿大—欧盟FTA最终完成谈判达成跨区域的协定。

三是贸易投资安排呈现高标准自由化趋势。一方面，发达国家将自由化关注重点转向服务市场开放和投资领域；另一方面，诸边谈判或区域/双边FTA谈判涵盖范围更广、排他性趋势增强，特别是发达国家将涉及成员方

内部的经济管理体制与监管一致性等"21世纪新议题"和"边界无议题"，纳入经贸规则谈判，对我国和发展中经济体的体制改革和市场开放构成空前压力。

特别值得注意的是，近年来贸易投资保护主义抬头，逆全球化思潮兴起，经贸问题政治化倾向增强，美国政府做出一系列"退出"行动，给多边贸易体制和区域经济一体化带来冲击，这些都让我国未来的FTA进程面临诸多困难与障碍。

（二）货物贸易：客观评价冲击和选择应对方式

1. 研究制定弱势产业的谈判与应对策略

根据贸易投资自由化的理论，在一国内部，市场开放的效应与利益并不是均匀分配的，具有较强比较优势的产品，由于市场规模的扩大可能增加生产和贸易机会，企业能从中受益并可能促进就业。但是，那些在区域内不具备比较优势的行业则可能受到其他成员价廉物美商品的冲击，企业因此可能减少贸易机会，失业也会增加。由此可见，FTA能够促进各成员更有效地发挥比较优势，其内部的资源配置将向优势产业集中，从而促进结构升级和整体效率的提高；同时，贸易自由化也会带来一定的结构调整成本，如部分行业或企业竞争力减弱，甚至可能引发失业和社会矛盾等。

中国已成为世界制造业第一大国和出口第一大国，竞争力提升突出地表现在制造业领域。在所有的制造业细分部门中，中国的增加值出口在全球的份额都有了较大幅度的提高（见图4-3）。表现最突出的是纺织服装及皮革制品，这是中国具备传统比较优势的部门，2014年的全球份额达到36%，比2000年提高了22个百分点。电气机械，电脑、电子产品及光学产品，非金属矿产品，贱金属，木材加工及木制品，家具制造业这6个制造业部门排在第二梯队，2014年的全球份额为20%~25%。接下来是橡胶和塑料制品业、化学原料及化学制品、其他机械设备、石油加工及炼焦、合金产品、造纸及纸制品业、印刷业和记录媒介复制、食品饮料和烟草这8个制造业部门，2014年的全球份额为10%~20%。最后是医药制造业、汽车及拖车制造、其他运输设备，这3个部门的国际竞争力相对较弱，2014年的全球份额都在10%以下（其中医药制造业只有4%），相比2000年也有提升。

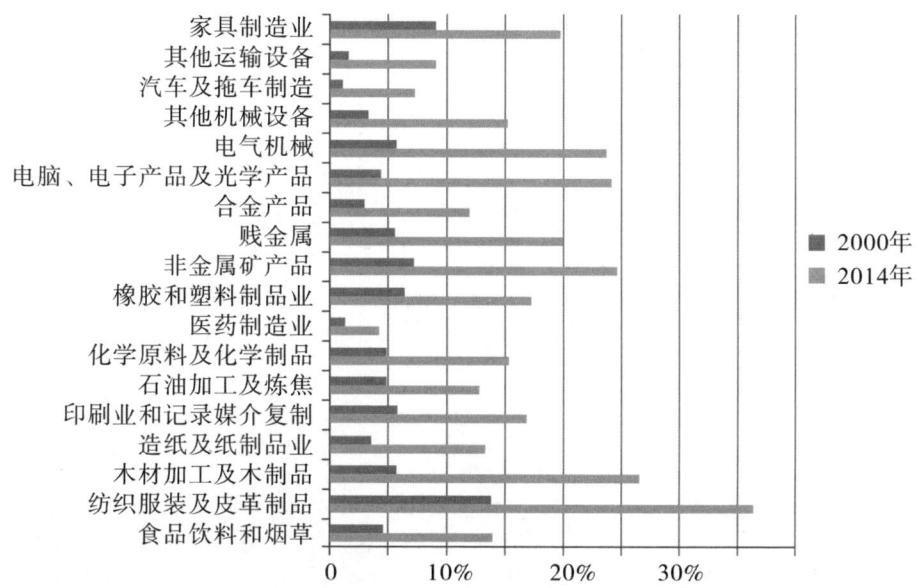

图4-3　中国制造业细分部门增加值出口占全球份额的变化（2000年和2014年）

资料来源：DRC课题组根据WIOD2016计算。

从基于增加值出口的显性比较优势指数（VRCA）看（见图4-4），我国主要产业在国际市场具有不同的比较优势。国际竞争力最为突出的是服装鞋帽、纺织服装及皮革制品，竞争力较强的是矿物制品和机电产品，竞争力一般的是光学仪器、钢铁、塑料制品，相对较弱的是运输设备、化工产品、食品、农产品等。从动态发展趋势看，2000—2014年，大部分制造业产品的国际竞争力是显著提升的，计算机及电子光学产品、电气机械、木制品的表现尤其突出。运输设备和非电气机械的国际竞争力虽然还不强，但已有一定的提高。纺织服装及皮革制品等部分传统劳动密集型产业的竞争力虽出现明显的弱化迹象，但仍然是国际竞争力最强的部门。

理论上讲，一个成员方在关税减让上的例外或过渡性保护，都可能减少伙伴方在贸易投资自由化上的获益，因此，通过谈判确保市场开放带来的收益，同时确定各自敏感产品并采取例外对待或过渡期安排，往往是FTA谈判最核心的内容。为了最大限度地降低FTA带来的产业冲击、减少结构调整成本和就业压力，仍需通过过渡性减税和例外安排等措施缓解对部分产业可能带来的冲击。

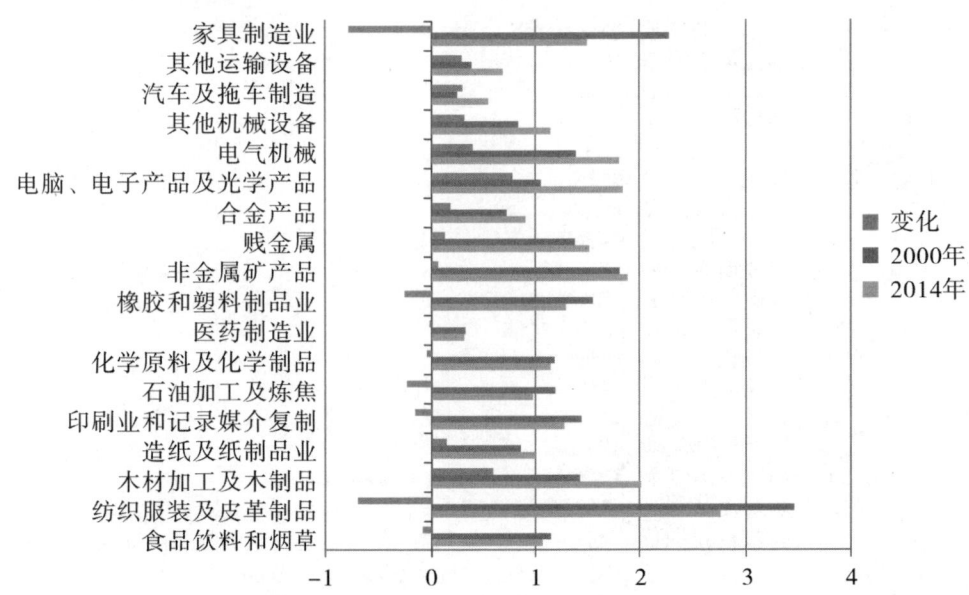

图4-4 中国制造业细分部门基于增加值出口的显性比较优势指数（VRCA）

资料来源：DRC课题组根据WIOD2016计算。

可以说，未来我国在开放服务贸易和高端制造业领域方面，会面临更为激烈的国际竞争和结构调整压力。当然，由于不同FTA安排的谈判对手不

国际经验：韩国补偿机制

FTA对某些弱势产业短期内会产生冲击和不利影响。韩国政府认为，需要从社会公平角度建立相对合理的补偿机制。2004年4月，韩国同智利的FTA生效后，韩国制定了包括《FTA特别支援法》在内的4项援助法案。根据法案，韩国政府决定在2004—2010年这7年间，从政府财政支出中拨出1.2万亿韩元作为基金，集中对农业、渔业、果树业提供支援。韩美FTA达成后，韩国政府也做出同样决策。2011年韩国贸易部长对外表示，由于测算的韩美FTA将对农业造成的损失已从4年前的10兆5千亿韩元增至12兆7千亿韩元，因此应对4年前制定的韩美FTA补偿机制加以完善。韩国政府认为，中韩FTA虽然在重要敏感产业上也会相互妥协，但仍难免对国内竞争力较弱的产业造成损害或不利影响。实施合理补偿机制有利于缓解社会矛盾，促进产业转型，实现社会各产业公平发展。

同，其优势产业也有所区别，需要针对性地深入研究双方的关税结构和水平、产业竞争力的具体情况，以确定双方的敏感产品、制定谈判策略以及相应的国内应对措施，包括加快结构调整和就业解决方案。针对弱势产业，需研究构建有效、可行的补偿机制。在这方面，可参考韩国等积极推进FTA战略、国内弱势产业反对呼声较大的国家的做法。

2. 原产地规则的选择和执行方式

原产地规则是FTA协议中必不可少的组成部分。随着全球化生产的迅速发展和新型非关税壁垒等贸易保护主义的兴起，原产地规则问题日益受到各方重视，尤其在区域自由贸易安排中，对贸易和投资流向、福利收益水平都具有实际影响，有些促进了区域内贸易的发展、有效减少了贸易规避行为，有些成为通过制度性安排确立的、重要的贸易保护手段。例如，曾经达成的TPP协议强调高标准、全面一体化的理念，在服装和鞋类产品的原产地规则上规定了所谓"纱线条款"：只有使用来自TPP成员的纱线和面料进行加工的商品才能享受成员方之间的零关税，这是典型的"排他性"表现。

在确定原产地规则时，需要兼顾参与方的产品特征、产业结构以及对相互间贸易和投资的影响，特别是协调原产地的判定标准和认证制度。各国惯用的原产地判定标准不同，使得原产地规则的制定成为区域或双边谈判中的重要议题，我国应认真研究对待。

3. 我国名义关税水平有可能高估自由化带来的产业冲击

截至2010年，中国全部履行入世承诺，根据WTO的World Tariff Profile，中国所有产品的简单平均最惠国适用税率从2001年的15.3%下降为9.8%。其中农产品的关税保护相对略高，为15.5%，但低于韩国、印度、泰国、越南等国家（见图4-5）。在非农产品领域，中国平均关税（9%）高于日本（2.5%）、美国（3.2%）、欧盟（4.2%）和韩国（6.8%）的水平，低于印度（10.2%）。

但是，中国的市场开放并未止步于此，中国的实际关税水平大幅低于名义关税。通过签订区域或双边自贸协定、给予最不发达国家关税特殊优惠等，多次以暂定税率的方式大幅自主降低进口关税。而且，我国加工贸易占比较高，相当多的加工贸易产品已经享受零关税待遇，越来越多的机电产品在我国加入ITA协议及完成扩围谈判后，享受到全球一体化的好处。如图4-6

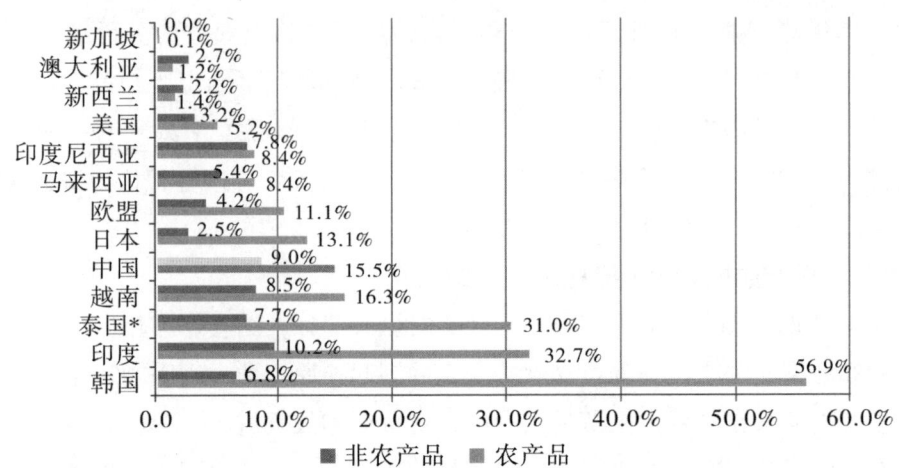

注：泰国关税为2013年，其他国家的为2016年关税水平。

图4-5 中国与主要国家/经济体关税水平比较

资料来源：根据WTO2017关税统计整理。

所示，按照WTO2015年进口额进行加权平均，我国实际进口关税水平大大低于简单平均的关税水平，所有产品的关税将从9.8%下降到4.4%，而农产品和非农产品的实际关税水平则从15.6%和9.0%分别下降到9.2%和4.0%。

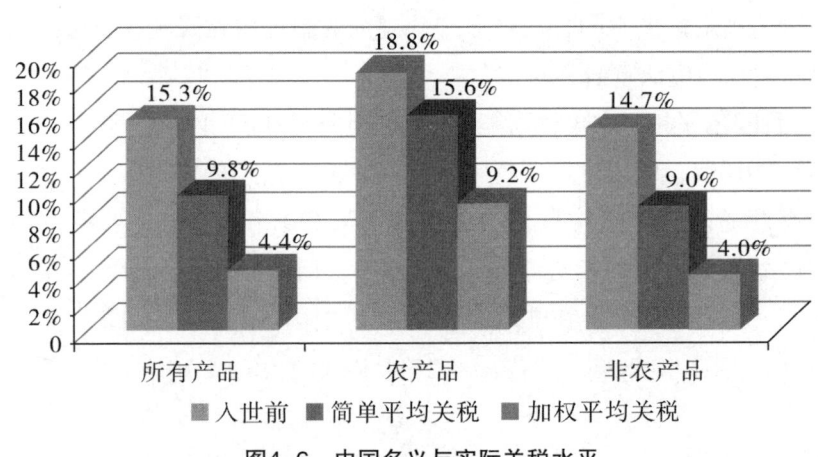

图4-6 中国名义与实际关税水平

资料来源：根据WTO2017关税统计整理。

为此，仅从我国简单平均关税水平判断，有可能会在一定程度上高估贸易自由化和关税减让对我国相关产业的冲击。从表4-2可以看出，以税目计,中国农产品名义关税水平较高,主要集中在5%~25%的水平,约占税目总数的76.5%,关税高于25%的农产品税目仍占总数的9.3%。但按照实际进口额来看,约有72%的农进口产品关税低于10%。在非农产品中,名义上零关税产品的税目占比为6.9%,关税水平在10%的产品税目占总数的65.8%,10%以上的产品税目占比为27.2%。但按实际进口额计算,中国有51.1%的进口产品已享受零关税待遇,另有41.7%的产品进口关税在10%以下,关税在10%以上的产品进口额仅占6.8%。

表4-2 中国实际关税水平——农产品与非农产品

		零关税	0≤5	5≤10	10≤15	15≤25	25≤50	50≤100	>100
		税号及进口额占比/%							
农产品									
按税号	2016	7.2	6.9	26.4	24.5	25.5	6.6	2.7	0
按进口额	2015	1.5	49.2	20.6	16.3	6.5	4.3	1.6	0
非农产品									
按税号	2016	6.9	18.8	47.0	14.9	11.1	1.2	0	0
按进口额	2015	51.1	17.9	23.8	2.5	4.3	0.1	0	0

资料来源:根据WTO 2017关税统计整理。

以TPP为代表的、新的贸易投资自由化,标准之高、覆盖领域之广都远超现有RTA/FTA协议,不仅包括诸多"新议题",而且目标是取消或降低所有商品的关税及谈判涉及100%的产品。尽管通过CGE模型的模拟计算,建立区域或双边自贸区将给我国宏观经济带来重要影响,但由于国际竞争力和比较优势不同,各产业受到的贸易投资自由化影响也有所区别。

推进FTA战略的关键问题,就是如何对待敏感产业及其可能受到的自由化冲击。为此,既要研究双方关税水平,还需综合多方面的实证研究对我国在FTA谈判中的优势和敏感领域进行分析判断:①不同产业的竞争力水平和发展潜力,如在对全球贸易的显性比较优势指数(RCA)和双边贸易中的双边比较优势指数(BRCA);②贸易结构和实际进出口数据,即不同产业在双边或区域贸易中的重要程度;③CGE模型模拟的自贸区对谈判方主要产业的跨部门影响分析;④各国在以往签订FTA协议中特别关注的领域及其利弊权衡,例如加拿大在多个FTA协议中都将汽车和纺织服装单独列出并有附件进行规定等;⑤国内主要产业部门对产业开放程度和市场开放可能造成的影响和冲击会有切身感受和具体分析,中国实行进一步关税减让和市场开放,在小麦、汽车、部分机械和化工产品等领域有可能受到一定程度的冲击,应充分参考产业部门或行业协会的意见,将之纳入总体利弊分析并制定相应的谈判策略。

(三)服务贸易:面临更大的开放竞争压力

近年来,我国服务业快速发展,服务贸易进出口快速增长。但是,与我国在全球市场极具竞争力的制造业相比,服务贸易的发展潜力仍有待进一步挖掘。

1. 我国服务业整体开放程度有待进一步提升

根据世贸组织《服务贸易总协定》(GATS)的分类,在服务贸易的12个大分类的155个分部门中,中国在入世时承诺开放的部门占比为54.2%,入世10年后中国已完全兑现承诺,到2011年底实际开放的服务业部门已达100个,接近发达国家的平均水平。随着中国不断主动扩大开放,根据商务部的统计,实际服务业开放部门已达120个。

值得注意的是,开放部门的覆盖面并不能完全说明具体部门的开放程度,中国服务业开放程度有待进一步提升。总体来看,中国GATS承诺开放度

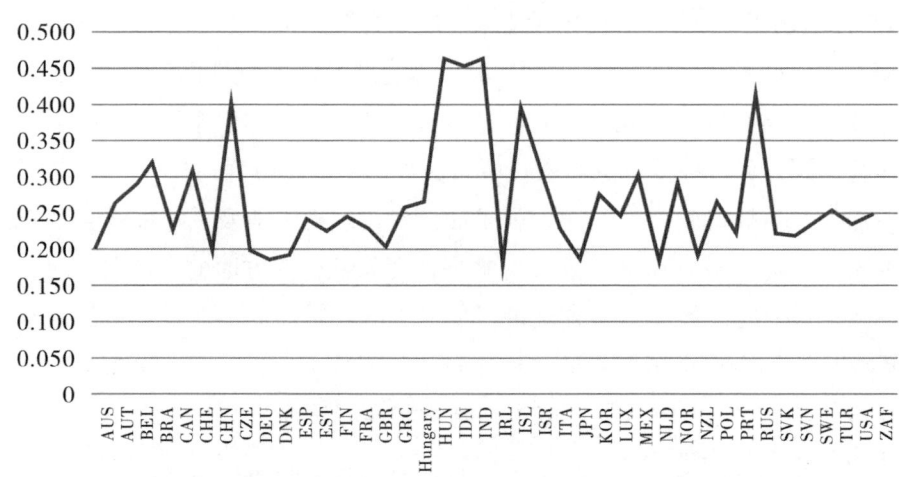

图4-7 2015年主要国家服务贸易开放度比较:限制性指数STRI

注:22个行业的平均值。

资料来源:OECD数据库。

指数高于发展中经济体平均水平,但与发达国家还有较大差距。根据OECD的服务贸易限制性指数(STRI),中国是限制水平最高的国家之一(见图4-7)。服务业开放程度不足,已成为中国自贸谈判、投资协定谈判、全球服务贸易谈判的难点之一。

从目前的竞争力和开放情况看,我国服务业发展较快,但服务贸易整体竞争力不足,特别是出口竞争力较弱,长期以来处于服务贸易逆差状态。具体来看,我国在传统服务业领域和生产性服务领域的竞争力逐步提升,如通信、建筑、计算机和信息、咨询、广告与宣传等,而运输、保险、电影与音像以及咨询、金融等高端商业服务等领域的竞争力相对较弱。此外,我国在金融、医疗、教育和法律服务等方面仍有较为严格的市场准入限制,而这些也往往是发达国家优势突出、较为关切的领域,在未来可能的FTA谈判中中方有可能面临较大的开放压力。

2. 新一轮服务业开放的趋势和压力

近年来,服务业开放已成为发达国家新一轮贸易投资自由化谈判中重点关注的领域之一。在WTO框架下,原有的《服务贸易总协定》(GATS)被认为已不能适应服务业快速发展和自由化的需要,而且WTO多哈回合谈判陷入停滞,发达经济体在对多边谈判失去信心的同时,希望探寻可以充分发挥其自身优势的新途径、新领域,为此发起新的服务贸易协定谈判(Trade-In-Services Agreement,简称TISA)。

TISA的目标是达成更高标准的服务贸易协议、设立更加开放的服务贸易新规则,并且以"秘密"的、非谈判方不能列席旁听的形式展开谈判。虽然包括中国在内的许多新兴经济体尚未参加谈判,但参与方已包括美、日、欧、加、澳等发达经济体和乌拉圭、巴基斯坦等发展中国家,根据美国方面的数据,参与TISA谈判的成员方已覆盖全球70%的服务贸易[1]。由于TISA谈判有可能以美国力主的负面清单模式推进服务业开放,加上涉及数据跨境自由流动、政府采购等中方较为敏感的议题,一旦TISA谈判达成新的服务贸易规则,作为服务业发展相对滞后的中国就要面临更大的开放压力。

---

[1] 陆振华:《TISA谈判存多边化分歧,新加坡考虑重新加入》,《21世纪经济报道》2013年第8期。

我国已决定申请加入TISA谈判,以避免在新的国际经济规则体系内被边缘化,通过参与谈判参加国际经管规划制定,为我国服务业争取发展空间。当然,这也表明中国愿意在更高水平的制度安排下探讨进一步开放服务业市场,这对未来服务业和服务贸易发展提供了更大空间。

(四)投资自由化:新趋势带来新挑战

跨境投资是经济增长和竞争力提升的主要推动力,投资自由化更是发达国家在新一轮区域一体化中最为关注的核心内容之一。在国际跨境投资领域出现的一些新趋势,必将对中国参与和推动区域和双边FTA进程带来新的机遇和挑战,应引起相关部门的重点关注。

1. 国际跨境投资相关规则的双向调整

跨境投资的发展,促进了投资输出国和投资吸收国管理体制的建立和改进,更促进了国际投资促进与保护制度的发展。据2018年《世界投资报告》,全球范围内的区域或双边国际投资协定(IIA)已达3322个,成为国际经济规则体系的重要组成部分。

从政策走向来看,促进吸收投资和加强对外资的限制政策并行。进入21世纪后,在各国新出台的外资政策中,自由化的措施占比逐渐降低,加强管制的措施占比逐渐上升(见图4-8)。近年来,对外国投资的限制措施主要

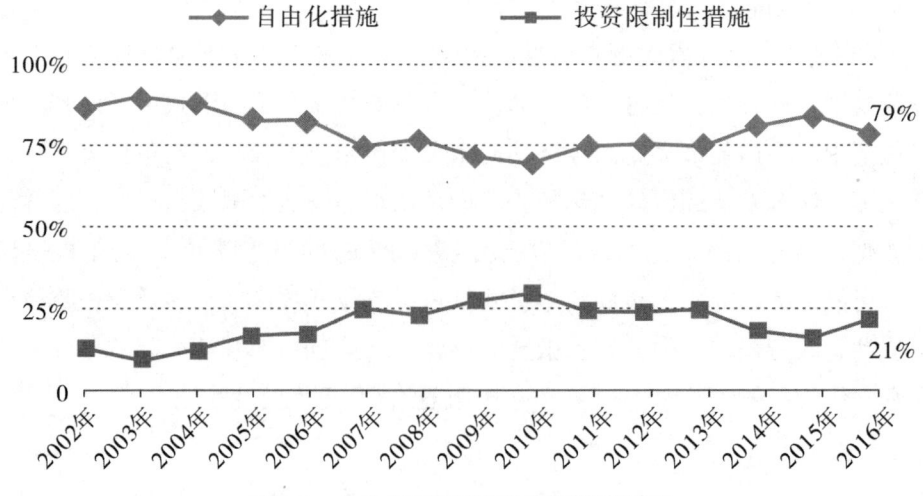

图4-8 世界各国跨境投资规则调整情况

资料来源:《2018年世界投资报告》。

发生在资源、金融、科技等一些政治或者技术敏感性较高的行业。但是，由于各国经济受2008年金融危机的影响陷于低迷状态，因此各国又希望能够吸引外国投资来振兴本国经济。目前，世界经济复苏前景不明，金融市场依旧动荡。各国继续放松对外资的管制，以优惠政策鼓励外国投资以促进经济增长，而在一些敏感领域则不断加强对外资的管制。同时，由于担心资金流出会导致削弱本国工业基础和就业岗位流失，一些国家采取了限制对外投资和鼓励境外资金回流的政策措施。在全球经济未见明显好转的情况下，这类政策措施可能会更多地被采用。

2. 高标准的投资自由化趋势

一方面，参加诸边和区域谈判的发达经济体、新兴市场国家都积极参与新一轮自由贸易协定或双边投资协定（BIT）谈判中高标准投资规则的制定。尤其是，发达国家强调透明的、以规则为基础的制度对投资促进和保护最为重要，因而在这些国家已签订的FTA或BIT协议中，我们可以发现其基本包括以下内容：在投资的创立、购买、扩张、管理、运作和销售或其他处置方面给予国民待遇；高标准的投资保护，比如防止征用条款、禁止某些业绩要求、允许资本自由转移；采取负面清单方式；建立有效的投资者—国家争端解决机制等。

另一方面，美国于2012年4月公布了新版双边投资条约范本（Model Bilateral Investment Treaty，简称"2012BIT范本"），成为美国未来签订双边投资协定的重要依据。2012版本继续维持了在保护投资者利益与维护政府出于公共利益采取管理措施权力之间的平衡，同时强调透明度和公共参与，强化了关于劳工与环境的保护，并针对国有企业的特殊待遇和自主创新政策带来的扭曲等制定了更加严格的要求和规范。

无论在区域自贸安排还是在双边投资协定的签署上，我国都将面临更高标准投资自由化的压力，必须加快推进改革开放，为未来推进FTA战略奠定基础。2013年7月举行的第五轮中美战略经济对话取得突破性进展，中方同意以准入前国民待遇和负面清单为基础与美方进行投资协定实质性谈判。国务院2013年批准设立的上海自由贸易试验区及后来第二、第三批试点，重点任务之一就是在外商投资管理体制和服务业开放上进行先行先试等诸多探索，例如先行探索准入前国民待遇和负面清单的管理方式。2018年，我国出台了全国外商投资负面清单和自贸区负面清单,限制性措施分别大幅减少至48条和45条;发布《关于积极有效利用试验外资推动经济高质量发展若干措施的通知》,围绕外商投资企业的关切和诉求,着力提升投资自由化、便利化水平,为我国参与高水平贸易投资自由化谈判和推动区域一体化进程奠定了良好的制度基础。

(五)新议题:开放与合作领域拓展,挑战经济管理体制

随着在世界范围内区域一体化的加速推进,区域和双边FTA呈现新的趋势。一是贸易投资自由化安排的排他性有所增强,二是发达经济体加快构建跨地区自贸安排,三是东亚一体化进程加快,四是贸易投资自由化标准更高、涵盖范围更广。美国在APEC提出"下一代贸易和投资议题",将促进贸易自由化和便利化的关注点逐步转向改善"边境后"条件,在其力推的TPP中更是将市场开放的重点转向服务和投资,全面一体化涉及成员方的经济管理政策和体制等诸多领域。

这些所谓的"新议题",涉及成员方的经济管理体制和更为广泛领域的开放,还需进一步深入研究,做好预案,否则将对我国参与国际经贸规则重构、推进FTA战略构成更大挑战。

在当前区域一体化和贸易投资自由化进程中,追求具有较高水平自由化、涵盖内容丰富的FTA,已成为一种普遍的、主流的趋势。应该看到,如果不能在服务贸易、跨境投资和"新议题"涉及的领域实质性地推进开放,我国将处于市场开放压力不断增大的较为被动的境地,同时缺乏参与新一轮自由贸易谈判的制度准备。近年来,我国已经在中韩自贸协定、中澳自贸协定等谈判中增加了规则领域的谈判,包含了电子商务、竞争政策、政府采购、环境等"21世纪经贸议题",顺应了国际发展新趋势,也突显了我国融入经济全球化、进一步深化改革与扩大开放的决心。

未来,面对"新议题",应以积极审慎的态度"早研究、早做预案",尽早组织开展利弊分析和形势研判。同时,国内各界、各部门应以更加开放的思维、积极的思路对待区域一体化,通过开放促进国内体制机制创新,尽快修改与完善相关法律法规和管理体制,以主动、积极的开放,迎接新一轮贸易投资自由化挑战,更好地融入经济全球化,维护开放型世界经济。

四、小结

我国一直是"开放、兼容"地区主义的倡导者,也积极跟随区域一体化浪潮开展FTA谈判并取得积极进展。目前,亚太地区次区域制度化安排多、交叉重叠严重（spaghetti bowl effect）,协调整合这些不同发展阶段成员之间达成的、水平与涵盖范围各异的自贸协定,从而达成高水平、高质量的亚太区域自贸协定并非易事。

习近平总书记指出,"区域自贸协定是我国积极参与国际经贸规则制定、争取全球经济治理制度性权力的重要平台"。《国务院关于加快实施自由贸易区战略的若干意见》强调"加快实施自由贸易区战略,形成面向全球的高标准自贸区网络"。

总体来看,我国加快制定和推进自贸区战略,需在高水平开放的基础上积极研判国际经贸规则的新内容和新趋势;借鉴其他国家的经验,通过主动扩大市场开放,与贸易协定伙伴国和地区分享发展机遇,逐步增强在国际经贸规则制定中的参与度与话语权,营造更好的经济建设发展外部环境;坚持"求同存异、互利共赢"的原则,在明确反对排他性、歧视性的区域经济合作方案的基础上,鼓励探索有利于亚太经济一体化的、尊重各成员的路径选择;勇于承担起推进亚太区域一体化的大国责任,加快推进中日韩自贸区、区域经济伙伴关系协定（RCEP）和亚太自贸区（FTAAP）的谈判与建设。同时,把握好主动开放与维护国家安全的关系,在逐步提高开放水平、放宽投资准入、推进规则谈判的同时,建设面向全球的高标准自由贸易区网络。

此外,为应对谈判中的难点与压力,应进一步健全和完善保障机制。通过深化自由贸易试验区等先行先试,进一步完善外商投资管理体制与法律法规,完善事中事后监管等基础性制度;做好贸易救济工作,研究建立结构调整补偿机制等;健全加快实施自由贸易区战略的保障体系,进一步完善自由贸易区谈判第三方评估制度和人才培养等支持机制建设。

第五章　我国自贸区战略规划思路与政策建议

2013年以来，我国先后完成中韩货物贸易协定、中澳自贸协定、中国东盟自贸协定升级等重要双边自贸区谈判，和相关国家（地区）共同努力相继启动了中日韩自贸区、RCEP等区域多边协定谈判进程。商务部数据显示，截至目前，我国已经与亚洲、欧洲、非洲、南美洲、大洋洲等地区的24个经济体签署了16项自贸协定；目前还有13项正在谈判，10项启动了联合可行性研究；对外贸易的自由贸易协定覆盖率已经达到25%。这些都是我国自贸区战略取得的重大进展。面对当前发达国家主导的双边自贸安排频频发力、新一轮区域经济一体化格局大调整的新变局，努力在我国参与的双边和区域多边自贸区谈判方面取得更多更大成果，是全面落实党的十七大以来中央部署的自贸区战略、实现面向全球的高标准自由贸易区网络建设目标、应对复杂多变国际经济环境长期严峻挑战的重大战略需要，同时有利于全面提升我国开放型经济体制建设水平，促进亚太区域经济一体化进程，为我国经济实现高质量发展、推动开放型世界经济和全球化持续发展发挥积极作用。为此，做好自贸区战略的综合规划研究具有重要的理论意义和实践意义。

一、全球区域经济一体化趋势新特点

受全球经济复苏持续乏力、多边贸易回合久拖不决、区域经济格局持续调整等因素的影响，全球区域经济一体化趋势明显加快，并具有以下突出特点。

第一，签署自贸协定已经成为全球范围内区域合作的新潮流。自贸协定代表的区域贸易自由化在经济全球化的大环境下得到快速发展，已经成为WTO主导下的全球贸易自由化的重要补充。近年来，由于WTO进程举步维艰，进一步加快了区域贸易自由化的发展速度。根据WTO通报数据计算，截至2018年6月底，全世界已经生效的各类自贸协定累计达到301项，其中，仅国际金融危机之后（2010年至2018年上半年）的不到9年中，正式生效的自贸协定就增加了96个，占累计生效协定数的1/3[①]。在亚太地区，各种自贸协定的贸易覆盖率已经超过了50%。欧盟和北美自贸区是由欧美等发达国家主导、经济规模最大的区域贸易安排；中国—东盟自贸区是完全由发展中国家组成的自贸区中规模最大的一个；目前备受关注的CPTPP和美欧零关税贸易协定将分别成为横跨亚太、大西洋区域，几乎囊括所有发达经济体的"巨无霸"型自贸协定。

第二，多数国家对于自贸协定能够带来的经济利益和竞争促进效应普遍形成共识。理论和实际经验表明，两个以上的国家签署自贸协定，相互之间取消关税和非关税壁垒，开放服务业和投资领域，形成统一规范的竞争政策和投资环境，有利于大幅度降低贸易和投资成本，加快市场一体化，产生贸易创造、贸易转移以及促进市场竞争、吸引跨境投资流入的积极效应，从而带动本国经济和就业增长。贸易转移效应是指原有自贸协定成员和非成员之间的贸易转化为协定成员之间的贸易。这对于成员而言是有利的，对于非成员则意味着贸易和投资机会的减少。一般来说，自贸协定涉及的自由化程度越高、互补性越强、经济规模越大、成员越多，经济效果就越明显，而非成员的损失也会越大。世界多数国家已经在这些方面形成了广泛共识。正因为如此，主要经济体在拓展自贸协定覆盖面方面不断作出努力。各国贸易统计显示，按照2017年出口额计算，欧盟的自贸协定覆盖率达到76.3%，美国为46.6%、加拿大为86.8%、日本为21.5%、韩国为72.4%，发达国家普遍较高。在发展中国家：墨西哥、智利分别达到92.6%、90.1%；东盟平均达到56.1%；中国、印度、巴西分别是22.8%、22.2%和17.5%，属于较低水平[②]。

第三，商签自贸协定所具有的经济利益和地缘政治因素使其成为各国外

---

① JETRO：《2018年世界贸易投资报告》。
② 同上。

交战略的重要组成部分。自贸协定的作用除了经济效果之外，还是一个国家改善对外关系和地缘政治的重要手段。从大多数国家来看，是否有利于维护地区安全和稳定、加强双边和多边外交关系、参与全球治理和地区事务、提升国际影响力和话语权等战略目标，成为选择自贸协定伙伴、确定优先顺序的主要依据。这就使得争取签署自贸协定理所当然地成为一个国家外交战略的重要组成部分。另外，在从启动谈判到缔结协定的过程中，如何组织研究和谈判工作、协调各方意见和主张、在互利共赢和顾全大局的基本原则基础上趋利避害、尽可能为本国赢得更多发展空间和有利条件、降低市场开放和结构调整的成本，也是对经济外交能力和工作效果的一种考验。

第四，发达经济体是区域贸易自由化的积极推动者和主导力量，将自贸协定作为其遏制新兴力量上升、实现外交和国际政治目标的重要手段。2008年国际金融危机之前世界上存在的两个最大区域贸易安排，分别由美欧发达经济体为核心组建。从经济角度来看，发达经济体市场开放程度很高，但由于受老龄化和人工成本过高等因素的影响，经济长期发展的动力不足，需要通过自贸协定打开发展中经济体国内市场，利用资本和技术优势获得更多经济利益。但从国际政治角度来看，发达国家主要是为了对抗新利益集团的崛起、保持国际影响力和在全球事务中的主导权、推行自身的价值观和社会制度。这些因素在TPP的进程中表现得尤为明显。美国参加，直至主导TPP的行动，是和美国"重返亚洲"的政治目标以及追求"再工业化"、成为出口大国的经济目标紧密相连的。日本之所以优先选择经济利益小于中日韩自贸协定的TPP，除了保持日美经济关系长期稳定、加快国内结构调整、扩大区域合作的经济利益获取范围之外，更重要的应当是配合日美战略同盟关系的需要，制衡东亚区域内大国的崛起，为保持和发挥东亚区域合作中的主导权与影响力增加筹码。2017年特朗普执政，虽然美国宣布退出TPP，开始转向重视双边自贸协定谈判，但丝毫没有改变发达经济体把贸易协定作为国际政治工具的属性。最近一段时间，发达经济体的反应进一步升级，相互"结盟"步伐明显加快。一是日本与欧盟已于2018年7月正式签署双边自贸协定。二是美国挑起的贸易争端倒逼欧洲重启与美国之间的零关税贸易安排，谈判即将正式启动。三是日本迫于美国对汽车及其零部件加征关税单边行动的巨大压力，在即将要开始的美日磋商中有可能效仿欧盟的做法，达成美日零关税贸易协定的磋商成果。主要发达经济体相互牵手，目的不仅是通过贸易自由化刺激经济复苏、创造就业机会，更重要的是应对新兴经济体加速崛起的挑战，削弱新兴经济体在全球规则制定中的话语权，巩固和强化发达国家在国际经济格局中的主导权。

第五，新兴经济体自贸区政策的主要目的在于回避贸易转移效应的不利影响，提高国际竞争力和保持经济外交的均衡关系。和发达国家相比，新兴经济体在成长过程中的相互竞争更为激烈，国内发展所需要的外部资源与良好外部环境更为重要。因此，一方面，在面对新的自贸区可能给自身带来贸易和投资转移损害、在地区和全球事务中被边缘化的风险时，必然要选择主动加入自贸协定以回避这些不利影响。另一方面，由于自然禀赋、历史和地缘关系等因素的影响，一些新兴经济体会对一些特定市场形成较大依赖。为了避免由此可能带来的经济风险和政治风险，这些国家将会选择加入其他贸易安排，以保持对外经济的均衡关系。积极参与TPP进程的一些东亚经济体就具有相类似的意图。当然，与这些被动的自贸区外交相比，还有一些发展中国家采取了主动战略，力求通过广泛的制度性安排，最大限度地发挥比较优势的作用，获取更多的市场和国内发展所需要的资源，提升自身的经济实力和影响力。就东亚地区内经济体而言，韩国在较短时期内相继完成对美、欧、印、东盟和部分南美国家之间的自贸协定谈判，就是这一经济外交战略的集中体现。

第六，东亚区域一体化出现突破性进展。2010—2016年，美国力推TPP，使陷于路径之争而停滞不前的东亚一体化进程大大加快。一是中国、日本和韩国于2013年3月正式启动了三国自贸区谈判，为持续十年之久的可行性研究和讨论画上了句号。二是东盟成员与中国、日本、韩国、澳大利亚、新西兰和印度等十六国共同启动了区域伙伴关系协定（RCEP）谈判，目标是实现迄今为止东亚地区最大的经济一体化。特朗普宣布退出TPP，导致这一迄今为止全球最大、自由化标准最高的自贸安排陷入瓦解危机，一度对东亚地区区域一体化的倒逼作用有所减弱。但自2017年以来，日本为了挽救这一战略联盟，采取强劲的外交攻势，在降低TPP自由化水平的条件下，促成美国之外原有的11个TPP成员于2017年底正式签署了所谓的"CPTPP协定"，预计2019年内正式生效。这一结果，一方面为亚太地区经济一体化增添了新变数；另一方面也形成了新的倒逼作用，尤其是特朗普的强烈单边主义和贸易保护主义行为，加剧了东亚地区国家对全球贸易投资自由化前景的担忧，合力推动已有中日韩、RCEP以及各类双边自贸协定的区域合作的动力再度显著提升，区域内经济一体化进程将会明显加快。

二、我国自贸区战略面临的机遇和挑战

在新一轮区域经济一体化格局大调整中，我国面临的机遇日趋凸显。第一，中日韩自贸区、RCEP谈判相继启动，为我国自贸区战略全面升级和从东亚经济一体化加快发展中获益创造了重要机遇。区域贸易安排的自由化标准越高、成员越多、经济发展水平差异越大，参与各方的经济利益就越为显著。据经济模型测算，RCEP生效后我国的经济增长率将提升0.93个百分点、新增就业需求1370万人左右，远超我国其他所有已签和在谈的自贸协定。第二，RCEP有利于抵消其他区域外一体化安排的贸易转移效应。据测算，在不参加TPP条件下，我国GDP增长率将可能下降0.14个百分点、减少大约175万人的就业需求，但RCEP生效则可在对冲TPP负面影响的基础上，实现经济增长率提升0.8个百分点和1000多万人新增就业的经济效果。第三，推进RCEP有利于巩固东亚区域合作成果，提升区域成员的向心力和凝聚力，促进我国周边地区稳定。东盟之所以力促启动RCEP，和抑制其成员离心倾向的意图不无关系。

我国自贸区战略也将面临十分严峻的挑战。一是中日韩自贸区、RCEP的贸易自由化标准将高于以往自贸协定；谈判对象多、利益诉求多元复杂；我国与其中一些大国尚未直接开展双边自贸谈判，市场开放压力和谈判难度将显著上升。二是美欧、美日、日欧等跨区域贸易集团在全球经济中占有较大份额，也是我国最为重要的贸易和投资伙伴，如我国面向原TPP12国的出口占比接近40%，面向美欧的出口份额达到34%。贸易转移效应将给我国向这些地区的出口造成冲击。三是主要发达经济体试图通过深化相互经济关系，联手掌控全球经济和贸易投资规则的主导权，制约新兴经济体不断上升的影响力，而我国将是其中主要受害者之一。四是外部干扰加大了东亚双边关系的协调难度。美国对中国的经贸摩擦是美国遏制中国崛起的重要工具，

迎合了我国周边部分国家"远交近攻"和"大国平衡"战略的需要。这些国家将以CPTPP和其他贸易安排为筹码，增加针对我国的谈判要价，加大区域内双边和多边协调的难度。

在美国主导TPP的过程中，国内围绕TPP可能对中国经济及东亚地区区域合作的影响和对策开展了许多深入研究。其中的许多观点，对于我们认识当前发达国家之间正在加快的经济一体化可能产生的影响、研究应对策略仍然具有十分重要的借鉴意义。另外，美国退出TPP之后，随着日本等11国签署CPTPP协定，美国也一度表示希望重返TPP进程。CPTPP进一步升级为原有TPP规模和自由化水平的可能性仍然存在。因此，不论是CPTPP还是升级为TPP的一体化进程及其影响，都是目前我国自贸区战略面临的最大挑战之一。

第一，短期内我国尚不具备加入CPTPP谈判的可能性。TPP发起国谈判于2010年3月正式启动，2015年底结束，并在2016年2月正式签署协定。当时加入TPP谈判的国家达到12个，超过APEC成员的一半，目前的CPTPP有11个成员，今后存在韩国、菲律宾、泰国，以及中国台湾地区等先后加入其中的可能性。未来申请加入CPTPP的亚太国家（地区）将必须面对既定规则的约束和已有成员的严格审查。中国申请加入CPTPP，尤其在美国重返TPP之后，将不得不面对来自TPP成员，尤其是美国设置的苛刻条件，可能会花费较长时间，经历艰难谈判的过程。因此，国内一些专家建议我国主动参加CPTPP谈判。我们认为，短期来看，我国尚不具备直接参加这一谈判的条件，原因有以下几点。一是CPTPP要求的自由化标准很高，尤其是在服务贸易、政府采购、知识产权、贸易救济、劳工标准、国有企业等敏感领域，我国尚未就市场开放承诺达成广泛共识，近年来推进已有自贸区建设面临较大阻力就是例证。二是CPTPP谈判涉及领域广泛，对谈判能力和团队实力的要求很高，我国目前谈判实力尚难以达到谈判的要求。三是加入CPTPP谈判需要很强的内部综合协调能力和决断能力，但我国FTA谈判机制主要由涉外经济部门负责协调，主导跨领域谈判方向的权威性不够。四是加入谈判需要征得目前所有成员的一致同意，美国当初将TPP视为重返亚太、制衡我国影响力的重要工具，其不会轻易允许我国加入谈判，因此获得美国国会的认可更难，即使在美国退出的条件下，日本等国也可能继续坚持美国的原有态度。

第二，CPTPP将对我国产生一定的贸易和投资转移效果。根据海关统计，2012年我国面向TPP12国出口占比达35.8%，同期我国来自TPP12国的外商投资占我国全部利用外资的13.3%。作为主要市场和投资来源，TPP生效后将对我国产生贸易和投资转移效应，出口、吸引跨境投资和经济增长都会面临一定压力。另外，根据CGE模型的综合模拟结果，我国如果不加入TPP，受TPP转移效应的影响，GDP增长率将可能降低0.14个百分点，熟练劳动力和非熟练劳动力就业需求将分别下降0.24%和0.21%。

第三，CPTPP将对我国经济社会发展的外部环境和区域合作战略形成较大冲击。与经济影响相比，CPTPP对我国外部环境和区域合作战略的冲击更为严重。首先，从目前趋势来看，CPTPP作为APEC区域内唯一进入实质性谈判阶段的超大型贸易集团，将可能成为亚太区域贸易自由化的主渠道，在区域合作规则制定方面发挥关键作用。随着其成员的进一步增加，TPP甚至可能演变成为主导APEC机制的利益集团，我国将面临被边缘化的风险。近年来的APEC会议已经不断出现TPP成员的"场边会"现象，这给非TPP成员带来压力。其次，客观来看，周边一些国家对我国的戒心并未消除，借助美国力量平衡对外关系的意图犹存。这将导致这些国家在参与CPTPP进程方面采取更加积极的态度，对东亚区域合作进程造成干扰。再次，CPTPP有可能成为发达国家联手制衡中国的工具，我国参与全球治理和区域机制建设的阻力加大，和平发展的外部环境面临严峻挑战。

三、我国自贸区战略的未来走向与目标

面对全球经济格局大调整和区域经济一体化趋势的新挑战，为了贯彻落实党的十八届三中全会作出的"加快自由贸易区建设"的重大部署、全面提升我国开放型经济水平、实现与主要经济合作伙伴的互利共赢，进一步明确我国自贸区战略的未来走向与目标，对于制定科学的自贸区战略规划具有重要意义。

1. 推进高水平自贸区建设的重要性

自21世纪初以来，我国的自贸区战略取得了一定成效，但是和世界一些主要经济体和周边国家的实际进展相比，不论是自贸区伙伴数量、贸易覆

盖率，还是自由化标准等方面，仍然存在较大差距，未来的工作还面临着大量难点问题。第一，在货物贸易领域，如何在提高市场开放水平的条件下客观评价产业冲击和确定敏感产业，以及如何选择原产地规则和执行方式，需要制定科学合理的谈判策略和应对措施。第二，在服务贸易领域，我国在金融、电信、文化、医疗、教育和法律服务等方面仍有较为严格的市场准入限制，而这些也往往是发达国家优势突出、较为关切的领域，在未来可能的FTA和服务贸易谈判中我国将面临较大的开放压力。第三，关于投资自由化方面，由于国际跨境投资相关规则的双向调整和高标准的投资自由化趋势进一步加快，无论在区域自贸安排还是在双边投资协定谈判中，我国都将面临更高标准投资自由化要求带来的巨大谈判压力。第四，政府采购、知识产权、国有企业、劳工标准、环境保护等区域谈判中不断拓展的所谓"边界后议题"或"新议题"，涉及成员方的经济制度和更为广泛领域的开放，将对我国参与新一轮贸易投资自由化、推进FTA战略构成更大挑战。

推进高水平自贸区建设，是我国应对国际环境变化的严峻挑战、抢抓战略机遇、深化经济体制改革、全面提升开放型经济水平的战略需要。理论研究和国际经验表明，高水平的自贸区网络，有利于促进我国的市场竞争和跨境贸易投资加快发展，有利于消除体制障碍和制约因素，培育参与和引领国际经济合作竞争新优势，有利于促进经济、就业和国民福利增长。更为重要的是，高水平自贸区建设有利于形成倒逼机制，以开放促改革、加快经济发展方式转变，有利于提升我国在全球经济治理和区域事务中的影响力与话语权，有利于扩大中国发展对于世界经济发展的贡献和积极作用。

2. 我国自贸区战略的总体目标

我国自贸区战略应坚持"循序推进、质量优先、突出重点、全面参与"的战略方针，通过2~3年的努力，完成已启动的中日韩、RCEP等自贸协定谈判，初步形成"一带一路"沿线主要经济体之间的双边或此区域自贸区网络布局，将我国面向自贸区伙伴的对外贸易覆盖率提升到50%以上。5年内择机启动并基本完成中国—加拿大、中国—欧盟、中国—美国等双边自贸协定谈判；成功构建海峡两岸暨香港、澳门和金砖国家经济伙伴关系体系；基本形成覆盖范围广泛的"一带一路"自贸区网络体系，贸易自由化率提高到75%以上。在2028年之前，完成亚太自贸区正式谈判的跨区域经济一体化进程，基本形成以海峡两岸暨香港、澳门为核心区，各类双边自贸区和金砖国家自贸区为基础，中日韩自贸区为先导，东亚RCEP和亚太自贸区为依托的高水平自贸区网络，对外贸易覆盖率达到90%，开放型经济水平得到全面提升。

3. 我国自贸区战略应遵循的基本原则

在与伙伴国开展的自贸区谈判中，倡导以下基本原则。

一是规范原则，即遵守世贸组织的相关规则。为确保多边贸易自由化的权威性和主导作用，世贸组织确立了有关区域贸易安排的相关规则，要求世贸成员之间的贸易协定谈判按照实质性自由化、规定的时间上限内完成和不得对其他世贸组织成员增加新的歧视性内容。参与自贸区谈判的相关各方应当严格遵守这些要求和规则。二是开放原则，即按照适度高水平的自由化标准相互开放市场。在货物贸易领域，按照货物贸易商品品目计算和按照进口额计算的零关税税率都达到90%；在服务贸易领域，实现中国内地与香港地区CEPA+以上的开放标准，负面清单所涉及的行业领域控制在10%以内；在知识产权保护、政府采购、自然人移动等领域实行与东盟对外双边自贸协定相同水平的开放标准。三是平等原则，即坚持权利平等的谈判原则。参加自贸协定谈判各方应拥有平等权利；不论是发达国家，还是发展中国家，除了通过谈判磋商各自应承担的市场开放责任之外，在谈判地位和规则上一律平等。四是互利原则，即实现合作各方的互利共赢。自贸协定必须符合参与各方的利益，能够真正实现互利共赢，这是保障制度安排可持续发展的关键因素和重要基础。五是包容原则，即自贸协定应充分兼顾各方关切，采取适度灵活的处理方式，大国和较发达国家（地区）对小国和经济发展水平较低的国家（地区）可按照多予少取的原则，适度提供宽松市场开放环境或过渡期安排，以便让更多的地区成员分享区域经济一体化的成果。

4. 我国推进自贸区建设需要关注的问题

我国在开展自贸区可行性研究和谈判过程中，应重点关注以下一些领域与问题。

一是要选择适当的合作方式和手段。对于发展水平相异、区域合作目标存在较大差别、利益诉求不尽相同的经济伙伴，可根据需要和对方的要求，采取不同的合作方式和手段。如签署投资协定、商签自由贸易协定或经济伙伴协定、建立较松散的战略性伙伴关系和政策协调机制等。再如市场开放的领域可仅限于货物贸易，也可包括服务贸易或更广泛领域的自由化。二是要高度关注市场和投资准入开放可能对国内产业的影响。贸易和投资自由化的利益在不同产业部门的表现存在很大差异：具有相对比较优势的产业通过相互市场开放可获得更广阔的市场空间和商业利益；处于相对比较劣势的产业将面临来自自贸区成员优势产业的强大竞争压力，产业发展空间受到挤压，相关企业利益和就业需求减少。因此，需要做好充分的产业影响分析和对策研究，一方面通过谈判尽可能为弱势产业争取一定的过渡性安排甚至保护措施，另一方面通过建立适度的产业救助措施，尽可能降低贸易投资自由化和结构调整带来的经济社会成本。三是要处理好贸易与跨境投资的关系。自贸区谈判要价的主要依据是国内现有企业的利益诉求，其往往按照国内生产企业与其他国家生产企业来划分和界定利益主体，分析相应的影响和好处。在我国"走出去"投资企业大量增加、企业利益多元化的背景下，应充分考虑到我国对外跨境投资企业的利益诉求以及自贸协定可能对这些企业的影响，以实现贸易和投资相互促进、多元利益平衡的合作格局。四是要完善配套措施，促进国际收支基本平衡和货币稳定。贸易和投资自由化将带来贸易和投资创造及转移效应，并对国际收支产生直接影响。为了避免国际收支失衡的风险，需要采取相应金融合作措施和手段保持货币的稳定性。其中，本外币互换协议和其他双边、多边货币稳定机制可在这一领域发挥有效作用。

5. 自贸区优先顺序的选择标准

面对复杂的区域经济一体化格局，为了顺利推进我国的自贸区战略，应当根据提高经济发展质量的需要和现实的可能性，选择和确定商签自贸协定的对象及其优先顺序。为此，需要结合以下几个方面的因素作出综合判断。

第一，有利于改善我国经济社会发展的外部环境。随着我国经济实力的逐步上升，面临的外部环境也日趋复杂和多样化。我国正处于重要战略机遇期，良好的外部环境对于顺利实现经济社会的长期可持续发展目标至关重要。优先选择的FTA伙伴国应当在改善外部环境方面具有以下作用：一是有利于促进东亚地区的合作、稳定和繁荣。东亚地区经济是推动全球经济增长的重要引擎，加强和以周边地区为首的东亚地区合作不仅有利于分享地区经济增长的机遇，而且可以改变该地区经济一体化相对落后的局面，产生新的制度性合作红利。因此，有利于促进东亚地区较快发展的贸易伙伴应当成为商签自贸协定的优先选择对象。二是有利于提升我国的综合实力和解决政治外交问题。三是有利于加强在世贸组织及其国际事务中的政策协调和提高话语权。

第二，能够确保我国的整体经济利益。一是通过签署自贸协定，扩大制造业产品和服务出口，改善营商环境；二是消除不签署自贸协定可能带来的贸易和投资转移效应及其他不利影响；三是确保资源、能源、粮食进口和供给安全与稳定；四是促进我国的结构调整，提高经济效率；五是促进高素质人才引进。

第三，对象国（地区）具备签署自贸协定的积极愿望和现实可能性。作为可行性研究的基本内容：首先，应当明确与伙伴国可选择的经济合作方式及贸易投资自由化可达到的水平；其次，应当摸清双方的难点和敏感商品，尤其是对方以往的谈判主张、策略和可能要价；再次，应当考察对象国是否具备遵守世贸组织以及自贸协定规则的体制保障和制度条件；最后，应当分析对非成员国产生的不利影响、出现摩擦和受到干扰的可能性。

四、我国自贸区战略的实施路径

建议按照以下优先顺序确定我国自贸区战略实施的路径和分类目标。

第一，将尽快完成中韩第二阶段和中国—挪威自贸协定、中国—以色列自贸协定、中国—巴拿马自贸协定、中国—新加坡自贸协定的升级等已启动的双边谈判作为我国自贸区战略实施工作的当务之急，力争实现以双边促区域多边的"牵引"效应。韩国、新加坡、东盟是我国重要的贸易投资伙伴，双边自贸协定对于促进相互之间的贸易和投资活动、带动地区经济发展具有十分重要的作用。尤其是中国—东盟自贸协定作为我国与国外签署的第一个自贸协定，将双边贸易和投资增长带入了快车道，双方经济合作关系得到全面深化和加强。在已经具备较好合作基础的条件下，加快中韩、中澳自贸协定和中国—东盟自贸协定升级版谈判，不仅有助于实现双边关系的进一步提升，扩大互利共赢的合作效果，而且可以通过中韩双边牵制日本，促进中日韩自贸协定谈判；通过中韩、中澳和中国—东盟深化关系牵制其他东亚成员，引领RCEP谈判进程尽快取得实质性进展。

第二，把推进中日韩自贸区谈判作为实现区域多边进程的突破口。尽快完成中日韩自贸区谈判是东亚经济一体化进程的关键，应放在中近期我国自贸区战略实施的优先位置。作为东亚三个最大经济体，中日韩三国在一体化问题上能否达成一致是RCEP是否取得实际进展的决定性因素。中日韩自贸区谈判先行完成，不仅可大幅降低RCEP16个成员相互谈判的繁复程度，显著提高效率，更重要的是，可以牵制东盟和其他经济体的消极倾向。另外，关于中日韩自贸区的研究、讨论已经持续了15年之久，积累了非常丰富的研究成果；三国相互贸易投资往来密切，对自贸区带来的巨大经济效果形成了广泛共识，具备了先行完成谈判的必要条件。日本和韩国也具有参与谈判的积极愿望。日本加入TPP谈判，主要意图是借助外部市场提振本国经济，联手美方制衡中国，在东亚合作中掌握主导权。但日本在实现加入TPP谈判目标之后，对推进中日韩自贸区必然会采取更加积极的态度。原因主要有两点：一是日本可以通过这种方式在美国和中国之间取得战略平衡，从亚洲地区，尤其是中国的快速增长中获益，还可以利用同时属于TPP和中日韩自贸区成员的双重身份，获取更多的谈判筹码和话语权；二是日本参与TPP谈判，在农产品市场开放等敏感领域取得突破，参与中日韩自贸区谈判的部分障碍也会相应消除。近年来，日本关于中日韩自贸区的态度转向积极已经说明了这一点。虽然目前TPP暂时被搁置，但这并没有改变日本在路径选择上的目标，CPTPP取得实质性进展也为日本继续实施上述战略平衡提供了条件，CPTPP存在再度向TPP升级的可能性。另外，韩国迫于CPTPP和ECFA的压力，在推动中日韩FTA方面采取积极政策的可能性也很大。在当前中日、韩日关系明显改善的背景下，日韩都具有借此巩固合作基础的强烈意愿，这为加快中日韩自贸区谈判提供了可能性。日本政治右倾化和历史、领土等问题的长期存在，为深化中日韩合作的政治基础带来很大不确定性，推进中日韩自贸区将面临一定困难。但我国应立足长远，在外交上采取高压政策的同时，在经济领域对于一些事关长远利益的机制建设继续保持较大推进力度，尤其是要促进中日韩自贸区加快谈判。这将有助于消除CPTPP（TPP）以及美欧、日欧自贸协定可能对我国区域合作战略和外部环境带来的部分不利影响。根据CGE模型测算，即使在我国不加入TPP并受到其冲击的假定条件下，如果中日韩自贸区建成，也不但可以抵消TPP的负面效应，而且可以产生较大的经济增长率的提升效果。我国可采取以中韩促中日韩、以中日韩促RCEP的策略,力争在较短时间内取得突破性进展。

第三,相机抉择和适时调整RCEP的谈判策略。RCEP谈判正式启动是东亚地区经济一体化进程取得的重大进展,如果能够如期完成并正式生效,对促进东亚地区经济稳定与繁荣所发挥的作用将超过目前东亚范围内的任何一个一体化安排。因此,力促RCEP谈判取得成功符合我国区域合作的根本要求,是今后一段时期我国自贸区战略的重要内容,但由于RCEP成员较多、利益诉求不同,参与区域贸易自由化进程的经验和标准存在很大差距,谈判有可能十分艰难和旷日持久,甚至无法达成一致。我国可采取相机抉择的策略,适时调整谈判方向,为转向RCEP-1等谈判做好充分准备,尤其是利用中日韩与东盟一体化各自先行完成的有利条件,重启以"10+3"为基础的东亚区域一体化进程。

第四,深化我国与世界主要大国(经济体)之间的双边制度性合作。建议我国加强高层磋商,力促中国—欧盟、中国—加拿大、中国—日本、中国—美国等重要双边自贸区进程。美、日、欧、加都是全球较具影响力的发达经济体,中加、中欧、中日、中美自贸区作为发展中国家和发达国家之间的制度性自由贸易安排,将有效提升双边区域内的经济效率、促进产业结构调整升级,为参与各方带来较大的经济利益。与此同时,从中方来看,在美国重返TPP的情况下,还可以较大幅度地抵消TPP的贸易转移效应,缓解TPP对我国经济增长和就业带来的下行压力,进一步改善我国经济发展的外部环境;欧盟和加拿大也可以获得具有高成长性的巨大市场空间,通过与区域安排的叠加效应,进一步提升经济增长水平。因此,建立双边自贸区符合双方的利益,是互利共赢原则的最优化体现。建议我国可在双边高层磋商和对话场合,适时提出启动中加、中欧、中日自贸区联合研究的倡议,并将中美自贸协定作为解决当前中美经贸争端的长效机制,尽早获得研究成果,为政府谈判提供有效的参考和决策依据,并对可能涉及的各种复杂问题做好预案。在协商策略上,我国应表现出对启动双边联合研究或谈判的积极态度,更多地强调区域合作红利对于欧方和加方摆脱经济困境的作用,避免为对方提供抬高要价的机会。鉴于中加两国已经围绕互补性问题等课题开展了深入研究,并拥有丰富的研究成果和资料积累,可减少民间学术研究等环节,直接开展政府主导的官方联合研究。中欧联合研究则可以从政府主导的联合研究开始起步，循序推进。

第五，积极创造条件，逐步建设海峡两岸暨香港、澳门更紧密经济关系和金砖国家自贸区。海峡两岸暨香港、澳门建设共同市场事关我国的核心利益，金砖国家联手有助于新兴经济体在世界经济格局大调整中发挥主导作用，也是我国立足长远的全球战略需要。从海峡两岸暨香港、澳门来看，在目前民进党"政权"背景下进入实质性推进阶段仍然面临较大困难，但可以积极创造条件，做好充分准备工作，并通过提升双边机制的自由化水平，逐步向四方共同市场的合作模式过渡。金砖国家自贸区可以经济贸易的便利化合作为起点，加强金融货币、基础设施建设、相互投资促进等功能性合作，不断提升制度性合作水平，逐步实现经济一体化目标。

第六，抢抓重要战略机遇，建立广覆盖的自贸区网络。在全球经济持续低迷和多边贸易体制进展缓慢的背景下，世界许多国家把加强双边和区域多边自贸区建设作为增强经济发展动力的主要举措。我国经济地位不断上升和经济长期持续较快增长的巨大潜力，为这些国家寻求有力合作伙伴提供了现实可能性和关注对象。我国应充分利用这一有利形势，抢抓区域合作的重要机遇，为建设高水平的自贸区网络创造条件。一是加大与周边国家商签自贸协定的工作力度，尤其是对于一些小国和贫穷发展中国家的利益诉求可优先予以考虑，甚至采取多予少取的包容态度。二是扩大与拉丁美洲地区国家的双边自贸区建设。多数拉美国家自身的自贸区建设取得了一定进展，具有加强与外部经济伙伴关系的积极愿望。与这些国家商签自贸协定，可利用对方的资源优势和经济实力，降低进入美国市场的成本和难度，获取更多的战略利益。三是有效利用新兴经济体已有的区域一体化成果，拓展我国的发展空间。海湾合作委员会、南非关税同盟、南方共同市场等主要由新兴经济体组成的区域性合作组织已经在贸易和投资自由化领域取得了实质性进展，通过商签自贸协定，有助于降低双边谈判成本，缩短谈判周期，提高谈判效率，努力分享这些贸易安排的一体化经济成果。

第七，明确启动亚太自贸区谈判的路线图与时间表。模拟分析结果表明，中美双边自贸区对我国经济的积极影响远大于其他双边协定。但鉴于直接启动中美双边自贸区谈判难度很大，建议将这一双边进程纳入TPP（如美国重返）或亚太自贸区的多边框架内寻求突破。TPP重谈的可能性仍然存在，这对我国自贸区战略形成挑战和冲击，如果发生这一情况，我国有三种应对策略。一是表明愿意参与TPP谈判的态度，并着手展开相关磋商；二是暂不加入TPP谈判，联合其他APEC成员倡导启动亚太自贸区（FTAAP）进程；三是集中精力完成目前已启动的自贸区谈判并加快中日韩和RCEP谈判进程。策略一虽然有助于化解被边缘化的风险，但如上所述，我国目前并不具备直接参加谈判的能力和条件，获得目前TPP所有成员，特别是美国同意也有较大难度。策略二长期来看有望发挥作用，但难以获得多数成员的支持，短期内正式启动FTAAP谈判的可能性不大。策略三是我国既定目标，具有较好的基础，尤其是推动中日韩自贸区目前存在较为有利的条件和时机。但从我国的全球战略层面来看，为充分利用高水平自贸协定的倒逼机制，实现以开放促改革、促发展的战略目标，获取更多的开放红利，我国应立足当前，着眼长期，在加快推进已有的自贸区进程，尤其是中日韩自贸区谈判等问题上寻求大的突破。同时，应紧密跟踪TPP进程重启的实际进展，客观分析和把握TPP生效对我国经济乃至亚太地区经济格局可能产生的影响，组织力量对我国加入TPP谈判的可能性、时机选择和推进策略等问题开展深入研究，并结合我国对外开放总体规划的阶段性目标提出预案。

五、推进我国自贸区战略的主要策略和政策举措

加快实施自贸区战略是我国改善外部环境、全面提升开放型经济水平和培育国际竞争新优势的重要举措。我国的自贸区战略虽然取得了一些实际成果，但从自贸区伙伴数量、贸易覆盖率以及自由化标准等方面来看，与世界主要经济体以及周边国家的实际进展相比仍然存在很大差距，难以适应区域经济一体化形势变化的需要。原因除了国际政治经济格局错综复杂、部分贸易伙伴担心我国商品冲击其国内产业而采取谨慎态度等外部因素的影响之外，国内部分行业对市场开放心存疑虑、缺乏系统性战略规划、有效政策协调和涉外谈判能力不足等问题对其也有重大影响。针对这些问题、制约因素和我国未来参与相关自贸区谈判可能面临的难点问题，建议采取以下策略，并进一步加强战略实施的基础性工作。

第一,深化改革,为高水平自贸区战略提供制度与政策保障。面对区域经济一体化趋势明显加快、贸易和投资自由化标准不断提高的新形势,我国应从以开放促改革、促发展的战略高度,进一步深化涉外经济体制改革和创新,全面提升对外开放水平,为推进高水平自贸区战略提供有效制度和政策保障。建议按照国际上开放型市场经济体制的高标准和高要求,谋划我国政府职能调整、服务业市场开放和投资准入管理等方面的改革措施,充分利用中国(上海)等12个自由贸易试验区的先行先试功能,为参与高水平区域贸易自由化积累经验,做好制度安排和政策准备。国内相关部门应充分认识到提升开放质量和水平对于培育我国国际竞争新优势、促进经济社会长期持续健康发展、增强我国全球影响力的重要性和紧迫性,逐步对制约我国参与多边和区域自由化安排的相关政策、法规进行必要的修改与完善,以更加积极主动的开放姿态迎接新一轮贸易投资自由化挑战。

第二,逐步提高自贸区谈判的自由化标准。TPP加速推进后,追求具有较高水平的自由化标准,成为当前双边和区域多边贸易安排建设中出现的新趋势、新特点。日本、韩国、澳大利亚、新西兰等我国的现有谈判对象以及加拿大、欧盟、美国等潜在的谈判对象,对于自贸协定普遍具有较高的贸易和投资自由化要求,在这一背景下,我国的自贸区战略能否取得实质性进展,很大程度上取决于中方承诺的自由化标准。鉴于我国已经在推进双边贸易自由化方面积累了一定的经验,开始具有较强的贸易自由化应对能力,为了更好地适应贸易安排高标准、广覆盖的趋势和我国对外开放的新要求,可以以中日韩自贸区和RCEP谈判为契机,适度提高市场开放的标准,向其他谈判方作出相应的承诺,并提出我国关于各方开放市场和投资准入的要求。

第三,增强谈判策略的针对性和务实性。自贸区谈判策略研究缺乏系统性和针对性,对利益相关方的关注和分析不够全面、深入,这是目前我国自贸区谈判中存在的主要问题之一。为制定行之有效的谈判预案,首先应当密切关注国际贸易投资自由化发展的新趋势、新特点,深入分析重点国家的对华政策、自贸区战略走向和主要关切点,以及重大区域或双边谈判的实际进展,为确定我国自贸区谈判的总体布局和优先顺序提供依据。在此基础上,应兼顾灵活性与现实性的原则,对不同谈判对象采取有所区别的谈判策略:对经济规模较小、发展水平落后、产业结构单一、市场开放不会带来产业冲击的国家,可以以"多予少取"为基本原则,加快建立双边自贸安排,进一步巩固政治与经济关系;对于经济规模较大、产业竞争力强的国家,则应在充分研究、论证、内部协调的基础上,制定详细的谈判策略,以"适度积极与灵活现实"相结合的原则,在保证总体利益的前提下进行取舍和利益平衡。

第四,重视自贸区谈判的"新议题"。近年来,区域和双边FTA涉及的自由化内涵逐步由传统的货物贸易向服务贸易、投资、经济合作以及更广泛的领域扩展,程度不断加深,将涉及成员方经济管理政策的所谓"边界后议题"或"新议题"纳入谈判内容,已成为贸易投资自由化和区域一体化的重要趋势。这些"新议题",普遍涉及国家(地区)经济制度和更为广泛的开放领域。建议以积极审慎的态度对待这些"新议题",尽快由主管部委组织开展利弊分析和研判,在研究制定应对策略的基础上,尽快对外明确谈判立场。对待具体议题,可以采取分类处理的办法。一是随着近些年我国区域贸易安排涉及的领域不断拓展,特别是新一轮改革开放的推进,对符合我国改革中长期目标的议题,应加快推进国内相关领域的改革,适度放开对外谈判的限制,如在知识产权保护、环境保护、竞争政策和投资管理体制开放等议题上,增强与伙伴方的沟通与合作,甚至在我国已签署FTA协议从未涉及的政府采购议题上,亦可考虑根据国内现有制度条件和已有多双边谈判中的出价表达进一步的积极开放意向[①]。二是对与我国基本体制制度有所冲突、短期内将造成严重不利影响的议题,在具体FTA协定的谈判中不必预先设定条件,将其排除在外,而是根据对方的具体要价进行深入分析研究。例如,在环保标准提升等问题上,可以要求以转让技术为筹码进行谈判要价;由于劳工自由结社和数据跨境自由流动等涉及意识形态和社会制度,而国有企业议题涉及我国经济制度,面临诸多短期内难以解决的困难,因此可在坚持我国应有立场的同时,提议以各作表述的方式体现各方关注,既照顾对方的关切,又在符合我国改革开放总体进程的基础上力争对我国有利的结果。

第五,制定科学、可行的原产地规则。由于许多国家普遍存在来自其

[①] 在中美双边政府采购谈判中和新一轮多边出价中,已经将部分地方政府的采购纳入采购主体范围。

他国家的直接投资企业,因此,如何防止这些非成员方的产品和服务"搭便车",将成为对谈判方原产地和当地服务商规则确定的难点。应做好甄别工作和制定预案,在货物贸易领域,对于非成员方企业具有很强竞争优势的投资产业领域,可建议制定较严格的原产地标准,其他适度放开。在服务业领域,非成员方企业投资集中的产业,也应建立高于其他服务业的当地商业存在标准;对于其他大多数服务部门,建议参照内地与港澳之间已签CEPA协议中的界定方法。另外,我国的部分谈判对象在已签FTA或投资协定中普遍给予对方投资企业准入前国民待遇,我国现有吸收外资政策和已签FTA中的惯常做法与其存在较大差距。投资准入前国民待遇问题预计成为双边磋商中的难点。由于涉及相关问题的法律法规修改很难在近期内完成,因此,在联合研究及其谈判中仍应以坚持我国惯例和立场为主,但可通过提供改革时间表的方式予以回应。原产地规则的确定还要充分考虑企业申请证书的便捷性,以有利于提升自贸协定的利用水平。

第六,保持对敏感产业的密切关注和灵活处理态度。如何处理敏感产业的市场开放问题,是自贸区谈判的难点之一。随着我国经济实力的不断提升,各产业的国际竞争力和比较优势也在发生相应的变化,针对不同谈判对手的竞争优势也有所差异,可能受到的冲击程度不尽相同。因此,应加强自贸区的产业影响研究与分析,密切关注产业发展潜力、贸易结构、竞争力和开放度的动态变化,充分运用CGE模型等科学手段对自贸区的分产业影响进行模拟,将其作为判断敏感产业的参考依据之一;特别是要摸清谈判对手以往自贸协定中的特殊安排和要价,确定我国需要重点关注的部门和敏感产品,为制定科学、合理和有效的谈判策略,解决关键难点,提供决策依据和解决思路。

我国与日本、韩国、加拿大、欧盟、澳大利亚、美国等经济体之间的自贸协定谈判,面临较为相似的敏感议题。在货物贸易领域,我国在部分农产品、化工、机械装备等资源性和资本密集型产业领域将受到一定程度的冲击,而纺织服装等劳动密集型产品往往成为对方特别关注的敏感产品。一般情况下,上述产品占双方贸易额的比重较大,不可能都进行例外处理,可以考虑采取区别对待和较长过渡期的办法予以解决,并可参照NAFTA的做法对双方特别关注的产业在双边协议中以专门的章节或附件进行探讨。

在服务贸易领域，多数发达国家和一些工业化国家具有较强竞争力，这也是这些国家较为关切的部分。我国可参考一些较高自由化水平的自贸区案例，将一些涉及重大国计民生和公益性的服务业列为敏感领域，其他领域适度提高对自贸区伙伴的市场准入开放水平；对于知识产权、政府采购、国内竞争政策、投资促进等相关问题，可考虑根据国内现有制度条件表达积极意向；但对于劳工和环保标准等条款，可以要求开放劳务市场和转让减排技术为筹码，坚持我国应有立场。

第七，切实完善敏感产业过渡期安排和生效后补偿工作预案。在制造业领域，可根据敏感产品的受冲击程度和产业发展潜力予以区别对待，采取关税减让例外和较长过渡期的办法予以妥善解决。同时，借鉴国际经验，研究制定包括补偿对象、区域确定、补偿力度和方式等内容的产业冲击补偿工作预案。在服务业领域，由于发达经济体在服务贸易领域具有较大竞争优势、要求我国开放服务业市场的意愿强烈，商业服务、电信服务、旅游和运输服务等我国市场开放程度较低、竞争力相对较弱的部门，有可能成为未来我国与发达国家开展自贸区谈判的关键内容。我国应予以高度重视，在部分特殊经济区域进行先行先试、积累经验的基础上，逐步提升开放水平，促进我国服务业的较快发展和产业结构升级，满足国内消费者日益上升的服务消费需求。

第八，强化自贸区谈判的统筹决策与内部协调。近年来，日本、韩国等经济体在推进自贸区战略方面取得重大进展，其中的成功经验之一就是根据形势发展的需要，迅速建立统筹协调的综合协调机制，加强谈判组织建设和人员投入。我国开展的一些自贸区谈判之所以久拖不决，关键原因是我国内部成员之间缺乏共识、意见分歧明显并且难以协调和统筹决策。今后，应借鉴这些国家的经验，加强涉外谈判的能力建设。建议成立国务院直接领导的自贸区战略部际会议机制，提升综合协调能力和政策实施方案的权威性；进一步强化涉外谈判队伍建设，较大幅度增加谈判人员编制和经费投入；积极发挥相关领域专家的作用，吸收各类专业人士定期或不定期参与相关谈判的预案研究和政策咨询。

第九，着力发挥贸易投资便利化的基础作用。在实现进一步贸易投资自由化的条件尚未完全具备时，通过制度性经济合作提高贸易便利化水平，是发挥成员方比较优势和经济合作潜力的必备条件，也会对双边贸易和相互投资产生显著的推动作用。另外，贸易和投资便利化作为加强双边和区域经济合作的一个重要基础和良好切入点，也是自贸协定的重要组成部分之一，可以为企业带来实实在在的便利和商业利益，对于确保自由化措施的有效实施同样具有十分重要的作用。

第十，全面加强自贸区战略实施的基础性工作。首先要对自贸区战略问题进行深入研究和讨论。随着自贸区建设的不断拓展，我国将会面临更多敏感性、技术性问题需要深入研究和探讨，谈判的态度和认识有必要经常进行交流和沟通，对于许多问题的判断和决策也应当广泛听取相关部门、专家学者和企业界的意见与建议。因此，在政府的谈判机制之外，有必要建立一个邀请政府官员、学者和企业及其利益相关方代表共同参加，具有广泛代表性的"官产学联合研究"机制。其作用是研究和讨论重要问题、反映各界看法和向政府部门提出政策建议，为自贸区战略实施提供参考，确保决策的科学、合理、客观和可行性。其次要做好配套工作，提高社会共识。应认真落实已签自贸协定，健全补偿机制，为可能受到冲击的弱势产业提供必要支持，最大限度降低市场开放和结构调整的成本。加强和完善自贸区战略配套措施及其机制建设，广泛宣传和扩大自贸区政策利用效果和积极意义，提高企业积极性和社会关注程度，营造良好的自贸区战略推进环境和社会共识。同时，应增加院校相关专业设置和对外谈判人员教育培训投入，加强经济外交人才培养工作的力度。

第六章　文献综述与政策建议

　　自由贸易区（FTA）是指两个或两个以上的国家或地区签署有关协定，其成员在WTO最惠国待遇基础上，相互进一步开放市场，分阶段取消绝大部分货物的关税和非关税壁垒，在服务领域改善市场准入条件，从而在所有成员全部关税领土上实现贸易和投资自由化。较之多边贸易体制，自贸区自由化程度较高，且易于达成协议，同时比关税同盟、共同市场等其他区域经济一体化更简便易行，因此受到发达国家和发展中国家的一致青睐①。

　　中国FTA的发展历史并不长，但自从在2000年的"10+1"会议期间向东盟提出建立中国—东盟FTA的建议以来，在推进双边FTA关系方面取得了一系列初步成果。随着签署的FTA的数量逐渐增加、水平不断提高，中国对区域经济一体化和多边自由化进程的影响也越来越深刻。如何把握当今世界FTA的新特点，如何更好地将FTA为我所用，发挥更大的战略作用，已经成为各国官方、学界和产业界十分关注的重大课题。中国学界在FTA研究方面起步较晚，但得益于中国FTA战略卓有成效的实践，当前已涌现出一大批优秀的学者和研究成果，为中国FTA的发展，也为全球区域经济一体化进程的加快作出了突出贡献。

---

　　①朱洪：《自由贸易协定——中国与发展中国家南南合作的新桥梁》，《国际贸易》2009年第9期。

一、全球自贸区发展趋势变化及特点

（一）全球自贸区的发展历程

包括双边FTA在内的区域经济合作并非新事物，早在20世纪50年代便已成为世界贸易体系的一个组成部分。截至21世纪初，区域经济合作在全球产生过三次浪潮（陈柳钦、宾建成，2005）。第一次浪潮发生在20世纪50—60年代，以1956年成立的欧洲经济共同体为标志。第二次浪潮发生在20世纪90年代初期，其标志是欧洲统一市场的形成和北美自由贸易区的诞生。这一时期包括之前所建立的FTA，普遍以"封闭的、排他性的地区主义"为基本特征。原因在于，WTO多哈回合谈判的失败，使FTA成为各个国家在全球经济一体化下退而求其次的做法（赵晋平，2005；匡增杰，2013）。自由贸易区是经济统合的最低层次，但却是通向更高层次一体化的一个奠基石和必然阶段，通过FTA将最终实现WTO下的自由贸易（李霞，2005）。第三次浪潮出现在20世纪90年代后期。这次浪潮的特点是双边FTA在全球各地涌现。实践证明，将发达国家和发展中国家的经济连在一起，使高技术集中的国家和低技术集中的国家各自发挥优势、共同促进全球经济繁荣的做法效果不彰，且孕育着风险。因此，双边代替多边，成了WTO成员的主要选择。

大型区域贸易协定也同时涌现。其特点是：地域更加广阔；规模迅速扩大；突破区域界线；形成交叉"轴心"（江瑞平，2003）。另外，在内容上也超越以往只注重降低关税壁垒及传统的非关税壁垒，如数量限制等，开始涉及更高水平、更深层次的自由化议题，以利于服务贸易和直接投资的发展。特别是2008年金融危机以后，"开放的地区主义"成为新一轮自贸区建设的主流形态，高标准、广覆盖的巨型贸易协定（Cross-regional FTAs）得到迅速扩展，特别是美国主导的TPP、TTIP试图重新塑造世界经济新规则，将改变世界经济格局（全毅，2015）。

这一股强势的FTA浪潮出现的原因是在全球价值链和国际生产网络成为塑造世界经济格局的重要因素时，传统的多边贸易体制难以满足其利益最大化的要求，迫切需要制定对其有利的新贸易投资国际规则以实现全球价值链的无缝对接，基于全球价值链与投资新规则主要通过所谓的"下一代"贸易政策和投资政策议题体现出来（全毅，2015）。但更重要的一点是，此轮FTA较量，体现了发达国家的战略遏制观念，面对以中国为首的新兴经济体的崛起和竞争，发达国家主动出击，谋求制定新国际贸易规则主导权和话语权，进而巩固其在全球经济秩序中的主导地位。

（二）当前全球自贸区建设的特征及对中国的挑战

1. 跨区域、大型化成为主流

王琳（2015）指出，传统的区域贸易协定都是地理毗邻的国家之间缔结的，很少突破地缘的限制。近年来，跨区域的巨型贸易协定（Cross-regional FTAs）得到迅速扩展。在所有WTO成员中，缔结跨区域贸易协定的缔约方已经从2003年的65个增加至2012年的155个；在实施的区域贸易协定中，跨区域协定的比例从10%上升至38.9%。典型的有TPP、TTIP和RCEP。美国正以北美自贸区为依托、以TPP和TTIP为两翼，谋求从北美到欧洲乃至亚洲东端的广大地区形成一个巨型区域板块，促成大西方战略目标。欧盟希望通过TTIP打造经济版"北约"，实现与美国经济融合，加强与美国战略协同，巩固美欧在全球的领导地位。中国与东亚国家积极推动RCEP谈判，力争形成与TPP并行发展的大型自贸区。

表6-1　TPP、TTIP、RCEP三大自贸区规模比较（2013年）[①]

自贸区	GDP总量及占全球比重		人口总量及占全球比重		贸易总量及占全球比重	
	万亿美元	占比/%	亿人	占比/%	万亿美元	占比/%
TPP	26.5	32.0	7.8	10.8	9.4	25.9
TTIP	32.7	32.0	8.2	12.0	8.2	29.0
RCEP	19.7	23.8	33.8	46.6	10.2	28.0

资料来源：根据IMF2013年统计数据整理。

跨区域、大型化自贸区建设的必然后果就是严重的多重治理问题（王琳，2015），典型的有嵌套型FTAs、辐轴型FTAs和交叠型FTAs。嵌套型FTAs是成员国同时面临双边和区域性FTAs的多重贸易规则，比如NAFTA与

[①] 王琳：《全球自贸区发展新态势下中国自贸区的推进战略》，《上海对外经贸大学学报》2015年1月。

TPP就形成了这一结构。辐轴型FTAs指某一中心国家与不同国家签订具有不同规则的FTAs，构成轮轴—辐条结构，目前许多国家都热衷于构建以本国为中心的FTAs网络体系。这种结构使得中心国家在与辐条国家进行贸易时除了必须对不同协议的细则进行对比和选择外，还可能对辐条国家形成优惠侵蚀和原产地规则限制，从而不利于后者。交叠型FTAs同时具有嵌套型FTAs和辐轴型FTAs的特点，比如东盟国家与中、日、韩三国分别签订FTAs等，其错综复杂的贸易规则实质上又降低了贸易效率。

2. 南北合作明显增加

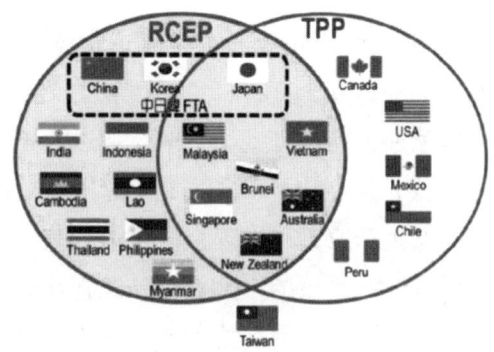

图6-1 嵌套型FTAs、交叠型FTAs

资料来源：网络截图。

传统的区域经济一体化理论认为，社会政治制度同一、经济发展水平相近和具有共同历史文化背景的国家之间更容易建立区域经济一体化，开展经济协调合作。所以，在20世纪50—70年代的第一轮区域经济合作浪潮中，北北型和南南型区域贸易协定是基本特征。当时除了欧共体外，在拉丁美洲、非洲和东南亚出现了众多的南南型区域一体化组织（王琳，2015）。但新区域主义的显著特点是，南北型即发展中国家和发达国家的合作组织逐渐占据了主导地位，这和旧区域主义中占主导地位的南南协定及欧洲一体化两大类别不同[1]。

---

[1] 东艳、邱薇：《中国参与区域经济合作的历程回顾与战略思考》，载《纪念改革开放30周年学术研讨会论文集》，2008年。

自1994年墨西哥加入北美自由贸易区启动南北合作的模式后，这一趋势就愈演愈烈。欧盟2005年的第五次和2007年的第六次扩大加入的都是转型经济的东欧发展中国家，从而将欧盟的北北型合作模式转变为南北型模式。同时，欧盟还积极致力于与亚洲、非洲、加勒比海和环太平洋国家的双边自由贸易协定的谈判，成功同韩国、南非、智利、墨西哥等国家签署了FTA。在美洲地区，美国与智利、多米尼加、秘鲁、哥伦比亚、巴拿马等国家达成双边FTA；在亚太地区，南北型的各类FTA也正在大量涌现，比如日本分别与新加坡、墨西哥、马来西亚、智利、泰国、印度尼西亚、文莱、菲律宾、越南、秘鲁签署了双边FTA[①]。

参与南北协定中的南方国家希望通过与发达国家签订协定以进入发达国家市场，并提高本国的经济安全度，以免在区域主义浪潮中处于区外国家的不利地位。而北方国家在当前的区域经济一体化进程中已丧失了不少话语权，为了重拾国际主导权，也加快了FTA的步伐。另外，孙元江（2013）也提到，发达国家尤其是欧美国家，国内现有的货币政策已经极度宽松了，财政政策也不断紧缩，所有经济手段的边际效应已经开始递减，为了尽快摆脱金融危机的阴影，只有建立自由贸易区这种方式是不需要增加纳税人负担、成本很低又可以刺激出口、开拓市场、提高就业的手段。

3. 亚太地区成为全球焦点

匡增杰（2010）指出，自20世纪90年代初再次掀起区域一体化浪潮以来，欧洲、北美地区一直处于世界一体化水平的领头羊地位，而亚太地区在此方面一直处于落后的状态。但值得注意的是，自2009年底以来，亚太地区的区域经济合作成了全球关注的焦点。一是美国的高调介入和推动使得TPP（《跨太平洋战略经济伙伴协定》）成为当时最受关注的大型区域一体化谈判。二是东盟10国与6个自由贸易区伙伴国——中国、日本、韩国、印度、澳大利亚和新西兰在2012年11月20日正式启动了区域全面经济伙伴关系（RCEP）谈判。其目标是消除内部贸易壁垒，创造和完善自由的投资环境，扩大服务贸易，其自由化程度高于目前东盟与这6个国家已经达成的自贸协

---

①匡增杰：《全球区域经济一体化新趋势与中国的FTA策略选择》，《东北亚论坛》2013年第2期。

议。这不仅对提升东盟和其他6国经济关系的凝聚力、巩固和发展东盟在亚太区域合作中的话语权起到了重要的推动作用,而且能够很大程度上抵消TPP带来的不利影响。三是经过10年的艰苦努力,中、日、韩3国宣布启动中日韩自贸区谈判,东亚自贸区建设也迈出了新的步伐。

4. 广覆盖和高标准的规则谈判成为区域经济一体化发展方向①

姚新超(2006)指出,区域或双边自贸协定的内容已不再完全限于关税与非关税的取消或减少,还涵盖了向来专属于国家管辖的国内议题,包括WTO多边体系难以达成多边协定的服务贸易、知识产权、环境、认证标准,以及极具争议的文化贸易、涉及国内法规的调和等。通过设置政策协调或跨国保护知识产权、公共卫生与合同执行机制,提供类似跨国公共产品,解决"搭便车"问题,以共同谋求福利。孙元江(2013)也提到,随着欧美产业结构的变化和升级,以前WTO所谓的边境措施,对美国已经没有什么优势了,于是美国就希望通过注重边境后的一些措施,包括知识产权、环境、劳工、标准、国有企业、企业竞争力,甚至包括环境标准和劳工标准等超越WTO协定的内容,来巩固自身在规则制定上的绝对主导权。

全毅(2015)提到,在区域经济整合协定的领域和规则空前拓展的同时,区域贸易协定的质量也得到提高。不仅边境上的贸易措施较传统的FTA要求更高,如商品零关税率几乎达到100%以及通关便利化,而且寻求超越WTO知识产权的保护政策、竞争政策、投资政策、环境法规、劳工标准、消费者保护等边境后措施也要求严格执行。如日欧达成的经济伙伴关系协定(EPA)规定,欧盟将取消约99%对日商品关税,日本也将在未来几年内取消99%对欧盟商品关税。在投资政策方面不仅寻求市场准入前国民待遇和负面清单管理等国民待遇要求,而且包括投资者义务、企业社会责任、投资便利化、知识产权、竞争政策、公共治理与机构、反腐败、投资者与东道国争端解决、基础设施与公私合营等更高要求。

盛斌(2014)提到,如果说当年的GATT是1.0版本的贸易协定,WTO是2.0版本的贸易协定,那么这些区域或双边协议就是3.0版本的贸易协定,它们

---

① 全毅:《全球区域经济一体化发展趋势及中国的对策》,《经济学家》2015年第1期。

是基于当前全球价值链和国际生产网络的新发展需要所催生出的高标准与高质量的贸易协定。

5. 区域经济合作组织之间的竞争性加剧

FTAs的典型特征就是通过"谁参与，谁受惠"来确保FTAs的成员有优先竞争的机会。由于成员之间关税水平的降低和其他贸易壁垒的减少而导致对非成员关税水平和贸易壁垒的相对增加，很明显，双边或区域贸易协定会把成员和非成员隔离开来，并将非成员置于不利的地位。在TPP谈判中，美国可以吸收越南等发展水平比中国低的国家加入，而不希望中国在TPP谈判阶段加入，明显有遏制中国发展的用意。日本、韩国相继加入TPP，无疑将使本来进展缓慢的中日韩FTA和RCEP谈判丧失更多动力，给中国推进自贸区建设带来更多困难（王琳，2015）。

二、中国自贸区的发展现状

中国是经济全球化和自由化的坚定支持者和积极参与者，也是主要受益者和重要建设者。进一步推进自贸区战略，是中国根据本国经济社会发展现状和经济全球化新趋势作出的重大战略决策，是构建开放型经济新体制、全面深化改革的客观要求，也是积极实现对外战略目标、运筹对外关系的重要途径（王琳，2015）。

（一）中国发展FTA的必要性

樊莹（2005）指出，在经济全球化不断深入的今天，为了获得有利的世界资源配置，也为了避免全球化带来的各种矛盾和冲突，参与区域经贸合作机制已成为中国的现实选择，而且这也是实现祖国统一和中华民族伟大复兴之需。李霞（2005）提到，为避免其他国家的自贸区安排造成的贸易转移效应，也为了获得自身的经济利益和通过外生力量来推动国内经济制度的改革，提高各国经济的抗风险能力，中国需要发展FTA。张帆（2004）从谈判的角度说，中国的FTA战略可增加我国在全球多边贸易谈判中的回旋余地，有利于突破区域性贸易壁垒，增强我国的国际政治经济影响力。张鸿（2009）提到，中国加入WTO以后，获得了无条件进入欧洲、北美这两大市场的最惠国待遇，美国和欧盟与多个国家签订了自由贸易协定，使得中国的商品所享受的最惠国待遇成为最低国待遇。因此，唯有通过积极参与以自由贸易区为中心的区域经济合作，中国才能有效地规避集团内成员的歧视性待遇，扩大中国商品在世界市场上的占有力。参与区域经济合作不仅是世界经济发展的一大潮流，而且可以扩展国家利益的实现范围。还有学者从国际大局上提到中国发展FTA的必要性，笪志刚（2013）提到中国加入FTA，对加强周边合作、促进区域发展与稳定产生了积极影响，FTA战略已不仅是中国融入全球化和区域一体化从而使自己变得更加开放和包容的助推剂，更是中国推动全球经济一体化，为世界经济作贡献的一个重要契机。欧美国家期望通过推动新一轮FTA发展，重构经济运行标准和规则，进而力争使其成为国际标准[1]。一旦欧美把规则制定了，我们将只能被动接受，那么作为贸易投资大国的中国来说，其负面影响将极其深远（孙元江，2013）。

（二）中国FTA的发展现状

中国在2001年加入《曼谷协定》（于2005年更名为《亚太贸易协定》），就此拉开了我国FTA快速发展的序幕[2]。东艳（2008）对中国参与自贸协定的总体历程作了一个简单的梳理。第一阶段（2000年前）：游离于全球FTA趋势外，尽管区域贸易协定在全球范围内获得了快速的发展，但地区间的不平衡却相当严重。欧洲是区域贸易协定最集中的地区，经济一体化程度最高，东亚区域经济一体化的发展落后于全球。第二阶段（2001—2004年）：东亚各国争夺区域内领导权，东亚一体化在这一时期初步出现了向"轮轴—辐条"（Hub and Spoke）模式发展的态势。第三阶段（2005—2007年）：东亚一体化深化，各国向东亚区域外拓展。第四阶段（2008年之后）：全面、深入参与全球一体化。随着全球区域经济一体化的加深加快，中国的FTA进程也进入提速阶段。中国—新西兰自由贸易协定标志着中国参与区域一体化第四阶段的开始，中新自由贸易协定使我们在伙伴选择、合作深度上都进行了新的探索。在伙伴选择上突破了传统的南南一体化；在合作深度上突破了仅

---

[1] 倪月菊：《"经济北约"重塑国际贸易格局》，《人民日报》2013年7月25日。
[2] 姜茜：《新形势下我国FTA的特点及战略取向》，《对外经贸实务》2009年第2期。

包括贸易自由化的浅度一体化,中国开始在自由贸易协定上达到了较高的合作水平和质量。中国开始在自贸区框架下与伙伴方进行更广泛的政策合作,扩大合作范围,在协定模式上,逐渐由分轨制的货物贸易、服务贸易、投资分别谈判到单轨制的在一个协定中包括更全面的内容。

2003年我国开始对外商谈自由贸易协定,2007年开始实施自由贸易区战略,到目前为止,中国已签署自贸协定16个[①],涉及24个国家和地区,分别是中国与东盟、新加坡、巴基斯坦、新西兰、智利、秘鲁、哥斯达黎加、冰岛、瑞士、马尔代夫、澳大利亚、格鲁吉亚、韩国的自贸协定,内地与香港、澳门的更紧密经贸关系安排(CEPA),以及大陆与台湾的海峡两岸经济合作框架协议(ECFA);正在谈判的自贸协定13个,涉及29个国家,分别是中国与海湾合作委员会(GCC)、澳大利亚、挪威、斯里兰卡、以色列、毛里求斯、摩尔多瓦和巴拿马的自贸谈判,中国与韩国、巴基斯坦自贸协定第二阶段谈判,中国与新加坡、新西兰自贸协定升级谈判以及中日韩自贸区和《区域全面经济合作伙伴关系》(RCEP)协定谈判[②]。

1. 中国—东盟FTA

中国—东盟自由贸易区历经8年,于2010年1月1日全面建成,从而成为世界上最大的自由贸易区。中国对东盟平均关税将从9.8%降至0.1%,东盟6个老成员(文莱、菲律宾、印度尼西亚、马来西亚、泰国和新加坡)对中国的平均关税将从12.8%降至0.6%。2015年11月,在李克强总理和东盟十国领导人的共同见证下,中国与东盟结束自贸区升级谈判并签署升级议定书。该议定书是我国在现有自贸区基础上完成的第一个升级协议,涵盖货物贸易、服务贸易、投资、经济技术合作等领域,是对原有协定的丰富、完善、补充和提升,体现了双方深化和拓展经贸合作关系的共同愿望和现实需求。议定书的达成和签署,将为双方经济发展提供新的助力,加快建设更为紧密的中国—东盟命运共同体,推动实现2020年双边贸易额达到1万亿美元的目标,并将促进《区域全面经济伙伴关系协定》谈判和亚太自由贸易区的建设进程[③]。

---

① 包含中国与东盟升级、中国与智利升级。
② 中国自由贸易区服务网。
③ 中国商务部网站。

关于中国推动与东盟建立自贸区的动因，学术界有三种观点：①李根生（2010）、姜文仙（2010）等认为建立自贸区是中国主导东亚区域合作的需要。这一观点指出，中国可凭借自贸区加深东盟经济对中国的依赖，改变东亚区域现有的力量格局和合作模式，获取区域一体化的主导权。②建立自贸区旨在消除东盟对中国入世的恐惧[①]。一些学者指出，在2000年左右，中国即将加入世界贸易组织时，东盟国家政界和商界人士有着强烈的担忧，认为中国入世将极大地促进中国对外贸易的发展，从而打击产业结构与之接近的东盟国家经济。因此，尽管双方经济一体化程度实际尚未达到建立自贸区的基础，但为了缓解东盟国家的忧虑，中国还是推出了自贸区计划。根据这种看法，自贸区的创建是双方理性协商的结果，是对全球经济区域一体化的合理反应。③邝梅（2008）提到建立自贸区是缓解战略压力的需要。根据这种观点，中国与东盟都能从自贸区获得各种经济利益，但作为发展中国家之间的南南合作，中国—东盟自贸区的经济效应并不明显。因此，战略上的考虑才是促使中国与东盟创建自贸区的主要因素。根据这种看法，即便中国从自贸区所获经济收益有限，但借助于自贸区计划，中国可以在东亚发挥更大的政治影响力，从而可以获得化解中国崛起过程中面临既有霸权国战略压力的区域支点，最终实现中国的和平崛起目标。

关于东盟支持与中国建立自贸区的动因，也有三种主要观点：①魏民（2002）指出，从经济视角而言，东盟国家希望通过自贸区建设搭乘中国高速增长的"经济快车"。②王玉主（2006）提到，东盟希望通过自贸区建设密切双方的经济利益联系，以更好地向中国要价，维护东盟的主导地位，从而换取中国在政治和安全问题上的妥协。③邝梅（2008）认为，政治收益是中国和东盟创建CAFTA的最基本动因。CAFTA的创建符合东盟的FTA战略目标，即积极推行区域经济一体化战略，并坚持以自身为中心的大国平衡战略，利用美、中、日、韩、印度等大国的矛盾周旋于大国之间，通过多个

[①]Sheng Lijun, China-ASEAN Free Trade Area: Origins, Development and Strategic Motivations（Singapore: Institute of Southeast Asian Studies, 2003）; Kevin Cai / The ASEAN-China Free TradeAgreement and EastAsian RegionalGrouping, *Contemporary Southeast Asia*, Vol 25, No.3（2003）: 387-404.

"10+1""10+3"以及东盟峰会等合作机制与平台,使自己成为亚洲区域经济合作的中心和枢纽,提升自己在区域经济合作中的话语权。

CAFTA已经建立多年,对于其实际效果,宋玉兰(2009)提到,中国—东盟自贸区建设在稳步推进,双边贸易和投资额连续跃上新台阶,但实际上自贸区并没有发挥出应有的优势。这一方面由于中国与东盟各成员的目标和要求不一致,东盟希望搭乘中国经济高速发展的顺风车、缓解中国加入WTO以后与东盟在吸引外资和争夺出口市场方面压力的预期没有实现;同时,也因为东盟内部成员间的摩擦和矛盾,以及缺少核心的经济力量和协调机制。保建云(2008)从贸易摩擦原因进行着手,认为中国和东盟由于双边贸易发展不平衡,农产品等贸易摩擦不断发生,除经济因素之外,区域外部势力的干预也使双方合作面临风险。李光辉(2010)认为,中国与东盟FTA使亚洲的区域经济合作环境更加积极,这对于中国推进FTA战略也是有利的,但同时也对中国拓展外部空间造成巨大挑战。曹亮、曾金铃、陈勇兵(2010)针对中国东盟FTA进行研究,对比各成员协议签订前后的贸易流量和结构,发现成员间的进出口规模会扩大,但获得增长的效应与成员发达程度和经济总量大体成正比,而且各成员的产业结构升级速度会加快。徐步、张博(2017)指出,中国与东盟国家的经贸关系历经过去近30年的快速发展,成绩显著,但也积累了一些突出问题,主要表现在:贸易结构不平衡、贸易增长动力不足、非关税贸易壁垒突出、贸易摩擦抬头等。

2. 中国—新西兰FTA

中国与新西兰FTA的建立,浅层上是得益于新区域经济发展浪潮的推动,同时也有着深刻的政治经济背景。两国的自贸区是建立在双方良好的经贸关系及较强的互补性产业结构基础上的。樊莹(2005)指出,两国具有良好的经贸关系,新西兰是第一个与中国签署双边"入世"协议及承认中国"完全市场经济地位"的发达国家,两国也因此更加密切了业已存在的良好经贸关系、双边贸易规模呈快速增长的态势、双边进出口结构呈强互补性。这些因素必然会带来强烈的贸易创造效应、产出增长效应、生产力促进效应和投资创造效应。

鲁翔宇(2008)提到,中新自贸协定的签署,其背后蕴含的战略意义仍让人倍感鼓舞。中新自贸区协定是中国在与发达国家对话中按照市场规则和双方要求达成的"规范化程度较高"的自贸区协定，实现了中国在双边自由贸易协定谈判中"零"的突破。并且，这种"零"的突破还具有双重含义：首先，这是中国与其他国家签署的第一个全面的自由贸易协定，覆盖了货物贸易、投资、服务贸易等多个领域，还涉及自然人移动、知识产权、透明度、合作、管理机制等内容，尤其是针对两国的互补优势，新西兰专门针对我国劳务人员临时入境制定了《中国特色职业政策》和《中国技术工人政策》，提供更多市场准入机会（李光辉，2017）；其次，这是中国与发达国家达成的第一个自由贸易协定。正因如此，这两种意义上的"零"的突破，对双边贸易谈判中起步较晚的中国而言，意义不言而喻。

对于中新自贸区的实施效果，曲韵（2013）指出，2008年10月中新FTA进入实施阶段后，双边贸易发展取得了非常明显的成效，但与此同时，也存在一些问题，新西兰对中国农产品出口已表现出明显的过度贸易倾向，这尤其表现在新西兰对华乳制品出口对中国国内乳品相关行业的冲击方面。在投资领域，尽管双边投资发展前景被看好，但截至目前，中国与新西兰仍然不是对方重要的投资伙伴国。截至2011年，中国内地对新西兰的投资存量在规模上还落后于中国香港，而且中国内地与香港在新西兰投资的领域与进入方式方面也存在一定差异。

总体来说，中新贸易的未来发展既充满机会，也面临一些不确定因素。巩固双边经贸关系发展中的已有成果，并进一步开拓新的合作领域和合作方式，需要双方更多的沟通和努力。

3. 中国—新加坡FTA

关于中国与新加坡建立FTA的原因分析，蔡鹏鸿（2005）指出，东南亚金融危机的余波、"9·11"事件、美国经济下滑等因素，使新加坡经济在2001年出现负增长。与此同时，在WTO多边贸易谈判遭受挫折而引发的区域合作、FTA浪潮和东盟一体化进程减缓的背景下，新加坡不得不调整自身发展战略，提出了寻求东盟区域外的FTA战略。中国的崛起、中新（新加坡）两国在经济结构及资源禀赋上的巨大互补性及地缘优势，使中新自贸区成为可能。中国与新加坡建立自由贸易区后，新加坡厂商可借由相关优惠条件更积极地投资中国，以提升本身的竞争力，中国也可以通过FTA方式引导企业进入对方市场，借助新加坡的转口渠道，进一步进入其他地区。因此，基于双方战略上的考虑，建立FTA就显得顺理成章了。

中国—新加坡FTA的建立，有着很重要的战略意义。它是继新西兰后中国建立的第二个南北自贸协定，也是在中国与东盟签订了浅度贸易协定的基础上，通过进一步谈判签订的深度自由贸易协定，反映了中国FTA战略的新推进模式①。同时，赖明勇（2009）也指出，中新FTA第一次把参与中国区域经济合作的条款写入自由贸易协定中，同时写入的还有"走出去"的条款，为中国企业进入新加坡，甚至进入整个东盟市场提供了良好的政策支撑。

宋锡祥（2009）也提到，中新自贸协定的签署是中新双边关系发展历程中新的里程碑，有利于全面推进中新双边经贸关系的发展，也将对东亚经济一体化进程产生积极影响。同时，在全球共同应对金融动荡的时刻，中新FTA的签署有利于维护两国经济与贸易的稳定增长，为维持世界经济稳定和促进贸易自由化作出积极贡献。

高潮（2011）认为，中新自贸协定开启了两国"零关税"时代，两国企业的积极性将由此而进一步释放，未来中新双边贸易额将会稳步增长。并且新加坡在城市管理、通信技术、物流、金融、教育和医疗等现代服务业领域具有明显的优势，两国在服务贸易领域的合作具有广阔的前景。与此同时，新加坡在服务外包、生物制药、物流、电子、石化、精密工程、宇航、旅游等领域都有很多投资机遇。中国企业可以通过在新加坡投资，利用新加坡成熟的全球网络和发达的基础设施，开拓包括东南亚和中东在内的新兴市场。

安依梦（2017）提到，中国—新加坡自由贸易区的建立既带来贸易创造效应，又带来贸易转移效应，而且贸易转移效应对于东盟外贸易伙伴的影响比对东盟成员的影响更显著。自从中国和新加坡进行贸易合作以来，中国对来自新加坡90%以上的产品实行零关税，新加坡的贸易成本大大降低，这将极大地提高新加坡同类产品在中国市场的竞争力，也将使新加坡的出口有大幅度的提高。自由贸易协定的生效，对中新双方的贸易、投资、工程承包和劳务合作以及旅游合作都将产生积极的影响②。

---

①赖明勇：《中国—新加坡自由贸易协定的背景、内容及影响》，《国际经贸探索》2009年8月。

②http://blog.sina.com.cn/s/blog_835968ec0102yjuo.html。

4. 中国—瑞士FTA

中国、瑞士两国虽然在地理上相距较远,但两国之间的经济发展状况决定了两国之间密切的经济联系,两国在自然资源、劳动力资源、产业结构等方面存在着互补性,有着广泛的经济合作基础[①],这为中瑞建立FTA提供了必要的前提条件。高金田(2010)表示,由于瑞士不是欧盟成员,中国与欧盟的许多贸易安排瑞士都无法受益,因此单独与中国谈自由贸易协定,不但可以促进其替代产品的进口,继续优化其国内资源配置,而且逐渐增多的中国产中高端产品亦可引入适度的竞争,促进其相关产业全球竞争力的提高[②]。

对中国来说,中瑞自贸区是中国同欧洲大陆国家的第一个自贸区,是中国同世界经济20强国家的第一个自贸区,对深化中瑞合作是重大利好,对发展中欧关系是重大利好。胡琨(2011)指出,在自贸协定的框架下,我们可以通过贸易与投资的方式把瑞士打造成为中国企业进军欧洲的桥头堡,利用中国质优价廉的原材料和配件在瑞士生产高附加值的中高端产品并销往欧盟,对于中国产业实现国际分工角色的转换,意义重大。

对于面临的挑战,陈新(2011)表示,自贸区建立后,中国与瑞士达成协定,绝大部分产品将零关税,瑞方将对中方99.7%的出口立即实施零关税,中方将对瑞方84.2%的出口最终实施零关税。大量中高端产品不再受关税保护,要面对来自瑞士的直接竞争,对中国相关企业以及致力于提升产业结构、转变经济增长方式的决策部门,无疑是不可忽视的巨大挑战。

运用GTAP模型模拟建立中国—瑞士自由贸易区的结果。从模拟结果可以看出,中瑞建立自贸区后,中国和瑞士两国的总产出和社会福利均得到了增加。其中,瑞士总产出增加0.3%,中国总产出增长0.01%。在社会福利方面,瑞士增加4.37亿美元、中国增加1.39亿美元。在中瑞两国的GDP影响上,建立中瑞自贸区,瑞士的GDP将增加0.29%,中国的GDP几乎未发生变化,这与瑞士经济规模较小有较大关系。

杨力(2018)提到,复杂严苛的优惠原产地规则会使成员之间的贸易成

[①] 高金田:《中国—瑞士建立自由贸易区的可行性研究》,《国际商务》2010年第2期。

[②] 胡琨:《中—瑞自贸区将开启中欧经贸新天地》,《中国经贸》2011年4月刊。

本上升，成本上升主要表现在制度型贸易成本和利益分配成本的上升，而泛欧模式和北美模式的原产地规则中的严苛条款比较多，瑞士处于欧洲大陆，难以避免延承泛欧模式的原产地规则条款的部分规定，而这些规定则逐渐演变成为一种新型的非关税壁垒，不利于中瑞双边贸易。

5. 中韩FTA

中韩自贸协定于2015年6月1日达成，是迄今为止中国对外签署的涉及国别贸易额最大的自贸协定，同时也是中国迄今为止涉及领域最多的自贸协定。李晓峰和张巍（2006）认为，随着中国经济的快速发展，中国已进入贸易摩擦的高发期，中韩自由贸易区的建立能够最大限度地降低中韩双边贸易摩擦的发生，而且通过建立中韩自由贸易区，将带动中韩相互投资和劳务合作的发展。尹亨斌（2014）认为，虽然中国与韩国建立FTA会加剧中国贸易逆差，但通过对中国经济影响分析，中韩两国FTA的实施对中国经济是有利的。王健（2016）指出，中韩FTA的建立和发展在三个层面上体现了"新区域主义"的特征。首先，生产全球化和贸易保护主义的对抗加剧最终促成中韩达成自由贸易协定，这是新区域主义折中性的表现；其次，新区域主义的复合性所强调的新型的"安全与发展共同体"是中韩政治和经济合作的重要推力；再次，中韩两国在安全和经济领域的合作充分体现了新区域主义建构理论在当今国际事务中的一种全新尝试。

吕冠珠（2017）对中韩FTA中所隐含的贸易自由化进行抽象并引入到垄断竞争模型中进行实证分析，证明其对中国制造业企业在全球价值链上的地位提升具有积极影响。

但有学者表示，韩中FTA并未起到预期效果，让连续3年减少的对华出口没有出现反弹。分析认为，在中国经济进入新常态和转型关键期、力争提高自给自足率等背景下，中韩FTA效果被削弱。同时，外交和安全政策方面出现的意见差异也起到一定的"助推作用"[①]。也有学者表示，尽管实施成果不那么令人满意，但中韩FTA将对两国关系起到缓冲作用，助力两国经济稳定发展。

---

①http://news.163.com/16/1220/13/C8O0UO9F00018AOQ_all.html.

（三）中国签署的自贸协定的特点

1. FTA的战略布局

樊莹（2005）、沈铭辉（2009）等指出，承认中国的完全市场经济地位是中国选择FTA伙伴首先要考虑的问题。由于"完全市场经济地位"有助于减少来自贸易伙伴在反倾销认定等方面的不公平待遇，对改善目前中国出口的国际环境具有重要意义，所以中国参与的FTA谈判大都以"完全市场经济地位"作为谈判的先决条件。例如，新西兰是第一个承认中国"完全市场经济地位"的西方国家，也是同中国进行FTA谈判的第一个发达国家。

樊莹、匡增杰（2013）指出，我国的FTA的对象选择是以周边国家为主，并逐步向拉美、非洲、欧洲推进，辐射全球。这体现了中国在参与区域经济合作中确立的"稳固周边、扩展全球"的总体布局以及遵循的"全面规划、突出重点"的指导原则。与此同时，中国也在对原有FTA进行深化发展，如中国—东盟自贸协定（"10+1"）升级谈判，中国—巴基斯坦自贸协定第二阶段谈判等，侧重地域传统优势与已有的经贸合作关系，继续深化中国的对外开放，国际合作的领域也在逐步加深，FTA建设层面在广度与深度上同步前进（张卉，2015）。竺彩华、韩剑夫（2015）指出，这是因为中国与周边国家和地区的贸易与投资额占中国外贸与吸引外资的比例均非常大。但是，由于俄罗斯把中亚作为欧亚一体化的目标，对任何其他大国的一体化计划本能排斥，所以独联体地区是中国FTA战略的空白地带。

沈铭辉（2009）、匡增杰（2013）也提到，在目前中国已签署的自贸协定中，智利、巴基斯坦、新西兰、新加坡、秘鲁、哥斯达黎加都是经济规模较小的国家，中国与这类国家进行双边谈判压力相对较小，易于采取灵活策略，谈判也易取得突破，达成协议。同时，与小经济体国家进行双边经济合作给国内产业带来的冲击也相对有限。在此基础上，中国再与经济规模较大的国家开展或即将开展双边贸易谈判，体现了中国在FTA中一直遵循的"先易后难、循序渐进"原则。王琳（2015）指出，在当前国际政治格局下，中国作为世界贸易大国难以立即启动与美欧等主要贸易伙伴的谈判。在已建成的自贸区中，除东盟经济体规模占中国的28%以外，其他经济体规模都在10%以下，哥斯达黎加、冰岛不到1%。选择中小经济体进行谈判，一方面达成协定的难度较小；另一方面逐步积累经验，以此为基础对大经济体形成迂回包抄之势。

与此同时，资源的互补成为中国选择FTA对象的重要考虑因素。目前，资源有限已经成为制约中国经济发展的因素，而资源产品进口规模的扩大在一定程度上缓解了对资源的压力，也为中国经济的可持续发展提供了保证。与中国签署自由贸易协定的国家（经济体）主要是自然资源丰富的国家（经济体），如东盟的林业资源、智利的铜矿、新西兰的畜牧和林业资源、俄罗斯的石油和天然气、澳大利亚的铁矿和农业资源、海合会国家的石油和南非的铁矿等。这一特征实际上反映出中国实践FTA的一大目标，即通过与资源丰富的国家（经济体）签署FTA，利用国外资源缓解国内经济发展过程中面临的资源制约。

2. FTA的涵盖领域

对于如何理解此处的FTA涵盖领域，沈铭辉（2009）作出了两个层面的理解：一方面是中国的FTA只覆盖货物贸易自由化，还是应该扩大到服务贸易自由化以及投资自由化的范围，这种考虑体现在中国签署FTA的步骤上。例如2004年中国就和东盟签署了《货物贸易协议》，但是在2007年又签署了《服务贸易协议》，2009年8月签署了《投资协议》；而中国—巴基斯坦FTA、中国—智利FTA的自贸协定也都采用这种"边谈判、边建设"式的"干中学"的方式进行。这样做的好处在于可以快速享受货物贸易自由化的好处，同时，根据需要和能力逐步提高一体化水平，符合循序渐进的原则。东艳（2008）提到，在前期的南南型自贸协定中，中国主要关注货物贸易自由化，中国降税速度和程度基本和缔约国持平或稍高。随着自由化程度的提高，中国逐步关注服务贸易自由化和投资便利化，中国与东盟、智利分别在2007年和2008年签订了关于服务贸易的补充协定，中国—巴基斯坦自贸协定也涉及了投资协定。中国—新西兰自贸协定不仅实现了货物贸易高度自由化，还涵盖了服务贸易、投资协定、知识产权、环境条款以及劳务合作等领域，但是竞争政策和政府采购条款不在协定内。但可以看到还是以边境措施为主，比如在关税的降低上、投资准入等。除一次性完成所有内容的中国—新西兰自贸协定外，2009年签署的《中国—秘鲁自由贸易区协定》涵盖了货物贸易、服务贸易、投资、原产地规则、海关程序、技术性贸易壁垒、卫生和植物卫生措施、争端解决、贸易救济、知识产权、地理标识、合作等章节，也是一个一揽子协议。中国FTA不断呈现出向深度一体化发展的态势（竺彩华、韩剑夫，2015）。《中国—瑞士自由贸易协议》全面涵盖货物贸易、服务贸易、投资、竞争、知识产权保护、经济技术合作、环境保护等方面（田燕梅，2014）。

3. 与多边贸易体制的关系

中国处理FTA与多边贸易体制的关系，主要体现在对待WTO及TRIPS等多边体制条约的态度上[①]。总体上来说，中国所签订的FTA协定是以关贸总协定以及后来的WTO及TRIPS等多边贸易体制为中心展开的，在范围上，会超越WTO规定，但会大体与TRIPS协定持平。

（四）自贸区实施效果研究

从目前的进展看，中国已经在亚太地区初步建立了横跨东西、辐射分布的自贸区网络，对中国经济社会发展发挥了积极作用。一是提升对外开放水平。二是强化与有关各方的经济关系。三是积极吸收并参与建设国际经贸新规则，更好地融入全球经济体系和价值体系，在全球经济治理中获得了更多话语权，同时促进了国内相关领域机制的优化和改革。四是自贸区建设积极优化了对外贸易结构，促进了经济可持续发展（王琳，2015）。

但也存在较多的问题：

一是缺乏整体的FTA战略规划（全毅，2015）。目前签署的FTA更多的是出于一种外交战略的需要，协定谈判鲜有必然联系，缺乏一个清晰的立足长远发展的FTA整体发展战略与目标。往往是政治决策在前，可行性认证在后，科学依据不足。田燕梅（2014）指出，美国、日本、智利等国家考虑到经济一体化的重要性和紧迫性，将自由贸易区提升到国家战略层面，如日本提出"经济全球化战略"，美国提出"竞争性自由化战略"，墨西哥提出"全方位自由贸易区战略"，智利采取"逐一推进区域经济一体化战略"。这些战略规划明确总体目标和阶段目标，对谈判对象、谈判标准、实施策略和方案都作出了详细的规定。中国目前还没有全面展开FTA布局，缺乏系统

---

① 沈铭辉：《对构建中国FTA战略的思考》，《新视野》2009年6月。

的规划和整体的战略安排。张卉（2015）指出，在自由贸易协定下，企业会向轮轴国集聚，处于中心的轮轴国会获得更大的福利收益，被称为轮轴效应。而中国并未在全球FTA格局中成为轮轴国，仍然处于辐条国地位，未能获得FTA更优经济效益。而且我国目前仍未和中东、非洲等区域的任何关税主体缔结FTA，在东亚的FTA发展进程中，东盟十国的FTA谈判发展迅速，在东盟倡导下的RCEP谈判就是东盟国家首次提出并进行的区域经济一体化合作，谈判对象涉及中国、日本、韩国、澳大利亚、新西兰、印度等国家，东盟在亚洲的FTA体系中轮轴国地位也日益显现，中国仍处于辐条状态。

二是过度集中于亚太地区的中小型经济体（李大伟，2015）。截至2014年底，在我国所签署的12个FTA中，有9个FTA的签约对象均为亚太地区的中小型经济体，其中经济总量最大的瑞士GDP总量2013年仅排名全球第20位。由此，决定了我国的FTA是南南合作为主。姜茜（2009）指出，这也使得中国与FTA伙伴在生产力水平和产业结构方面具有很大的相似性，在一定程度上限制了彼此的自由贸易，也增大了在第三市场的竞争。

三是涉及的非传统领域议题仍然偏少，水平较低。随着我国经济发展水平的不断提高，所签署的FTA所覆盖的领域也在逐步拓宽，已经涉及知识产权、环境等非传统领域议题，但仍然相对偏少。匡增杰（2013）指出，从中国目前已经签署的FTA来看，尽管有些贸易协定也涵盖了服务贸易和投资等其他领域，但核心内容都是贸易优惠安排，实施内容的涵盖面较窄。从实施的效果来看，尽管在货物贸易方面取得了一定的经济成效、相互之间的贸易额有了较快的增长，但在服务贸易特别是投资等领域相互之间的合作还处于非常低的水平。张卉指出，与TPP相比，我国FTA的议题深度和广度存在明显的差距。中国目前签订的FTA议题大多集中在传统范畴之内，较少涉及交叉问题和新兴贸易议题。我国仅在少数几个FTA中提到了知识产权、劳工标准、环境规则等方面的内容，但对政府监管等问题几乎从来没有涉及。我国只在少数几个FTA如内地—香港、内地—澳门的议题中涉及电子商务和金融服务，中国—哥斯达黎加谈判中涉及通信议题，其他FTA仍以传统贸易问题为主。沈铭辉（2010）指出，关税减让是目前中国参与双边FTA关注的重点之一，但是在具体降税方式上，还略显保守。除了少数FTA，如中国—东盟FTA、中国—巴基斯坦FTA采用"负面列表"方式外，中国签署的大部分双边FTA均采用"肯定列表"方式,如中国—新西兰FTA、中国—新加坡FTA、中国—秘鲁FTA等。采用该方式虽然可以较好地保护国内产业,但是从贸易自由化角度看,该方式则稍显落后,不仅增加了协议本身的复杂性,而且任何新产品都不会自动纳入协议内,这无疑增加了后期的工作负担和不确定性;另外,由于新产品不能自动纳入FTA协议中,"肯定列表"还可能导致贸易转移效应的发生。

四是利用率偏低,效果不明显。沈铭辉(2009)认为,一方面,中国所有的FTA签署时间都不算长,目前中国企业对FTA特惠关税缺乏了解;另一方面,我国所签订的FTA存在的多重原产地规则,已经形成了所谓的"Noodle Bowl"现象,多重原产地规则给企业增加了额外的贸易交易成本,导致许多企业干脆不申领原产地证书。当然,还存在这样的现象,即一些FTA伙伴方企业以各种理由拒绝认可我国签发的一些原产地证书,虽然这个比例不大,但也是导致我国FTA利用率不高的因素之一。

三、国外FTA发展情况

新区域经济一体化形势给发展中国家,尤其是给起步晚、水平低但却是国际经济平台上一支重要力量的中国带来不小的挑战,而欧美、日本、韩国等国家或地区在FTA发展方面积累了较多的经验,可以供中国借鉴,以便我们更从容地应对当前的新形势。

(一)不同经济体FTA战略

1. 欧美FTA战略

王红霞(2004)提到,20世纪80年代后期以来,美国贸易政策的一个突出变化,就是一改过去对双边及区域自由贸易的漠视,而采取多边、区域及双边并重的政策,一个以美国为中心、遍布全球的双边及区域自由贸易协定网络正在计划和形成之中。李艳丽(2007)指出,在多边贸易体系不断受阻后,美国转向了FTA战略,并以FTA作为政策工具服务于国家整体战略。由于美国的石油储备有限,而且是世界第一大石油消费国,因此石油安全成为美国国家安全的重大问题。美国政府通过与主要石油供应国签署FTA或者

BITs和TIFAs的形式，来达到或促进保障石油供应安全的目的。此外，美国通过与主要石油运输通道国家签署FTA，用其全球最大的消费市场作吸引，从而获得能源运输的安全。

2008年金融危机后，美国推出了新的FTA战略。韩浩成（2014）指出，美国新FTA战略即美国的贸易"一体两翼"战略：以北美自由贸易区为主体，以"泛太平洋经济合作伙伴关系协议"（TPP）和"跨大西洋贸易投资伙伴关系"（TTIP）为两翼，企图环抱两洋，主导建立高标准国际贸易规则，继续保持国际贸易霸主地位。美国FTA新战略有其经济、政治、安全方面的考虑。

美国建立了一个网络，却没让自己深陷网络带来的"面碗效应"，很大原因在于，美国在区域一体化和双边FTA的实践方面避免了重叠式的优惠贸易安排，提高了双边、多边和区域合作的效率（马建军，2007）。在协议的具体内容上，欧美倾向于在边境后措施上下功夫，这主要是因为欧美在关税减让和投资准入上的门槛已经很低，只有把筹码更多地压在知识产权、劳工标准和竞争政策等边境后措施的谈判上，他们才能获得最大的利益。比如对于知识产权，杨静（2013）在其研究中指出，后TRIPS时代，发达国家往往利用FTA贯彻于己有利的知识产权标准，通过运用成熟的谈判策略，施加各种政治、经济压力，迫使对方接受这些知识产权条款。美国所签订的FTA基本都对TRIPS协议的规定进行了扩张、提高，美国FTA要求商标应包括集体商标、证明商标，并将商标的客体扩大到声音商标、气味商标等非可视性标记。此外，TRIPS协议排除了单一颜色的可注册性，而美国—澳大利亚FTA规定地理标志应能够构成商标，其中地理标志的标记可以包括单一颜色，均扩大了TRIPS规定的商标客体范围。在驰名商标保护上，美国—约旦FTA和美国—新加坡FTA还强制要求缔约方承认世界知识产权组织（WIPO）。

陈志阳（2012）指出，欧美在国内的配套协调措施也很值得我们借鉴。自贸区开放后，并非每个市场竞争主体都会成为市场的赢家，参与各方均可能有部分产业、企业或个人在市场开放和贸易扩大中受到负面冲击，必须通过相关措施给予必要帮助。从国际经验看，为有效应对上述问题，欧美等发达国家通过设立"贸易调整援助制度"，向受到开放冲击的产业、企业和个人提供帮助。具体援助形式包括对工人的求职补贴、搬家补贴、税收减免、培训和再就业服务等；对企业提供直接贷款或贷款担保等财政支持，提供技术援助，帮助企业设立新产品、新公益项目等；为农民提供现金补助等。《中华人民共和国对外贸易法》第四十四条对援助也有规定，但只提及对产业的扶持，没有规定对工人、农民提供援助。

2. 日本FTA战略

20世纪90年代末，日本对外贸易政策发生了重大转变。日本政府在1999年发表的《通商白皮书》中首次提出了要在坚持多边主义立场的同时，与其他国家或地区签订自由贸易协定（FTA）或与亚洲大多数国家签订经济伙伴协定（EPA）[①]。对于日本对外经济政策调整的原因，李俊久（2009）提到，日本的对外经济政策并非政府主动调试的结果，相反，它在很大程度上是对压力被动作出反应的产物。从战略背景看，日本一改反FTA的传统，转而驶入"双边"与"多边"并重的"双轨车道"，这绝非历史的偶然，而是其国内外形势变化的必然。一方面，长期经济衰退凸显了结构调整的必要性；另一方面，全球竞争性FTA的潮流对日本构成了强力冲击。朱颖（2006）指出，日本看到了美国欧盟都在积极开展区域合作，感到自己有被边缘化的危险。同时，任明（2007）也指出，日本企图借FTA谈判来与中国抗衡，牵制在FTA谈判中占据领先地位的中国。金永洙（2006）提到了美国因素，认为美国在这一问题上能够容忍的限度，一定程度上决定了日本在东亚共同体构想中的活动空间。

但是，日本在推进其FTA战略时面临着重大挑战。朱颖（2006）指出，农业保护与市场开放的矛盾以及人口流动（包括出生率下降和人口老龄化）的问题，是日本推动其FTA战略的两大挑战，日本必须尽力减小市场开放对农业的冲击。日本首先选择新加坡作为FTA伙伴，就是因为新加坡不会对日本的农业造成威胁。同时，日本国内在是否接受外来劳工的问题方面必须达成一致的肯定意见，否则将对FTA总体战略的进展造成极大的阻碍。由于农业问题的存在，在其所推动的FTA战略中，日本倾向于达成经济合作协定（EPA），这样就可不局限于货物贸易自由化，从而达到突出投资、回避农业的目的。在农产品问题上受阻时，日本也多以增加援助的方式换取农产品

[①] 朱颖：《日本实施FTA战略的进展和挑战》，《东南亚研究》2006年第3期。

市场的开放（金永洙，2006）。任明（2007）提到，日本的FTA政策虽然偏向于保护国内竞争力较弱的农业、水产业，对FTA内成员实行非对称性的市场开放，但是在工业市场上给予成员很高的市场准入程度，从而不断吸引其他国家（地区）与日本缔结FTA。

李俊久（2009）认为，日本FTA战略的总体目标是实现国家利益的最大化，但与经济利益相比，非经济利益受重视的程度更高，比如国内利益平衡费用的最小化（任明，2007）；战略的对象择取有一套系统的、综合的标准，因为日本的FTA政策总体上是政治动机在起作用，涉及外交、安保等相关综合考虑①，目的就是要在政治、外交上形成对日本有利的国际环境，即把"构筑东亚共同体"作为最优先的顺序，争夺东亚区域经济合作的领导权。所以，尽管是一个后来者，但在参与FTA/EPA竞争的过程中日本始终将自己定位为一个在东亚范围内以自己为核心的领导者。其战略的实施范围已突破传统FTA的范畴，将FTA拓展为广义的EPA，日本就是通过提供发展援助、投资和技术合作等条件，换取墨西哥、智利、东盟成员等传统农业国接受日本不对等的贸易条款，有序地推进日本同其他国家和地区的FTA/EPA谈判。

对日本FTA战略的总体评价，赵晋平（2003）提到，日本由过去消极的地区性自由贸易政策转向积极的双边战略，客观来看，有助于推动东亚地区的一体化进程，应当给予积极评价。但由于日本采取了差别性和排他性策略，在很大程度上使得这种积极意义大打折扣。

3. 韩国FTA战略

长期奉行贸易立国的韩国对外依存度极高，1997年东南亚金融危机后，其经济持续低迷，为抢占世界市场、缓解能源危机、扩大地区影响，韩国大力推行FTA战略（廖小健，2005）。王炜（2005）指出，韩国政府从2003年开始勾画FTA路线图，编制发展规划，制定短期和中长期推进战略。智利是韩国实施FTA战略的试验场。韩国将智利作为首个FTA谈判对象，主要是考虑到智利经济体量不大，双边贸易规模有限，协定生效对本国经济贸易影响较小。随着实践的不断深入，其规划不断翻新，布局更趋合理，战略逐步

---

① 任明：《日本FTA政策的动向、特征及展望》，《现代日本经济》2005年第7期。

明晰。

韩国在选择FTA谈判对象时，总的思路是域外域内同步并行、大国小国交叉推进、关键对象重点突破。如果韩国能全面实现以上构想，可在全球建成庞大的FTA网络，在国际经济乃至政治关系中赢得更多主动。在制定FTA谈判策略时，韩国的总的思路是利用不同谈判对象彼此牵制、相互调动，实现自身利益最大化，这在其同欧盟、美国、中国、日本等主要经济体谈判中均有不同程度的体现。举例而言，韩国在推进韩美FTA过程中已对韩中FTA有所考虑，重在着眼韩国经济未来发展和中国市场变化趋势。韩美FTA达成协议后，时任韩国经济副总理权五奎坦言，"韩美FTA可被视为韩中FTA的预先准备工作"。

对韩国FTA战略的形成原因，文燉（2010）指出：国际层面上的压力来自跨区域FTA的扩散；区域层面的原因在于东亚区域主义发展陷入僵局，而且面临着"三明治经济"，即夹在高度发达的日本经济和急速增长的中国经济之间给韩国商业集团和普通民众造成的恐惧感，促使其迫切需要区域外的援助，韩国在2007年撇开中日两国率先与美国签订FTA就是基于上述考虑；国内层面是由于韩国国内经济改革的闭锁，通过与发达经济体开展FTAs，能够刺激竞争，促进韩国在医疗、娱乐、教育和金融服务领域的生产力和竞争力，因此韩国的FTA战略被政策制定者作为实现国内改革与经济结构调整的一种手段（赵金龙，2011）。

崔兑旭（2006）认为，韩国FTA战略有三个特点。一是与大型、先进的经济圈以及新兴的前景看好的市场进行缔约，这与中国的战略不同；二是韩国旨在寻求自由化程度高、覆盖范围广泛的FTA，缔约的成果不仅在商品领域，而且还包括服务领域、投资领域、政府调控、知识产权和技术标准等广泛的领域；三是韩国采取多途径的FTA谈判措施，意义在于必要时可以与多国同步展开谈判，以求在短时间内挽回过去因停滞而耽搁推进自由贸易协定而造成的损失。

对于韩国FTA战略的评价，詹小洪（2016）指出，在贸易保护主义盛行的年代，韩国能获得稳定的国外市场，出口能保持旺盛的增长，依靠的是与贸易伙伴签订自由贸易协定的战略。孙永（2007）认为，韩国广范围地实施FTA，在使其获得扩大贸易和市场经济效益的同时，也会使其缺乏竞争力的产业遭受巨大冲击，而且与不同经济体大量缔结双边FTA，容易造成贸易规则的混乱，导致意大利"面碗效应"。赵金龙（2011）提到，FTA在进行过程中会同步推进，全面铺开，可以将多个FTA之间的互补性发挥到最大化。崔兑旭（2006）也指出，同时多边的自由贸易协定缔结方案，因其指定上限或者具有补偿效果，也会有利于国家利益。因为韩国因与日本缔结自由贸易协定而产生的短期损失，可以从与东盟缔结自由贸易协定中得到补偿。但是，同时多边行动，虽然从国家整体上来看或许会有些收益，但对尚不具备国际竞争能力的、相当数量的韩国中小企业来说，只有受到损失的份。也正是因为这方面的考虑，韩国的FTA战略有许多顾虑和挑战，比如韩日FTA虽然启动较早，但最终由于双方在农业与渔业等领域的分歧而胎死腹中。

总体来说，韩国的FTA战略可以给我们提供很多有益的借鉴。廖小健（2005）提出，我们要建立专门机构对FTA进行系统性研究，为及时适应世界经济形势，最大限度地获取战略利益，我们要建立起一整套主旨明确、安排有序、措施具体的国家FTA战略。对于弱势产业，也可以借鉴韩国在农业上的一些措施。李明权（2010）指出，韩国在推进FTA的过程中对农产品的开放是既谨慎又积极。一方面采取"该守的坚决守"而"不得已开放的则分阶段或有条件地开放"的较保守的战略，另一方面积极通过补偿农民收入和加强与农民的沟通机制减少阻力。而且分阶段开放的措施也有一定的标准，是根据FTA对象国经济发展水平的不同而相异。若对方是发达国家，减让幅度较大；若对方是发展中国家，则减让幅度较小。其原因是发达国家的关税水平原本较低，韩国要扩大工业品的出口，就必须扩大农产品的减让幅度，才能换取对方更大的让步。

4. 印度FTA战略

1998年，印度与斯里兰卡签订了印斯FTA，这标志着印度实施FTA战略的开始。2005年，印度与新加坡签署了全面经济合作协定（CECA），就本质来讲，印度—新加坡全面经济合作协定已经超越了FTA的范畴，包括了更多的贸易安排，如特别签证和航空运输自由化等。而且除了货物贸易外，该协定还包含了服务贸易的内容。新加坡银行可以进入印度市场，印度银行也可以扩大在新加坡的业务。印度允许新加坡的三家大银行——星展银行、华侨银行和大华银行在印度设立独资分支机构，在开设分支机构的数量、地点和风险管理标准上享受与印度本土银行一样的待遇。相应地，已经在新加坡营业的印度银行也将获得完全的从业资格，即可以经营电汇和清算业务，并进入当地的ATM银联网络。双方还建立了牙科、护理、建筑、会计、文秘等人才资质互认制度，为两国人才交流使用提供便利（李丽，2012）。据亚洲开发银行统计，印度是亚洲范围内签订FTA数量排名第二的国家，仅次于新加坡。印度的FTA战略作为一项经济战略，与其他战略相辅相成，与贸易伙伴在经济领域加强联系并以此提升自身影响力。印度FTA签署的伙伴及正在谈判的伙伴遍及亚洲、欧洲、大洋洲、南美洲和非洲，网络体系已覆盖了其大国战略的主要区域。在区域经济一体化浪潮的推动下，印度出于对本国经济、政治和安全利益的战略考虑，在区域合作问题上由"置身事外"转变为"积极参与"，并形成了一套独具特色的一体化战略思路。在"东向政策"的指导下，印度已与东盟签订了FTA；在"西进策略"的指导下，印度正在与以色列及海湾国家进行FTA谈判[①]。

李艳丽（2015）认为，印度的FTA战略有其鲜明的特色，在其已经签署的FTA伙伴中，多数是亚洲国家、周边国家和小国（地区），这些国家（地区）与印度之间的国际贸易额并不大。印度在FTA伙伴选择的过程中，综合考虑了经济因素、政治因素和安全因素。随着印度能源消费的快速增加和能源自给率的不断下降，能源安全成为印度FTA战略中越来越重要的战略目标。

李丽（2014）指出，2001年以后，印度的GDP、工业、农业、服务业、进出口以及吸引投资和对外投资等指标都上了一个台阶，并在印度建立FTA的高峰年份（2003年以后）不断攀升，这不能不说是FTA战略实施的辐射效应起了作用。印度通过建立FTA与其伙伴实现了资源与市场的共享，从而扩大了贸易量。从其已经生效的自由贸易区的贸易量来看，均有不同程度的增长。

---

① 【上合组织】张垣龙、葛尚铭：关注上合组织拓员进展，借鉴印度FTA战略，2017-03-19。http://www.sohu.com/a/129360156_618422.

(二)国际高水平FTA研究

1. 跨太平洋伙伴关系协定(TPP)

TPP的前身是由新西兰、新加坡、智利和文莱四国发起的亚太自由贸易区,旨在促进亚太地区的贸易自由化。随着美国在2009年宣布加入谈判,其影响随之扩大,迅速发展为一个包括12个成员国的跨地区的、高标准的多边经济合作组织。促进美国出口、重振美国经济是美国实施TPP战略的内因(赵金龙,2011)。美国在2008年金融危机后,国内失业率居高不下,经济复苏的迹象仍不明显,经济增长乏力,外贸出口动力不足,导致赤字高企。为此,美国政府高调制定了美国的"出口促进战略",而亚太地区对实现美国新的"国家出口战略"具有极其重大的商业利益。通过TPP,美国可以充分发挥其技术和金融优势,打开更多的亚太国家市场,以提升出口总量,助力美国由"消费驱动"向"出口驱动"转变。但更重要的意义在于刘重力(2012)提到的,美国借助加入TPP来实现"重返亚洲"的目标,是其全球战略调整的重要一环。张海琦(2013)指出,自20世纪90年代以来,在经济全球化和区域经济一体化迅速发展的同时,东亚地区的区域经济一体化取得了引人注目的发展。但这些对东亚经济发展具有重要影响的区域经济合作组织都没有美国参与,于是美国担心由此造成的贸易与投资的"转移效应"将严重削弱美国参与该地区的商业机会与竞争能力。除此之外,经济上制衡中国是美国实施TPP战略的深层次原因(赵金龙,2012)。作为东亚势力的"平衡者",美国担心各国过度依赖中国。凭借TPP战略实现"重返亚洲",与日本及东盟结为一体,平衡与抑制中国的崛起,是美国传统意识形态思维决定下的深层次战略思考。

刘重力(2012)指出,美国的加入,提高了TPP已有的准入标准,促使TPP成为高质量的FTA。主要表现在:其一,与目前世界上其他的FTA把一些特殊商品视为例外而保留一定关税的做法不同,TPP要求最终实现所有商品的贸易自由化,其自由化程度在当前世界上是最高的。其二,涉及的自由化领域广泛。TPP不仅包括传统的商品自由化协定,而且还涉及劳工和环境两个敏感领域。这两个领域在其他FTA中由于大多数国家无法在短期内实现,所以都将其视为例外而不加考虑。其三,TPP要求申请国必须与当前已有成员中的大部分缔结FTA。这一要求也在很大程度上提高了后来国家加入TPP的难度。美国指出，要通过TPP来制定21世纪贸易自由化新模式，主张通过新方式解决传统的贸易问题，也更加关注传统的贸易协定无法协调的事项和国际贸易中出现的新挑战。所以，TPP不仅涉及传统的贸易自由化议题，而且考虑了气候、食品安全和政策透明度等具有前瞻性和时代性的议题。这符合美国等发达经济体的利益诉求，但是对于广大发展中国家来说，这样的议题难度过大，很难被接受。

刘重力（2012）指出，TPP的存在将减缓中国在世界范围内的FTA战略布局的进度。TPP的谈判成员中与中国FTA发展体系中出现重叠的有：东亚的新加坡、日本；大洋洲的澳大利亚和新西兰；南美洲的智利和秘鲁。其中，中国与新加坡、新西兰、澳大利亚、智利和秘鲁已经签订FTA；与日本正在筹备FTA谈判。这些国家对TPP和美国的关注使得其政府和民间资源从中国市场转投TPP成员，对与中国建设、分享FTA成果的兴趣大减，直接影响到目前正在落实或者正在建设中的中国FTA战略布局的进程。同时，这些国家中的大部分都密集参与TPP的谈判进程，在拖慢与中国FTA建设进程的同时，会把美国推崇的TPP的高标准拿来衡量与中国的FTA，从而要求中国在诸如环境、劳工和知识产权等原来被作为例外暂时搁置的方面作出明确的改进和回应，客观上设置了中国难以"达标"的标准，增加了中国与这些国家的FTA建设难度。

一般均衡模型的模拟结果显示：加入TPP的国家将获得福利增加，而非加入国家将面临福利损失，美国TPP战略容易产生多米诺骨牌效应，对中国来说是一个极大的挑战。

然而，2017年1月，特朗普在上任美国总统后的第二天就宣布退出TPP，这给亚太区域内经济、政治、外交等诸多方面带来深远的影响。在失去美国之后，2017年11月在越南召开的APEC会议期间，日本和其他10个国家终于签署了"全面且先进的跨太平洋伙伴关系协定"，即CPTPP。该协定在保留废除关税的约定下，冻结了知识产权保护、劳工标准等"最TPP的元素"20项条目。至此，CPTPP成为亚太地区巨型多边贸易协定（FTA），日本实现了构建以日本为主导的亚太跨区域经济合作组织的目标。然而，与TPP相比，CPTPP规模小、标准低，而且成员内部矛盾依然难调（孙玥，2017）。

2. 跨大西洋贸易与投资伙伴协议（TTIP）

TTIP是美国和欧盟之间进行的高标准自贸区谈判，经济总量占全球经济产出规模的一半，贸易额占全球贸易额近1/3。TTIP所撬动的全球经济贸易绝不亚于TPP，但相比较而言，TTIP所涵盖的美、欧，都是全球最大的财富共同体，经济增长能力已经置顶；而TPP涉及的却是全球新兴经济体这一全球增长最快的第一大经济群体。

对于其建立的原因，李春顶（2013）指出，抱团过冬，促进相互服务贸易和投资的发展是直接诱因，而背后更加重要的战略意图是希望借助美欧自贸区并联合美国主导的TPP，两面出击，最终主导和制订国际贸易新规则，进而构建与形成新的多边贸易体系。但无论是TPP还是TTIP，都排除了当今主要的新兴国家，特别是像世界第二大经济体中国、资源性国家俄罗斯和人口大国印度等。美欧自贸协定虽然期望很高，但在2014年5月举行的第五轮谈判上，双方就关税、投资与服务、政府采购和减少监管差异等议题进行了充分讨论，并未取得实质性进展，谈判继而搁置。

原因在于，欧美的自贸协定虽然前景光明，但是谈判异常困难。张其佐（2013）指出，TTIP谈判将要开放的农业、服务业、航空等领域，都是双方在拼命保护的，涉及各方核心利益，各方都不会轻举妄动。倪月菊（2013）进一步研究后提到，TTIP是一个高标准的自贸区，要达成进一步开放市场、促进投资、消除关税和非贸易壁垒、统一监管标准等八大目标，涉及包括农业和工业产品市场准入、政府采购、投资、服务、能源和原材料、监管议题、知识产权、中小企业、国有企业等20项议题，增加了不小的谈判难度。在削减关税上，农业关税依旧是"硬骨头"，而且欧美在食品安全、农业补贴、知识产权、气候变化等很多方面监管的差异，也对TTIP的达成提出挑战。在高科技领域谁都不愿放弃对本国企业及技术的严密保护和补贴。即使在技术标准和会计制度等方面，双方的分歧也很明显。

3. 美韩FTA

2012年3月15日，美韩自由贸易协定（FTA）正式生效。这是美国与东亚主要经济体签订的第一个FTA，也是继2011年7月1日韩国—欧盟FTA生效后又一重要事件①。美韩自由贸易协定以北美自由贸易协定（NAFTA）为蓝本，取消贸易中85%的工业品关税，其余15%的关税将在3~15年内逐步取消。内容涉及农产品、纺织品、原产地、海关清关制度、卫生检疫制度、技术壁垒、投资、服务、金融、电子商务、竞争性政策、政府采购、知识产权制度、劳工问题、环境和透明度问题等19个领域。美韩自由贸易协定从谈判至生效，历时6年，是美国自1992年以来签署的最大规模FTA，也是与亚洲国家签署的最大规模的FTA。

在当前复杂的国际政治及经济背景下，它对美韩两国都有深远意义。对于韩国来说，张琦（2007）提到，韩国资本市场的透明度、金融和服务业市场的国际化、劳资关系的先进程度将得到提高。限制竞争的各种规定也将被取消。届时，韩国经济将得到质的飞跃，但其代价是放弃原有的保护国内农业的顽固立场。美韩自由贸易协定会强化韩国同亚洲国家和欧洲地区的贸易关系，增强韩国同有关国家商谈此类协议的运作优势。对美国来说，郎艺（2012）提道：在经济上，美韩自由贸易协定可以帮助美国解决国内后金融危机带来的去杠杆化、空心化等经济难题；在政治上，该协定是美国重返亚太的重要战略步伐，并配合TPP建立美国主导的亚太政治、经贸新秩序。相较而言，对于美国来说，美韩自由贸易协定的政治利益要大于经济利益。

对中国而言，该协议影响更加深远，特别是贸易转移效应将对中国外贸形势产生巨大影响。韩国的经济结构和中国有很多相似之处，两国的外贸依存度都高达70%，出口都以制成品为主（张琦，2007）。该协议的签订将使中国出口到美韩两国的数量下降。与此同时，在政治上也会牵制中国在东亚的地位。对于日本，此前在美日贸易谈判中，日本一直拒绝开放农业市场，服务业市场开放也不积极，美韩自由贸易协定成为刺激日本开放市场的新动力。郎艺（2012）也提到，美韩自由贸易协定对亚太地区经贸一体化可能起到"倒逼"作用。在美韩自由贸易协定的影响下，日本可能加速参与TPP。如果日本加入TPP，将会使美日两国不急于与中国签订自由贸易协定，或迫使中国作出更多让步，给中国在亚太地区的经济利益带来损害（李雪威，2013）。

---

①郎艺：《美韩自贸协定影响及对策》，《中国财政》2012年第13期。

正因为美韩自由贸易协定对我国影响深远,因此很有必要探讨其具体协议措施,而这更多地要体现在美韩在知识产权和劳工标准等方面的规定。杨达(2011)指出,美韩自由贸易协定的知识产权部分主要涉及著作权、商标权和专利权。目前,国际条约上要求的著作权保护期限是作者死后50年。韩国著作权法也是如此,但美国的规定是70年,在其与新加坡、澳大利亚等国家缔结的自由贸易协定中都延长了著作权保护期限。在美韩自由贸易协定中,美国跟韩国也提出了相同的要求。在商标法部分,保护对象增加了声音和气味。这些不具备固定化的载体,法律难以提供有效的保护,因而在世界范围内包括韩国很少有受到专用权保护。美国跟澳大利亚缔结的自由贸易协定中把声音和味道加进商标的种类之中,并且在跟韩国的自由贸易协定当中也提出了相同的要求。美国专利法规定,如专利权授权机关在审查阶段进行了长时间的审查,那么相应地延长专利权的存续期间,一般延迟的时间规定为三年。在美韩自由贸易协定中,美方要求采用美国国内专利法规定的方式,但延迟的时间缩短为两年。可以说,美韩自由贸易协定在版权保护的许多方面远远超过了TRIPS协定所确定的最低标准,扩大了版权客体的保护范围(刘婷婷,2009)。

总体而言,刘婷婷(2009)指出,该协定使韩国知识产权保护整体水平大大提高,并对东盟其他国家产生了示范效应。但韩国也作出了巨大让步以换取其他方面的收益。中国所签订的FTA在版权方面基本上沿用TRIPS协定的规定,在发挥知识产权对创新和贸易方面的重要性的同时,也强调了保护知识产权权利人利益与消费群体合法利益这样一种平衡原则。在中韩自由贸易协定谈判中,韩国必定会抛出提高知识产权保护标准这一砝码使中国在其他方面作出让步,对此中国可在农产品上作出适当让步,以争取韩国在知识产权方面让步,以退为进、各取所需;同时,我国也应加强自身知识产权保护,以缩小与TRIPS条款的距离。另外,从韩美自由贸易协定谈判过程及缔约过程中,我国还可以得到一些经验性的启示。由于韩国在版权产业上作出了一定的妥协,对其造成损害或不利影响,为此采取了扩大对优秀学术图书、基础图书的支援,以及出版产业培育方案等积极措施,同时实施合理补偿机制缓解社会矛盾,促进产业转型,实现版权业的公平发展。因此,我国在将来的自由贸易协定的谈判和签订过程中,借鉴韩国经验,建立FTA补偿基金或技术设备改造更新专项基金,并在产业政策和地区发展政策中,统筹考虑建立相应的转移支付和扶持机制,缓冲对版权工业的冲击,应该是有必要的。

在劳工标准上,苏萃芳(2009)指出,美韩自由贸易协定将劳工问题与知识产权、环境等问题并列,在劳工权利、实施机制、合作机制、协商机制方面其明确性、详细性、所要求的透明度和有效性等方面都是我国目前所签订的自由贸易协定所无法企及的。比如,2010年12月3日,美韩两国在2007年6月签署的《美韩自由贸易协定》基础上达成了新的追加协定,奥巴马政府提出与韩国政府对协定的部分内容进行重新谈判,其主要目的在于其承诺要为美国汽车制造商和工人营造一个公平竞争的环境。关于汽车方面的保护条款,尽管只是针对在汽车制造业上具有较强竞争力的韩国而特别制定,但从其修改后条款的主要意图来看,也反映了美国的贸易政策走向。《美韩自由贸易协定》的演变过程,透视出美国贸易政策的制定过程,即充分利用美国政治体制或国内利益的冲突来提高国际谈判的要价,迫使对方作出妥协或更大让步,以实现自己的利益(孙玉红,2012)。总之,美韩自由贸易协定的这一实践必将影响到韩国的对外贸易谈判。虽然目前包含"劳工标准"的自由贸易协定为数不多,但自由贸易协定谈判涉及劳工标准似乎已成为一种趋势。这正是目前包括中国在内的发展中国家最不能接受的,但也是不得不正视的问题。要缩小这种差距,发展中国家应自强不息,努力提高自己的经济社会发展水平,从而提高其人民的生活水平包括劳工这一特殊群体的待遇(苏萃芳,2009)。

2017年4月,特朗普提出,因在与韩国的交易中贸易逆差太大,希望再协商或结束美韩自由贸易协定。最终,韩方在美国关注的领域作出让步,但在敏感领域成功保护了韩方利益,例如韩方没有接受进一步开放农畜产品市场、使用美国汽车零部件等美方要求,美韩自由贸易协定重修谈判结束,韩国也因此而率先获得了美国钢铝关税永久豁免令。

4. 日欧FTA

2013年3月正式启动的日本—欧盟"经济伙伴关系协定/自由贸易协定"(EPA/FTA)谈判是新型跨区域主义的重要一环(贺平,2014),是两国在区域经济一体化潮流的带动下、在各自实施对外贸易的战略指引下,各自发展自身经济需要的产物（朱颖，2013）。

2018年7月17日，欧盟和日本签署了"经济伙伴关系协定（EPA）"。根据该协定，欧盟将取消日本进口商品99%的关税，日本将取消欧盟进口商品94%的关税。从汽车领域来看，欧盟将取消对日本汽车征收10%的关税以及对大多数汽车零部件征收的3%的关税[①]。该贸易协定创造了世界上最大的自由贸易区。该协定目前正在等待欧洲议会和日本国会的批准，将于2019年生效。随着美国与欧盟、北约和加拿大等长期盟友的渐渐疏远，日本与欧盟的贸易协定也表明了全球关系不断变化。

实际上，日欧贸易谈判，无论是在日本还是在欧盟方面都无优先度。日本自然最想推进的还是跨太平洋伙伴关系协定（TPP），而欧盟则更为关心跨大西洋贸易和投资伙伴关系协定（TTIP），可以说，是美国新政府贸易政策的转向，将原本不被看好的日欧EPA推到了谈判双方的桌面上。

根据日本外务省的定义，FTA是指"在特定的国家或地域之间削减或撤除商品和服务贸易的关税与贸易壁垒，是经济伙伴关系协定的其中一项内容"；EPA是指"促进特定的两国或多国之间贸易以及投资的自由化，撤除规制，协调各种经济制度，强化各领域的经济关系"。可见后者的涵盖远远超过前者。

刘群艺（2017）[②]指出，新规则的制定表现为高标准的市场准入度以及贸易领域以外的制度同一化。由于日欧双方关税税率本就不高，所以这次框架协议中可以实现双方90%关税税目即刻降为零关税，最终将达到99%品目的无关税贸易。不仅如此，欧盟承诺保证对来自日本的投资与服务业的规制透明，承诺日本在欧盟人员流动的自由度；日本也网开一面，开放农产品市场，在汽车、化工产品、电子机械产品、食品安全以及医疗产品方面废除非关税壁垒，保护欧盟的地理标志产品（Geographical Indication Products），甚至考虑开放铁路等政府采购市场。这些不低于TPP谈判条件的项目，不仅可以提高日本国内民众对贸易协定的接受程度，促使TPP早日生效，更为重要

---

① 《应对美国贸易保护主义，日本欧盟签署自由贸易协定》，《新华日报》2018年7月18日。

② 《日本签日欧贸易框架协议，意在TPP领导权》，搜狐网，2017-09-18。

的是，给同时进行的其他区域性贸易协定（如RCEP）设定了更高的起点，日本也就自然而然担当起新规则制定者的角色了。

5. 区域全面经济伙伴关系（RCEP）

RCEP是由东盟十国发起，邀请中国、日本、韩国、澳大利亚、新西兰、印度共同参加（"10+6"），通过削减关税及非关税壁垒，建立16国统一市场的自由贸易协定。RCEP于2012年在东亚领导人系列会议上共同宣布启动谈判。RCEP是继美国宣布加入跨太平洋战略经济伙伴协议（TPP）谈判之后，亚太经济一体化进程中的又一重大动作。王金强（2013）认为，与欧洲和北美自由贸易区相比，虽然亚太地区并不乏各种合作机制，但该地区缺少一个主导型的制度框架，这导致亚太地区经济合作明显滞后。因此，RCEP对于推进亚太一体化进程意义重大。RCEP谈判也是目前我国参与的涉及领域较多、开放层次较高的主要新型区域贸易协定（刘冰，陈淑梅，2014）。

Das Sanchita Basu（2012）给出了东盟RCEP倡议的三个动因：其一是要超越"10+3"和"10+6"的竞争给东亚合作进程造成的"刹车效应"；其二是要通过整合目前五个"10+1"自贸区，解决东亚合作中存在的"面碗效应"问题；其三是要进一步加强东盟的"中心地位"。

同时，RCEP的建立还有在政治上抗衡TPP的重要意图。TPP和RCEP虽然同为亚太众多自由贸易机制的一种，其成员也存在交叉关系，但有一个重大区别：前者并不包括世界第二大经济体的中国，而后者也将世界最大经济体的美国排除在外。因此，在这两种机制的背后，实际上反映的是中美两个大国在亚太地区的战略博弈（王金强，2013）。郑学党、庄芮（2014）也提到，TPP的推进对于亚太地区各国乃至整个地区的经济一体化进程和现有机制或平台都将产生重大影响。为应对这种影响，掌控东亚区域经济合作的主导权，东盟适时推出RCEP，希望借此缓解TPP所造成的冲击。

全毅、沈铭辉（2014）提到，东亚地区是当今和今后世界经济发展最有活力和潜力的地区。RCEP包括了最有发展潜力的发展中经济体，如中国、印度和印度尼西亚。RCEP将东亚国家进行整合并实现一体化，可以克服众多双边自贸协定造成的意大利"面碗效应"，将创造比5个"10+1"更多的经济效益。

就内容而言，全毅、沈铭辉（2014）提到，货物贸易、服务贸易、直接投资、原产地规则、海关程序、技术性贸易壁垒、经济与技术合作、知识产权、竞争政策、解决争端等领域将构成未来RCEP谈判的主要议题。RCEP谈判承诺要对这些"10+1"FTA进行大幅度改进，构建这些领域的新国际贸易规则。其中，货物贸易、服务贸易和直接投资是RCEP未来谈判的核心。对于政府采购、劳动和环境等领域，由于发展中国家的反对，没有被包括在内。同时，将经济与技术合作和"CLMV国家"特殊与差别待遇纳入谈判时考虑到东亚成员间的经济发展差距。同时，RCEP还将囊括一个为协商和解决争端提供的高效、迅速、透明的处理机制（郑学党，庄芮，2014）。

就RCEP可能的经济效益而言，根据彼得·派特瑞等人的研究结果，至2025年RCEP创造的收益或将达到6444亿美元，多于"10+3"可能创造的5000亿美元，也高于TPP（16）可能创造的4509亿美元的收入。特别是中国、印度、日本和韩国等国将因RCEP而获益良多，因为它们之间现在没有自由贸易协定。6444亿美元的收益中将有5190亿美元流入这些国家，这将使东亚国家获得推动区域一体化的更多动力。

就非经济意义而言，全毅、沈铭辉（2014）认为，RCEP制定的新规则将促进东亚区域经济的进一步发展。其一，新规则将有利于区域和国际生产网络的调整、升级和运行；其二，对区内经济政策、法规和管理进行协调与统筹，有利于货物、服务和投资的便利化；其三，制定和实施经济合作的规则，有利于改善区内经济发展的环境；第四，对其他地区，尤其是发展中国家提供有益的借鉴经验，从而大大提升其世界的吸引力和影响力。

由于复杂且充满挑战，RCEP谈判自2012年启动以来，目前已进行了22轮谈判和若干次部长级会谈。此前，各方曾希望于2017年内结束谈判，但最终未能实现。而造成RCEP谈判完成时点推延的原因主要在于各国发展水平不一、对贸易投资开放程度的诉求存在差异[①]。魏建国（2018）认为，RCEP已进入冲刺阶段，不过仍面临着一些挑战。首先，参与RCEP谈判的各国同意就货物贸易作出更大的减税承诺，希望在整个关税领域和关税量方面维持90%的自由化率。但印度只希望维持70%左右的自由化率，与其他国家差距明显。其次，在扩大服务贸易、提高便利度方面，澳大利亚和新西兰提出希

---

① http://baijiahao.baidu.com/s?id=1600056055377579052&wfr=spider&for=pc.

望RCEP能够体现更高水平的自由化，提供更多的服务出口机会。两国提出的高标准，其他东盟国家难以接受。再次，日韩两国在RCEP谈判中表露出希望更多的TPP条款能被移植到RCEP当中的意愿。相对于其他各国希望早日达成协定，日本则倾向于花更长时间制定"高质量的规则"。

曹云华、朱幼恩（2005）认为，东盟在东南亚乃至整个东亚区域经济一体化进程中扮演的重要角色，是小国联盟牵引地区大国开展区域经济合作的典范。内部凝聚力不强和共同意志的缺失，也将影响东盟在东亚地区的主导地位。由于各个成员的利益不在区域内，新老成员间的经济体系和经济发展水平存在较大差距，加上民主价值观的差异、社会政治体制的不同，造成东盟各个成员之间缺乏相互信任和共同意志。这种缺失会导致东盟一体化在深化和拓展的过程中遇到阻碍（郑学党，庄芮，2014）。

四、中国发展FTA的政策建议

针对中国实施FTA战略的特点及不足，面对着新区域经济一体化的挑战，学者们纷纷加以研究，给出以下政策建议：

一是管理机构设置。柳彦（2016）认为，自由贸易区战略的快速深入发展，加深了其内部的利益冲突。从FTA谈判来说，部门利益和经济利益成为主导，而从FTA的战略地位来说，国家利益和安全利益又成为主要诉求。对外经济决策体制的特点强化而非缓解了FTA战略中的利益冲突。商务部主导FTA谈判，国家发改委则在FTA决策中发挥着更为主导性的作用，两者都将维护本部门的利益作为首要任务，必然导致部门利益绑架国家利益。中国的自由贸易区战略需要摆脱部门利益的束缚，尽可能与外交战略保持一致。

张帆（2004）提到，在FTA战略正式确立后，国家应该建立一个能够起到主导和协调作用的专门机构（比如"国家FTA战略办公室"或类似名称），统一负责所有与FTA战略实施有关的工作，包括主持开展FTA专项课题研究，组织对外谈判，与国内有关部门进行沟通和协调，对有关重大情况作出快速反应等。此外，应大力宣传与普及FTA知识，帮助社会公众及时了解我国参与区域一体化的意义。同时，还可帮助企业更好地运用FTA优惠安排，提高FTA利用率。

二是建立系统规划。陈柳钦、宾建成（2005）认为中国必须要有一整套FTA战略规划，既要加强对主要贸易伙伴的基础研究工作，建立起关于各个贸易伙伴的双边FTA可行性研究，又要改进和加强为签订双边FTA决策服务的研究工作。张天桂（2013）提到，制定整体战略规划，完善战略布局，也可以尽可能地规避意大利"面碗效应"。张海琦（2013）认为，借鉴发达国家如日本、澳大利亚的经验，就单个FTA对各行业的影响以及全部FTA对各行业的交叉影响进行全面解读与客观分析，通过网络等方式予以公布，使企业等相关利益群体能充分利用各个FTA，并能对FTA有直观的理解与认识，甚至能参与到中国FTA的决策中。并且要做实、做细FTA的研究工作，尤其是为中国推进FTA谈判而服务的各项研究工作。

一方面要对中国已签的24个FTA进行横向比较，并结合当前发达国家签署FTA的内容，客观评估中国已签FTA的质量，权衡中国在FTA谈判中的底线，考虑在哪些方面应进一步深入、在哪些方面可以有所让步。另一方面也要加强对中国周边各国已签订的，以及包括TPP在内正在谈判的FTA的跟踪与研究，并与中国已签和正在谈判的FTA进行动态横向比较研究，既为中国推进FTA提供突破点，也为未来的中日韩自贸区、RCEP甚至是TPP等多边FTA谈判争取主动。

赵晋平（2011）认为，中国推进FTA战略：一是积极推动APEC框架下的贸易自由化进程，坚持多样化和包容、渐进的路径选择。强调发展中国家的主张和要求，争取让更多成员尤其是发展中经济体享受贸易便利化和自由化的成果。二是加强中国与东亚经济体之间的沟通和政策协调，为进一步巩固已有区域合作成果、推进中日韩、"10+3"和"10+6"合作机制创造条件，使这些合作尽快进入实质性谈判阶段，加快东亚区域经济一体化进程，提高东亚国家在亚太区域合作中的影响力。三是加强与美国、欧盟、日本、澳大利亚、韩国、印度等世界主要经济体的双边经济合作，建立良好的政策对话和交流关系，促进相互之间的贸易投资便利化，为双方在跨区域合作机制中共同发挥建设性作用创造条件。

三是综合利益平衡。在FTA的利用方面，一方面我们要发挥本国的比较优势，扩大本国产品对FTA其他成员的出口，对本国弱势产业加强保护，在FTA谈判中争取作为贸易自由化的例外处理或延长降税过渡期，以维护本国产业安全。但另一方面姜鸿（2010）也提到，有必要探讨产业安全与贸易顺差之间的协调问题。因为对于中国这样长期处于巨额贸易顺差地位的国家，在FTA战略中如果严格执行这样的策略，既可能遭到伙伴方的抵制，也会进一步扩大其贸易顺差，引起更严重的贸易摩擦，造成资源和资金的浪费，加大人民币升值的压力。

在对弱势产业的态度上，与其一味地保护，不如加强FTA建立后的援助措施。陈志阳（2012）提到，从国际经验看，为有效应对上述问题，欧美等发达经济体通过设立"贸易调整援助制度"，向受到开放冲击的产业、企业和个人提供帮助，为顺利推进自贸区建设奠定了基础。我们必须借鉴其他国家建设贸易调整援助的经验，加快完善开放补偿机制建设，进一步完善相关立法和具体操作细节，以化解贸易自由化带来的风险，为推进自贸区建设消除"后顾之忧"；同时，获得社会各界对推进自贸区建设的支持，推进社会主义和谐社会的建设。

姜鸿（2010）提到，作为一个大国，中国在估价参与区域经济合作的收益中，既要考虑与贸易相关的静态经济收益，又要考虑动态经济收益及非经济收益，并努力实现贸易与其他经济利益的均衡。

四是加强国内改革。赵晋平（2011）认为，要充分利用区域经济一体化的倒逼机制，进一步深化国内改革，扩大市场开放，使中国能在更大范围内、更高层次上参与经济全球化和区域经济一体化。田燕梅（2015）指出，一国在双边FTA建设中能否获益，完善的产业结构、具有竞争力的企业集团具有重要的作用。因此，优化资源配置、调整产业结构，提高劳动生产率，发展生产力，提升自身竞争力是当务之急。一方面，要合理引进外资，改善投资环境，提高服务贸易水平，优化产业结构；另一方面，要提高出口产品的技术含量、附加值，加大中国知名品牌建设，提高企业的国际竞争力，推进深层次双边自由贸易区的建设。

陈志阳（2012）认为，在推进我国与发达国家的自贸区谈判时，一方面，要积极运用我国庞大的市场规模，将其作为谈判武器，综合平衡我国进攻和防守利益。另一方面，要不惧怕发达国家自贸谈判高标准，加快国内政府采购、知识产权、金融服务、政府监管等相关领域的体制改革，为推动与发达国家的自贸谈判奠定国内制度基础。

五是注重战略对接。张天桂（2015）认为，无论加快实施FTA战略，还是全面推进"一带一路"建设，都是中国新一轮对外开放的重要内容，也是构建开放型经济新体制的必然选择和重要组成部分。二者均以周边为重点指向，并在推进过程中可以相互促进、互为基础与支撑。张卉（2015）指出，"一带一路"倡议线路图中的国家大多涉及亚太自贸区成员，这两者之间也存在着同步共赢的经济合作必要性。建设"一带一路"与建立亚太自贸区关系总结为"硬件和软件的互联互通"，前者侧重以基础设施为先导促进沿线经济体互联互通，而后者则以降低贸易门槛、提升贸易便利化水平来加快域内经济一体化。借助这些对外经贸合作政策上的重大利好，中国可以逐步构筑起立足周边地缘优势地区、辐射"一带一路"倡议、具有全球思维的自由贸易区网络。

【案例】

案例1：跨太平洋经济伙伴关系协定（TPP）的影响与我国的对策[①]

2011年11月APEC夏威夷峰会期间，有关跨太平洋经济伙伴关系协定（TPP）的话题，再次成为举世关注的焦点。日本、加拿大和墨西哥先后宣布加入发起国谈判，使TPP成员增加到了12个[②]，进一步提升了TPP在亚太地区国家中的代表性和认同度，美国主导的区域合作机制在亚太地区的领先优势得到巩固和加强。我国政府关于TPP"乐见其成"的表态，体现了大国应有的包容和开放态度，具有积极意义。但是，面对由此引发的亚太区域经济大变局，如何认识TPP对我国经济及其外部环境可能产生的深刻影响，如何调整和加强我国的区域合作战略以趋利避害呢？国务院发展研究中心外经部课题组围绕上述问题开展了深入研究，并得到了以下初步判断和结论。

一、短期内我国尚不具备直接参加TPP发起国谈判的条件

TPP发起国谈判自2010年3月正式启动以来，已先后进行了15轮。美国等现有11个成员国围绕24个领域市场开放及规则开展了紧锣密鼓的谈判，目前

[①] 该文由赵晋平执笔完成于2011年12月，本书出版时更新了相关信息。

[②] 编者注：从2012年12月进行的第15轮谈判起，加拿大和墨西哥正式加入谈判；从2013年7月起，日本正式加入谈判。

已经达成总体框架,在货物贸易、服务贸易等一些重要领域取得实际进展。关于最终结束发起国谈判的时间表,已经先后两次推迟。2010年启动谈判之初,美方曾建议在2011年11月APEC夏威夷会议之前全面结束谈判,但是当时8个发起国之间在一些重要问题上难以达成一致,马来西亚中途加入进一步增加了谈判的复杂性,在预定时间之内仅完成了TPP总体框架谈判。随后计划延长一年时间,但是到2012年仍然没有完成全部谈判。随着加拿大、墨西哥两国正式参加以及日本的加入,结束发起国谈判的时间可能进一步延迟。相关国家在所有谈判领域达成完全一致的难度仍然很大。

目前宣布加入TPP谈判的国家达到12个,超过APEC成员的一半,今后存在继续增加的可能性,韩国、菲律宾、印度尼西亚和泰国等都曾经表达过有意加入的态度。随着发起国谈判结束,未来申请加入TPP的亚太国家将不得不面对既定规则的约束和已有成员国的严格审查,难度明显上升。我国国内也存在建议主动参加TPP谈判的呼声和意见。我们认为,短期来看,我国尚不具备直接参加TPP谈判的可能性,原因有以下几点。一是TPP要求的自由化标准很高,尤其是在服务贸易、政府采购、知识产权、贸易救济、劳工标准等敏感领域,我国尚未就市场开放承诺达成广泛共识,近年来推进已有自贸区建设面临较大阻力就是例证。二是TPP谈判推进节奏快、涉及领域广泛,对谈判能力和团队实力的要求很高,我国目前自贸区谈判队伍人数有限、实力不强,难以适应同时展开20多项分组谈判的要求。三是TPP谈判需要很强的内部综合协调能力和决断能力,但我国FTA谈判机制主要由涉外经济部门负责协调,主导跨领域谈判方向的权威性不够。四是加入发起国谈判需要征得目前所有成员的一致同意,美国将TPP视为重返亚太、制衡我国影响力的重要工具,不会轻易允许我国加入谈判,获得美国国会认可更难。即使是其NAFTA伙伴的加拿大,因农产品进口限制性措施等原因,其参加TPP谈判的愿望也遭美国反对而一时未能成功;日本和美国之间关于加入谈判的事前双边磋商,也同样面临来自美国方面的市场开放要求,尚难以通过。

二、TPP对我国外部环境和区域合作战略将形成较大冲击

根据海关统计,2012年我国面向TPP12国出口占比达35.8%,同期我国来自TPP12国的外商投资占我国全部利用外资的13.3%。作为主要市场和投资来源,TPP生效后将对我国产生贸易和投资转移效应,出口、吸引跨境投资和经济增长都会面临一定压力。根据CGE模型的综合模拟结果,我国如果不加入TPP,受TPP贸易转移效应的影响,出口增长率将可能下降0.32个百分点,国民福利减少40.6亿美元,GDP增长率将可能降低0.14个百分点,熟练劳动力和非熟练劳动力就业需求将分别下降0.24%和0.21%。按照2011年末城乡劳动力总规模计算,相当于减少175万人的就业岗位。

但是与经济影响相比,TPP对我国外部环境和区域合作战略的冲击更为严重。首先,从目前趋势来看,TPP作为APEC区域内唯一进入实质性谈判阶段的超大型贸易集团,将可能成为亚太区域贸易自由化的主渠道,在区域合作规则制定方面发挥关键作用。随着其成员的进一步增加,TPP甚至可能演变成为主导APEC机制的利益集团,我国将面临被边缘化的风险。例如,2011年和2012年的APEC会议期间,TPP相关国家的"场边会"和"会中会"受到更大关注。其次,客观来看,周边一些国家对我国的戒心并未消除,借助美国力量平衡对外关系的意图犹存。这将导致这些国家在参与TPP进程方面采取更加积极的态度,从而牵制我国在东亚区域合作进程中的主导权,我国迄今为止力推的"10+3"自贸区构想淡出东亚多边合作框架就是一个例证。再次,TPP有可能成为美日联手制衡中国的工具,成为周边国家政治和外交要价的筹码,我国参与全球治理和区域机制建设的阻力加大,和平发展的外部环境受到影响。

三、加快推进自贸区战略是我国应对TPP挑战的根本之策

关于TPP的应对策略,我国有三种选择:一是表明愿意参与TPP发起国谈判的态度,并着手展开相关准备和磋商;二是暂不加入TPP谈判,联合其他APEC成员倡导启动亚太自贸区(FTAAP)进程;三是集中精力完成目前已启动的中日韩、中韩和中澳等自贸区谈判,促进区域合作伙伴关系协定(RCEP)进程加快发展。方案一虽然有助于化解被边缘化的风险,但如上所述,我国目前并不具备直接参加谈判的能力和条件,获得目前TPP所有成员,特别是美国的同意有较大难度;方案二长期来看有望发挥作用,但难以获得多数成员支持,短期内正式启动FTAAP谈判的可能性不大;方案三是我国既定目标,具有较好基础,尤其是推动中日韩自贸区目前存在较为有利的条件和时机。

日本加入TPP谈判,主要意图是借助外部市场提振本国经济、联手美

方制衡中国，在东亚合作中掌握主导权。但日本在实现加入TPP谈判目标之后，对推进中日韩自贸区将会采取更加积极的态度[①]。原因主要有三点：一是日本加入TPP谈判，已经遭受国内部分利益集团的强烈反对，其中一些观点认为，日本在中日韩自贸区中的经济利益远大于TPP，建议优先处理好中日韩三国自贸区谈判的呼声上升。二是日本在加入TPP基础上推动中日韩自贸区进程，有利于日本在美国和中国之间取得战略平衡，一方面从美国得到所谓的政治和安全保障，另一方面从亚洲地区尤其是中国的快速增长中获取经济利益；还可以利用同时属于TPP和中日韩自贸区成员的双重身份，掌握更多的谈判筹码和话语权。三是日本如果参与TPP谈判，在农产品市场开放等敏感领域必须有大的突破，参与中日韩自贸区谈判的部分障碍也会相应消除。2010年以来，日本关于中日韩自贸区的态度转向积极已经说明了这一点。韩国迫于TPP和ECFA的压力，在推动中日韩自贸区方面采取积极政策的可能性也很大。我国应利用当前的有利条件，加大自贸区战略推进力度，尤其是引导中日韩自贸区谈判早日取得成果。这将有助于消除TPP的负面经济冲击和对我国区域合作战略以及外部环境带来的部分不利影响。根据CGE模型测算，即使在我国不加入TPP并受到其冲击的假定情景下，如果中日韩自贸区建成，也不但可以抵消TPP的负面效应，而且可以产生较大的经济增长率提升效果。在计入TPP冲击损失的基础上，GDP和出口增长率可能分别上升0.37个百分点、4.0个百分点，熟练和非熟练劳动力就业需求分别增长0.71%和0.77%。按照2011年末城乡劳动力总规模计算，相当于增加了593万人的就业岗位。

总体来看，我国应立足当前、着眼长远，在加快推进已有自贸区进程尤其是启动中日韩自贸区谈判等问题上，力求短期内有大的突破。同时，应对外表达推动亚太自贸区进程的强烈意愿，把择机加入TPP作为中期目标考虑，并为实现覆盖亚太所有成员的贸易自由化的长期目标创造条件。

四、提升我国参与全球治理和区域合作的综合能力至关重要

近年来，我国实施积极的自贸区战略，取得了一些实际成果。但不论是

[①] 赵晋平：《日本加入跨太平洋伙伴关系协定谈判的可能性与我国的对策》，国务院发展研究中心调查研究报告。

FTA伙伴数量,还是贸易覆盖率,都与包括日韩在内的周边国家存在较大差距。原因除了许多贸易伙伴担心我国商品借机大量进入其国内市场而态度消极之外,国内部分行业对进口增长心存疑虑,缺少系统性战略规划、政策协调和涉外谈判能力有限等问题对其也有重大影响。

为此,当务之急应做好以下几个方面的工作。

第一,紧密跟踪TPP谈判的实际进展,客观分析和把握TPP生效对我国经济乃至亚太地区经济格局可能产生的影响,组织力量对我国加入TPP谈判的可能性、时机选择和推进策略等问题开展深入研究,并结合我国对外开放总体规划的阶段性目标提出预案。

第二,制定明确的自贸区战略优先目标和综合实施规划。结合2012年金边东亚峰会期间关于启动区域伙伴关系协定(RCEP)谈判的最新进展,我国应对自贸区建设的方向、路径和时间表作出相应调整。建议按照"突出一个重点,做好两套准备,抓住三种机会"的思路进行工作部署。"突出一个重点"就是把加快中日韩自贸区建设作为自贸区战略的重点。原因主要有以下几点:一是中日韩自贸区的经济和政治影响较大,能够很好地抵消TPP对我国经济和区域合作战略的冲击;二是中日韩是东亚地区的三个经济大国,三国自贸区建成可以激发东盟超越"10+1"框架的积极性,有利于加快RCEP进程;三是中日韩三国率先结束谈判有利于减少RCEP框架下16国谈判的层次和频率,提升RCEP谈判效率。"做好两套准备"就是在积极参与RCEP谈判的同时,充分认识到其复杂性和16国达成一致的难度,尤其是和印度等大国之间的协调将十分艰难;RCEP受阻时通过中日韩自贸区和东盟共同体两个集团直接对接的方式,重启"10+3"自贸区进程。"抓住三种机会"就是利用发展周边、大国双边和跨区域多边合作的机遇,推进我国的自贸区战略布局,在周边地区重点深化和东南亚、南亚、中亚等地区发展中国家之间的贸易安排;大国双边应将启动中国+加拿大自贸区进程作为突破口;跨区域多边范围内重点关注与TPP、FTAAP等加强合作的可能性。

第三,采取切实可行和灵活的谈判策略。建议在路径选择上采取以中韩促中日韩、以中日韩促RCEP的策略。通过适度增加农产品市场开放灵活性等方式,加快中韩自贸区谈判,以刺激日本在中日韩进程中采取更为积极的政策；并通过中日韩带动RCEP或"10+3"自贸区建设。同时，应采取积极措施加快中国——澳大利亚自贸区和中国——海湾合作委员会自贸区等既有谈判的进度，争取在短期内有所突破。

第四，借鉴日韩等国的经验，加强涉外谈判的综合协调能力和应对能力建设。一是建立国务院直接领导的自贸区战略部际会议机制，提升综合协调能力和政策实施方案的权威性；二是强化涉外谈判队伍建设，较大幅度增加谈判人员编制和经费投入；三是发挥相关领域专家的作用，吸收各类专业人士定期或不定期参与相关谈判的预案研究和政策咨询。

中长期来看，提升对外开放水平，做好制度和政策准备十分重要。

第一，建议在目前研究涉外经济体制改革问题上，按照开放型市场经济体制的高标准和高要求，谋划我国服务业市场开放、政府职能调整和市场规范方面的改革措施，为参与TPP等高质量区域贸易自由化机制做好制度安排和政策准备。

第二，加大经济外交人才培养工作，增加院校相关专业设置和对外谈判人员教育培训投入。

第三，加强和完善自贸区战略配套措施及其机制建设，巩固和扩大已有自贸区政策利用效果，宣传自贸区的实际成果和长远意义，提高企业积极性和社会关注程度，营造良好的自贸区战略推进环境和社会氛围。

附录1：TPP与中国的自贸区战略[①]

当前，在世界经济逐步走出国际金融危机的阴影、全球经济格局发生新变化的背景下，作为亚太区域贸易自由化的一个新的多边机制，"泛太平洋伙伴关系协定"的动向受到普遍关注。近十年来，中国的自贸区战略取得了较多成果，但今后的战略实施将面临新的挑战，TPP带来的不利影响就是其中之一。对此，我国应当抓紧研究和采取相应的对策。

一、跨太平洋伙伴关系协定（TPP）的特点及其影响

国际金融危机使全球经济格局和主要经济体的力量对比发生了深刻变化。伴随着中国等新兴市场国家经济地位的上升，传统的全球治理结构和区域合作机制面临重新调整的压力，各国对外经济政策的目标已经由重点应对

[①] 该文由赵晋平执笔完成于2011年3月。

危机的短期需要，转向寻求具有长期战略意义的伙伴机制建设，目的在于回避力量消长带来的冲击，保持稳定的市场空间和经济利益。以TPP为代表的亚太区域合作新机制就是在这一背景下诞生的。

随着美国、澳大利亚等国的加入，由新加坡、新西兰、智利和文莱发起的合作机制（P4）演变成为TPP，并从2010年3月起正式启动了政府间谈判。这一新的区域多边自贸区具有全面和高度的自由化要求、快速推进和严格的谈判时间表等特点，预计在2011年11月前结束发起国谈判正式生效。TPP的一体化进程，将对亚太区域合作及其经济格局产生以下一些重大影响。

第一，TPP将亚太经合组织（APEC）成员范围内的贸易自由化建设带入实质性推进阶段。2006年以来，APEC成员围绕区域内制度性合作问题展开了讨论和共同研究，提出建设亚太自由贸易区（FTAAP）的倡议并达成广泛共识。相对于"10+3""10+6"等其他几个仍然处于对话和研究阶段的区域内多边合作机制，TPP是最早启动政府间谈判、跨入实质性推进阶段的自由贸易协定。这将对整个APEC范围内的经济一体化进程产生推动作用。

第二，TPP有可能成为亚太各国参与区域多边贸易合作的主要平台。目前，TPP已经包括了美国、澳大利亚、新西兰等9个亚太国家，占APEC成员的四成多。由于TPP率先进入实际谈判阶段，有可能保持领先优势，吸收更多APEC成员加入，导致多数国家参与区域多边合作机制的重点发生转移，制约或阻碍了"10+3""10+6"等东亚地区已有合作机制的实施，增加了各种双边或区域多边合作的推进难度。

第三，TPP发起国之间经过谈判确定的自贸区规则将成为今后其他地区成员加入这一机制的"门槛"，其他亚太国家申请加入TPP，将不得不接受发起国制定的"入盟条件"，面对严格的市场开放承诺要求并得到已有全体成员的同意。另外，美国通过TPP实现重返东亚的战略目标，掌握亚太区域合作主导权并在APEC中发挥更大作用。这可能会使TPP具有高度和全面的自由化要求，缺乏足够的弹性和灵活性。一些亚太成员，尤其是由于国内因素在全面市场开放方面采取谨慎态度的国家将难以在较短时期内成为TPP正式成员，在亚太区域合作的影响力与话语权因此受到削弱。

第四，目前TPP成员国的经济总量占有全球近30%的份额，成员中包括了美国这一世界主要的贸易和投资市场，而且成员数量和规模存在进一步扩大的可能性。这将使非成员国家今后面临贸易转移效应的冲击，经济和国民福利增长动力减弱，国内结构调整和企业进入国际市场的竞争压力明显上升。总体来看，在现有规则下，发展中国家加入TPP的难度最大，因此受到的不利影响也最为明显。这会进一步增加缩小"南北差距"、实现全球经济再平衡的难度。

在世界主要经济体逐步走出国际金融危机的阴影、全球经济格局面临新调整的背景下，作为一个横跨太平洋地区的"巨型"自由贸易区，TPP的动向受到世界的普遍关注。日本、加拿大等亚太区域内经济大国正在研究和制定自己的应对战略，甚至探讨加入TPP的可能性。这就为亚太区域经济合作尤其是TPP的走向和作用增加了新的变数。对此，包括中国在内的东亚各国需要保持高度关注，在加强区域双边和多边协调、巩固东亚现有区域合作成果的基础上，努力提升区域整体竞争力和参与亚太区域合作规则制定的能力，在包括TPP在内的亚太地区贸易自由化机制建设中发挥建设性作用。

二、中国自贸区战略的实际进展与未来方向

进入21世纪以来，中国积极参与区域经济合作，大力实施自贸区战略，取得了较大实际进展。截至2010年末，中国已先后与东盟、巴基斯坦、智利、新加坡、新西兰、秘鲁、哥斯达黎加等国，以及中国香港、澳门、台湾等地区签署了自贸协定（FTA、CEPA或ECFA）；同时，正在与9个经济体展开自贸区谈判或官方联合研究（参见案例表1-1）。

实施自贸区战略对于推动中国与贸易伙伴的贸易和投资快速发展、促进国内经济增长与结构调整、加强区域成员之间互利共赢的经济合作关系起到了十分重要的作用，同时也彰显了中国和平发展和对外开放的积极姿态，为赢得本国在区域和国际事务中的话语权与影响力、营造良好的外部环境作出了贡献。

案例表1-1 中国自贸区的实际进展

类别	自由贸易区	双边贸易占外贸比重/%
已签协定	中国内地—香港（2003年）、中国内地—澳门（2003年）、中国—东盟（2004年）、中国—巴基斯坦（2006年）、中国—智利（2005年）、中国—新加坡（2008年）、中国—新西兰（2008年）、中国—秘鲁（2009年）、中国—哥斯达黎加（2010年）、中国大陆—台湾地区（2010年）	24.1

（续表）

类别	自由贸易区	双边贸易占外贸比重/%
正在谈判	中国—海湾合作委员会（2004年）、中国—澳大利亚（2005年）、中国—瑞士（2011年）、中国—挪威（2008年）、中国—冰岛（2008）、中国—南部非洲关税同盟（2004年）	7.8
官方研究	中国—韩国（2006年启动，2010年结束）、中国—印度（2006年启动，2008年结束）、中日韩（2010年）	19.1

注："已签协定"自贸区括号内为协定签署时间；"正在谈判"括号内为启动谈判时间；"官方研究"括号内为启动研究的时间和结束时间。贸易比重根据2010年中国海关统计计算。

资料来源：根据商务部网站资料整理。

案例表1-2计算了2008—2010年中国与自贸区伙伴之间的双边贸易增长率及其比重变化幅度。从中可以看到以下几个特点。一是在经历了2008年末至2009年国际金融危机的严重冲击之后，2010年中国对外贸易已经实现全面恢复性增长，2009年虽然出现较大幅度的负增长，但是按照年均计算，2008—2010年仍然实现了7.73%的增长。二是中国与自贸区伙伴的双边贸易增长明显高于平均增长水平，表明自贸区对促进双边贸易加快增长已经开始发挥积极作用。三是中国来自自贸区伙伴的进口增长明显快于对其出口增长，说明自贸区伙伴从中国的经济增长和制度性合作中同样获得了好处。四是平均来看，与自贸区伙伴的双边贸易在中国对外贸易中的重要性进一步上升；其中东盟的比重升幅最大，达到0.83%。总体来看，签署FTA对中国与自贸区伙伴之间的双边贸易产生了较大的促进作用，随着协定的全面实施，双方的获益程度还会进一步扩大。

案例表1-2 中国与自贸区伙伴之间的双边贸易情况

	2008—2010年年均增长率/%			2008—2010年比重变化幅度/%		
	进出口	出口	进口	进出口	出口	进口
世界	7.73	5.10	10.95	0.00	0.00	0.00
东盟	12.55	10.04	14.95	0.83	0.77	0.76
巴基斯坦	11.42	7.76	31.09	0.02	0.02	0.04

（续表）

	2008—2010年年均增长率/%			2008—2010年比重变化幅度/%		
	进出口	出口	进口	进出口	出口	进口
新西兰	21.82	5.06	40.98	0.05	0.00	0.10
哥斯达黎加	14.64	5.61	16.98	0.01	0.00	0.02
智利	21.39	14.24	25.08	0.18	0.08	0.27
中国香港	6.40	6.98	−2.61	−0.19	0.48	−0.26
中国澳门	−11.76	−9.30	−36.46	−0.04	−0.05	−0.02
中国台湾	6.07	7.09	5.81	−0.15	0.07	−0.83
新加坡	4.31	0.07	10.78	−0.13	−0.21	−0.01
自贸区伙伴合计	9.34	8.02	11.16	0.71	1.37	0.08

资料来源：根据中国海关统计计算。

中国—东盟自贸区（CAFTA）是中国与外国建立的第一个自贸区，也是全球最大的由发展中经济体组建的自贸区。CAFTA已于2010年1月1日全面生效，带动双边贸易增长的效果在所有中国签署的双边自贸区中表现得最为明显。2008—2010年，一方面，中国对东盟出口、进口年均增幅都明显高于中国对外贸易同期平均增长水平，并且进口增幅高于出口；另一方面，双边贸易结构也出现了明显变化，运输设备、电气电子设备、精密机械等技术密集型产品进出口增速加快，尤其是这些商品的进口增速明显高于中国出口增速（见案例表1-3）。实际经验表明，在贸易自由化的推动下，自贸区不仅有利于推动双边贸易整体加快增长，而且有利于促进双边贸易结构升级。

自贸区在带来利益的同时，也会增加双方结构调整和市场开放压力，并随着区域合作格局的变化，产生一定的贸易转移效应。从中国与自贸区伙伴的贸易关系来看，香港、澳门和台湾作为中国内地（大陆）传统的中转贸易基地，其地位随着中国与其他贸易伙伴关系的深化而面临贸易转移的压力和挑战。另外，由于相对比较优势的作用，中国部分产品对东盟的出口可能面临当地其他伙伴国产品的竞争而出现下降；来自东盟的比较优势产品进口增长对中国国内生产造成冲击等，都可能增加国内的结构调整压力。从2008—2010年分商品双边贸易形势来看，中国确实面临着部分商品出口下降和进口过快增长的现实压力。如何趋利避害，在获得自由化收益的同时，降低结构调整成本？中国还需要进一步完善自贸区战略及其政策，其中包括学习和借鉴其他国家的经验。

案例表1-3　分商品的中国—东盟双边贸易增长形势

		出口增长（2008—2010年年均增长9.9%）		
		高增长（20%以上）	一般增长（0~20%）	负增长（0以下）
进口增长（年均增长31.7%）	高增长（20%以上）	杂项制品、塑料橡胶、植物产品、鞋帽伞、动物产品	纸制品、运输设备、食品、精密机械、非金属矿物制品、电气电子设备、化工产品、平均	金属及制品、木制品、珠宝贵金属、动植物油脂
	一般增长（0~20%）	矿产品	纺织品	—
	负增长（0以下）	—	皮革毛皮	未分类商品、艺术品

资料来源：根据中国海关统计计算和分类。

中国的自贸区战略虽然取得了一定成效，但是和世界一些主要经济体相比，还存在较大差距。今年是中国"十二五"规划的开局之年，中国政府在新制定的"十二五"规划中已经明确提出"实施互利共赢的开放战略，进一步提高对外开放水平"的基本目标，把"引导和推动区域合作进程，加快实施自由贸易区战略"作为未来五年对外经济关系发展的重要战略任务。这表明，在今后五年乃至更长时期，中国将会继续实施自贸区战略，努力扩大自贸区成果，为中国和贸易伙伴的经济增长提供新的动力。

关于长期以来中国在推进周边区域制度性合作进程中的政策主张，大致可以归纳为以下几点。一是开放性原则。即坚持开放的地区主义，主张与所有具有参加区域合作意愿的经济体探讨建立自贸区的可能性。二是实质性原则。即履行世贸组织关于区域贸易协定的规则，主张签署具备实质性自由化标准的"高质量"自贸协定。三是平等性原则。即参与合作的各方成员具有平等的谈判地位，主张将互利共赢作为基本的目标。四是渐进性原则。即按照由易到难、循序渐进的推进方式，主张在成员范围、谈判领域和自由化程度等方面，分阶段扩展和深化，逐步实现预定目标。五是包容性原则。即兼顾不同经济体的特殊性，对于发展水平较低的经济体和小国给予一定的灵活安排。这些原则及其主张在区域合作实践中得到了合作各方的认同和普遍接受，今后会继续在中国的自贸区战略实施过程中得到体现。

三、中国自贸区战略面临的新挑战及其对策

在当前形势下，TPP进程加快这一最值得关注的亚太区域合作新动向，将成为中国实施自贸区战略面临的一个重大挑战。

TPP具有高度的贸易自由化、全面的市场开放承诺要求、快节奏和严格的发起国谈判周期限制等特点。这与中国在东亚合作机制中所主张的自贸区推进原则形成较大反差，并不符合亚太区域内各经济体规模和经济发展水平相差甚远、市场开放程度和要素禀赋条件迥异的"区情"。因此，在短期内中国作为协定发起国参与规则制定和谈判进程的难度很大。这就意味着在发起国谈判结束之后，中国的加入将可能面对来自TPP成员，尤其是美国的苛刻条件，要花费较长时间、经历艰难谈判过程。

案例表1-4　中国与TPP成员之间的贸易关系

TPP成员 / APEC	2010年双边贸易占外贸比重/%			2008—2010年比重增减幅度/%		
	进出口	出口	进口	进出口	出口	进口
APEC计	64.16	61.20	67.52	0.23	0.12	−0.02
TPP9计	22.80	25.64	19.60	1.40	0.79	2.52
日本	10.02	7.67	12.67	−0.40	−0.46	−0.63
TPP10计	32.82	33.31	32.27	1.00	0.34	1.90
美国	12.96	17.95	7.32	−0.07	0.29	0.13
美澳	15.93	19.68	11.68	0.57	0.46	1.19
美澳日	25.94	27.35	24.35	0.17	0.00	0.56

注：TPP9指目前TPP的9个成员国；TPP10假定日本决定加入TPP后的成员数。
资料来源：根据中国海关统计计算。

案例表1-5 中国与TPP成员双边贸易增长的贡献率

TPP成员 / APEC	2008—2010年双边贸易年均增长率/%			对同期中国外贸增长的贡献率/%		
	进出口	出口	进口	进出口	出口	进口
世界	7.7	5.1	11.0	7.73	5.10	10.95
APEC计	7.9	5.2	10.9	4.73	3.44	1.43
TPP9计	11.2	6.8	18.9	1.98	1.00	7.84
日本	5.6	2.1	8.3	0.59	0.65	-3.33
TPP10计	9.4	5.6	14.4	2.57	1.65	4.51
美国	7.5	6.0	11.9	1.39	0.37	10.84
美澳	9.7	6.4	17.1	1.52	0.60	8.83
美澳日	8.1	5.1	12.3	2.11	1.24	5.50

资料来源：根据商务部网站资料整理。

随着TPP贸易自由化的实现，中国作为非TPP成员将不可避免地受到贸易转移效应的不利影响。第一，按照2010年海关统计，中国与TPP成员之间的双边贸易占对外贸易总额的22.8%，如果日本加入TPP，这一比例将上升到32.8%。因此，中国对TPP成员的贸易依赖程度较高，外贸整体因TPP内部贸易加快增长受到的影响也比较大。以2008—2010年为例，中国—TPP9双边贸易年均增长11.2%，拉动中国外贸增长1.98个百分点。如果没有这一增长的贡献，中国外贸同期仅能有5.7%左右的年均增长水平。第二，美国是中国最大的贸易伙伴之一，中美之间并没有签署双边自贸协定。因此，和TPP其他成员相比，中国商品进入美国市场的成本将明显上升。如按照现有关税水平，中国对美卡车出口需要缴纳25%的进口关税，TPP成员同类商品关税可能降为零。为此，中国企业将面临被挤出美国市场的风险。对于澳大利亚而言也存在类似问题。第三，TPP存在继续扩大的可能性，随着日本等其他APEC成员的加入，中国贸易受到的贸易转移效应也会进一步加大。目前，中国对APEC成员贸易依存度达到64.2%，大约六成的贸易增长来自对APEC成员贸易增长的贡献。第四，TPP步伐加快，可能延缓目前已经取得阶段性成果的"10+3""10+6"区域贸易自由化进程，减少中国作为非TPP成员的区域贸易自由化收益，中国在区域合作机制中的话语权和影响力也可能受到损害。

第五，贸易和投资存在相互联动关系，TPP的贸易转移效应也会影响到区域内跨境直接投资的流向，对中国吸引跨国公司投资造成负面影响。

面对挑战，中国存在以下对策选择。一是积极推动APEC框架下的贸易自由化进程，坚持多样化和包容、渐进的路径选择，强调发展中国家的主张和要求，争取让更多成员尤其是发展中经济体享受贸易便利化和自由化的成果。二是加强与东亚经济体之间的沟通和政策协调，为进一步巩固已有区域合作成果、推进中日韩自贸区建设进程、建立"10+3""10+6"合作机制创造条件，使这些合作尽快进入实质性谈判阶段，加快东亚区域经济一体化进程，提高东亚国家在亚太区域合作中的影响力。三是加强与美国、欧盟、日本、澳大利亚、韩国、印度等世界主要经济体的双边经济合作，建立良好的政策对话和交流关系，促进相互之间的贸易投资便利化，为双方在跨区域合作机制中共同发挥建设性作用创造条件。四是加快实施自贸区战略，尽早完成目前正在开展的中国—澳大利亚、中国—海合会等自贸区谈判，启动中韩自贸区谈判，争取提前结束中日韩"官产学联合研究"，使三国自贸区尽快进入实际谈判阶段。五是进一步深化国内改革，扩大市场开放，为中国在更大范围内、更高层次上参与经济全球化和区域经济一体化，实现与世界各国的互利共赢格局奠定坚实的制度和政策基础。

附录2：日本加入TPP的可能性及其影响[①]

2010年3月，美国、澳大利亚、新西兰、新加坡、文莱、智利、秘鲁、越南等8个亚太经合组织成员正式启动了关于"泛太平洋战略伙伴关系协定（TPP）"的政府间谈判。这一新的亚太区域内多边自贸区具有全面和高度的自由化要求、快速推进和严格的谈判时间表等特点，目前已进行六轮发起国谈判，预计2011年11月正式生效。在谈判结束之前，TPP成员仍有可能继续增加，其中日本是否加入尤其值得关注。为此，我们与日方专家围绕中日合作等问题进行了深入交流讨论，分析了日本加入TPP的可能性及其影响。

一、关于日本加入TPP谈判的可能性

日本专家认为，日本政府将在今年6月决定是否参加TPP谈判。从目前

---

① 该文由赵晋平执笔完成于2011年4月。

情况来看，日本国内的争论十分激烈：执政的民主党和自民党等主要政党内部存在较大分歧，但支持者居多；中央政府主要部门和产业界持赞成态度，大多数地方政府表示反对；主流媒体几乎每天都有关于TPP的论战，其中媒体自己的社论几乎都在强调加入谈判的重要性，但刊登的广告和投稿文章不乏反对的内容，尤其是来自农业经济组织的反对最为强烈。他们认为，尽管存在争论和反对的声音，但日本政府最终"不可能作出不参加谈判的决定"（首相菅直人的原话）；是否参加谈判实际上是一项政治决定，唯一的不确定性可能来自日本政局的变化。

日本专家认为，日本经济从20世纪90年代以来陷入长期低迷，通货紧缩持续至今，老龄化和人口下降对未来经济的负面作用将日趋显现。另外，日本还面临着新兴经济体崛起的强大竞争压力，如果不进行大的改革和结构调整就没有出路。他们认为，加入TPP意味着日本必须大幅度开放农产品市场，现有农业和农产品供给体系将遭受冲击，但日本需要通过这种方式，借助外部压力推动国内改革和结构调整。他们还说，这一点类似于中国当年"入世"时的重大决断。日本在现阶段加入TPP谈判，可以改变将来坐上"被告席"的尴尬境地。因此，他们认为日本决定加入TPP谈判的可能性很大。

日本专家一致认为，日本有能力应付目前TPP谈判所需要的条件。例如，日本愿意作出就所有20多个领域开放进行谈判的承诺，拥有能够同时参加所有分领域谈判的谈判官员队伍，等等。

二、关于日本加入TPP谈判的影响

日本民主党在执政之初就提出了东亚共同体的区域合作构想，但一直缺乏具体内涵，加入TPP谈判实际上就是东亚共同体构想的具体化。日本专家认为，日本选择加入TPP谈判，对目前东亚地区的"10+3""10+6"合作机制、中日韩自贸区建设进程不会产生负面影响。理由是日本已经把同时推进已有东亚合作机制下的自贸区建设和TPP进程作为自贸区战略的重要目标。因此，也不会对东亚地区的非TPP成员带来贸易转移效应等不利影响。

农产品问题始终是日本在推进与东亚国家之间自贸区谈判中的难点问题。如果加入TPP谈判，意味着日本在开放农产品市场上就会有大的突破，和东亚经济体之间在相关领域的谈判也将不成问题。因此，日本专家认为，日本加入TPP谈判实际上有利于推进中日韩自贸区等东亚现有合作机制的建设。中日韩自贸区"官产学联合研究"有望在2012年结束时取得积极成果，当然也不能排除提前结束并进入谈判阶段的可能性。

日本专家认为，加拿大、韩国、菲律宾等国也表现出加入TPP谈判的意向，都需要得到现有9个成员的一致同意。日本如果在发起国谈判阶段加入TPP，将来可以审查方的身份审查其他国家的加入条件。发起国谈判原定于今年11月的结束时间可能因为日本的加入而推迟。日本加入TPP谈判，日美双边磋商将成为TPP谈判事实上最核心的部分，并对整个进程和格局产生较大影响。他们认为，TPP是亚太经合组织贸易自由化的重要路径之一，会得到亚太区域成员的广泛认同，日方愿意和中方讨论这些问题并开展合作。

三、我们的判断和对策建议

根据上述看法和我们的研究，可以得到以下几个判断。

一是日本政府决定加入TPP谈判的可能性很大。理由是这有助于日美联手主导亚太地区的贸易自由化进程，符合日本在军事、政治和经济领域全面加强日美同盟关系的外交需要；有利于日本借助美国实力提振信心。3月11日日本发生的强烈地震，客观上使得日本国内的政治话题发生转移，政府作出重大决定的压力将有所减弱。近日，出于全力应对巨大地震、海啸灾害和核泄漏危机的需要，日本政府已推迟包括TPP谈判等一些重大政策调整的时间。但这并不会影响其最终决定加入TPP谈判的可能性。

二是日本在决定加入TPP谈判后，对中日韩自贸区等东亚多边自贸协定将可能采取更加积极的政策。其目的在于强化与东亚地区的经济关系，从中国等新兴国家的快速经济增长中获益；还可以利用同时属于TPP、东亚自贸区成员的双重身份获取谈判筹码和话语权。另外，日本为加入TPP谈判被迫作出市场开放承诺，也可以为中日韩自贸区谈判、"10+3"合作机制的建立等消除部分障碍。

三是可能对我国经济造成一定程度的不利影响。由于TPP受美国主导，具有包括服务业在内的全面市场开放和高度贸易自由化要求、范围广泛的分领域谈判和严格的谈判时间表等特点，我国直接参与发起国谈判的难度较大。这意味着在发起国谈判结束之后，我国的加入必须面对已有成员的严厉审查和艰难的谈判过程，短期内成为TPP成员的可能性较小。因此，我国经济将蒙受贸易转移效应的不利影响。但是，目前TPP成员中足以形成规模挤占我国在日美市场的经济体并不多，我国与其中多数国家签有自贸协定，再加上中日韩自贸区、中国—澳大利亚自贸区如果取得实质性进展，TPP贸易转移效应的经济影响将是有限的。

建议我国采取以下对策：一是抓紧时间对TPP作深入研究，探讨加入其发起国谈判的可能性及其对策。二是加快中国与澳大利亚等国的现有自贸区谈判进程，积极推动中韩和中日韩自贸区研究与谈判，以最大限度减少TPP贸易转移效应的影响。三是在中日经济对话中表达我国的关切，强调防止区域性机制复杂化、巩固和扩大现有合作成果的重要性，加强与日方在推动中日韩、"10+3"自贸区建设方面的合作并采取更加积极的措施。四是积极倡导在亚太贸易自由化机制建设中坚持包容性原则，强调对弱小经济体和经济不发达国家应给予一定的灵活安排，防止过高的自由化标准将这些经济体排除在区域合作机制之外，使其蒙受贸易转移效应的冲击，导致"南北失衡"现象进一步加剧。

附录3：推动中日自贸区进程面临新机遇[①]

2012年4月23日，我们会见了日本驻华使馆官员，围绕中日韩自贸区和中日经济合作等问题开展了讨论交流，其中日方关于中日双边自贸区的意见值得关注。

一、日本支持启动中日韩自贸区谈判的政策存在不确定性

日方人员说，日本将继续争取加入跨太平洋战略伙伴关系协定（TPP）谈判，目前正在与TPP现有成员进行双边预备性磋商。但是，日本加入TPP并非易事。一是面临着国内部分压力集团的反对，尤其是许多人认为加入TPP会使日本农业遭受毁灭性打击。二是加入TPP谈判所必要的双边预备性磋商并不十分顺利，日本与澳大利亚的双边谈判受阻，与美国之间的磋商也面临较大难度。另外，TPP本身的时间表也有变化，原定于2012年11月结束谈判，现在看来将不得不推迟。加拿大加入谈判的要求也因为受到美国的反对而难以实现。日方人员认为，日本加入TPP谈判，对于启动中日韩自贸区谈

[①] 该文由赵晋平等执笔完成于2012年5月。

判是有利的。对于日本来说，美国和中国都是世界上最重要的伙伴，日本在政治上需要得到美国的支持，在经济上依赖于中国的发展。日本将坚持同时推进TPP和中日韩自贸区谈判的方针，但是日本也对其是否具备同时展开这两项谈判的人力条件表示担忧。

我们认为，中日韩三国领导人会议召开在即，是否正式启动中日韩自贸区谈判将成为会议的重要议题之一。如果日方能够坚持2011年第四次中日韩领导人会议上的积极态度，继续支持启动这一谈判，那么将有利于三方在推进三国自贸区建设问题上达成共识、取得实质性成果。但是，日方事实上将顺利加入TPP谈判作为同意启动中日韩自贸区谈判的前提条件，甚至和日方最近正在积极推动的日本—欧盟自贸区进程也捆绑在一起。这无疑加大了日方政策的不确定性。另外，日方的主张也可能因韩方的消极态度而出现新的变化。

二、推进中日双边自贸区建设面临新的机遇

日方人员认为，韩国方面对启动中日韩自贸区谈判态度消极，有可能导致三国首脑会议难以就此问题达成一致。日方人员还认为，韩方出于自身利益，将会消极对待三国自贸区问题，把启动中韩双边自贸区谈判放在优先地位。日方人员说，日本企业的高端产品市场规模有限，而且受到韩国等新兴市场国家低价产品的冲击。日本汽车的市场份额越来越多地被韩国产汽车替代就是一个典型的例子。日本对中国市场的依赖程度很高，韩国产品在已有价格优势基础上借助中韩双边自贸区的有利条件，将会在中国获得更多的市场份额。日本企业界对此普遍表示忧虑，要求尽快推动中日自贸区建设的呼声很高。日方人员强调，从促进"10+3"等东亚区域合作的角度来看，较理想的方式是直接启动中日韩三国自贸区建设，但在韩方采取消极态度使三国进程受阻的情况下，启动中日双边自贸区建设也是一个较好的选择。日方人员说，2005年中国时任副总理吴仪访日时，曾向日方提出启动中日双边自贸区谈判的倡议，最近中方事务层级也提出类似建议。日方正在积极研究。目前，日方正在为2012年6月下旬在北京召开的中日经济领域高层对话机制第四次会议作准备。在这次会议上，中日自贸区将成为重要议题之一，取得实际进展的可能性较大。日方人员表示，如果中方领导人提出关于启动中日双边自贸区谈判的建议，日方将予以积极回应。但迫于日本国内的政治压力，日方领导人主动提出启动中日自贸区谈判建议的难度较大。

日方人员对6月中日高层对话机制第四次会议是否能如期召开表示担心。日方人员说，第四次会议本来应在2011年召开，结果因故推迟。会议顺利召开的象征性意义十分重要。5月初的日本长假期间，将有多位日本高官访华，目的在于围绕会议日程、议题等与中方进行协商。

我们认为，日方迫于市场竞争压力，对于可能出现的中韩自贸区谈判取得实际进展且中日韩三国自贸区谈判难以启动的被动局面深感担忧，急于通过中日双边自贸区建设，抵消中韩自贸区贸易转移效应的影响，为日本企业进入具有巨大增长潜力的中国市场创造有利条件。这为中方推动中日双边自贸区进程提供了新的机遇。日本是全球第三大经济体，也是我国主要的贸易伙伴和直接投资来源地之一，加强中日双边经济合作符合我国周边战略和大国外交战略的需要。建立中日自贸区的经济和政治意义超过中韩自贸区。一是有利于牵制美国"重返亚太"的战略意图、消除TPP带来的不利影响；二是有利于获取积极的贸易和投资创造效应，为国内结构调整和经济发展提供更多机遇；三是有利于在中韩双边谈判中赢得更多筹码，通过中日、中韩两个双边进程的互动，提升我国在中日韩三国和地区事务中的影响力。

三、对于择机提出启动中日自贸区官方联合研究的建议

从目前日韩各方态度来看，不论是第五次中日韩三国领导人会议能否作出启动三边自贸区谈判的决定，推动这一谈判都将面临较大难度，需要采取更加有效的策略。一方面，我国在三方领导人会议上，应强调落实三国领导人第四次会议决定，巩固并扩展现有成果的重要性、必要性，表明我国积极支持启动中日韩三国自贸区谈判、愿分别与日本和韩国推动双边自贸区进程的积极态度，这将有利于促成中日韩自贸区谈判的正式启动。另一方面，建议我国在中日高层对话机制第四次会议中，就启动中日双边自贸区建设与日方进行正式协商，并尽早作出决定。建议我国主要重申2005年的倡议，表明中方的态度并没有改变，敦促日方尽快作出积极回应，但不宜首先提出启动中日自贸区谈判的倡议。

另外，按照大国之间商签自贸区的经验，为了充分反映各方意见，提出积极、稳妥、可行的方案，一般要经历学术机构联合研究、官方联合研究、启动谈判等阶段。鉴于中日双方长期以来对关于两国贸易和投资合作问题的

研究已经取得了许多成果，各自在推进对外商签自贸区方面积累了丰富经验，并拥有一大批熟知中日经济和区域经济合作理论与实务的专家队伍，我国可建议中日自贸区直接进入官方联合研究阶段，让双方政府官员、企业代表和学者参加，以提高效率，尽快取得实质性成果。

案例2：中国—加拿大自贸区建设的可行性及其影响[①]

当前，国际金融危机的冲击仍在持续，全球经济格局正在发生深刻变化。受多哈回合谈判进程受阻等因素的影响，区域贸易自由化趋势凸显，尤其是美国主导的跨太平洋经济伙伴关系协定对东亚区域合作进程和我国的自贸区战略形成严重干扰与挑战。在这一背景下，如何深化和加强与主要经济伙伴之间的双边经济关系，回避各种干扰和冲击带来的不利影响，成为我国面临的一个重大战略课题。加拿大是西方七国集团成员之一，也是亚太地区的重要国家。长期以来，中国与加拿大的双边经济关系保持了持续稳定发展态势，这对促进亚太地区经济合作产生了积极影响。深入探索建立中加双边自由贸易区的可能性、经济影响及其途径，对于加快实施我国自贸区战略、改善我国经济社会发展的外部环境具有十分重要的意义。

一、推进中加FTA建设的重要性

第一，建立中加FTA有利于缓解美国主导的TPP对东亚区域合作与我国自贸区战略带来的冲击。

自从2010年3月美国主导的跨太平洋经济伙伴关系协定谈判正式启动以来，截至2012年6月，其成员增加到11个。日本已经表明了加入谈判的意向，正在为此作相关准备，有可能在近期内使得参加TPP发起国谈判的国家增加至12个，超过APEC成员的一半。由于TPP要求的自由化标准很高、覆盖领域十分广泛，谈判进程推进节奏快，对谈判能力和团队实力的要求很高，需要很强的内部综合协调和决断能力等，尤其是加入发起国谈判需要征得目前所有成员的一致同意，美国将TPP视为重返亚太、制衡我国影响力的重要工具，不会轻易允许我国加入谈判。从短期来看，我国尚不具备直接参加TPP谈判的可能性。在这一条件下，由于TPP成员多数是我国的主要出口市场和

[①] 国务院发展研究中心对外经济研究部课题组完成于2013年9月。

投资来源地，TPP生效后将对我国产生贸易和投资转移效应，出口、吸引跨境投资和经济增长都会面临一定下行压力。

与经济影响相比，TPP对我国外部环境和区域合作战略的冲击更为严重。首先，从目前趋势来看，TPP作为APEC区域内唯一进入实质性谈判阶段的超大型贸易集团，将可能成为亚太区域贸易自由化的主渠道，在区域合作规则制定方面发挥关键作用。随着其成员进一步增加，TPP甚至可能演变成主导APEC机制的利益集团，我国将面临被边缘化的风险。其次，从客观上来看，周边一些国家对我国的戒心并未消除，借助美国力量平衡对外关系的意图犹存。这将导致这些国家在参与TPP建设方面采取更加积极的态度，对我国主推的"10+3"进程造成干扰。再次，TPP有可能成为美日联手制衡中国的工具，成为周边国家政治和外交要价的筹码，导致我国参与全球治理和区域机制建设的阻力加大，和平发展的外部环境趋于严峻。

为了减少TPP可能对我国带来的不利影响，我国应采取的根本之策是加快实施自己的自贸区战略，尤其是尽早启动我国与TPP成员之间的双边FTA建设。加拿大是西方七国集团成员，目前已经加入了TPP发起国谈判。建立中加自贸区，有利于抵消部分贸易投资转移效应的影响，借助加拿大的TPP成员地位尽可能利用TPP贸易自由化的成果；还可以打破美国对中国的制衡和围堵，在战略上赢得主动。

第二，建立中加自贸区有利于回避其他FTA对我国形成的贸易投资转移效应。

区域贸易自由化理论和实践经验表明，区域贸易安排内部成员之间的交易成本降低、市场规模扩大和投资环境改善等，将导致区域成员与区域外经济体之间的交易部分地转向区域内部进行，跨境投资更容易向区域内集中，从而对非成员产生贸易和投资转移效应，区域外国家的对外贸易出口和吸引外资会因此受到挤压，并影响到其经济增长和就业。此外，原有贸易伙伴加入的自贸区范围越广泛、FTA内存在竞争关系的经济体越多，非成员受到的冲击就越大。加拿大是北美自贸区的重要成员，近年来积极推进FTA建设，截至2012年6月底，已签署的FTA协定达到11个，涉及14个经济体，其中8个已经生效；正在开展谈判的协定达到14个，覆盖经济体非常广泛，包括欧盟、美国、日本、韩国、印度、澳大利亚、新西兰等世界主要经济体。根据世界银行数据计算,未来加拿大自贸协定伙伴(含加拿大)合计将占全球40%的人口、72%的GDP总量和73%的货物出口。由于中国和其中大多数经济体尚未签署自贸协定,而且其中包括了美国、日本、欧盟等中国主要出口市场和印度、韩国、墨西哥、马来西亚等中国主要竞争对手,加拿大与别国建立自贸区,将对中加双边贸易以及我国与主要贸易伙伴之间的双边贸易产生一定的贸易转移效应。尽快签署中加自贸协定,不但有助于回避加拿大推行区域贸易自由化对中国的贸易转移效应,而且可以利用其已经形成的FTA网络优势,扩大中国企业对外投资和出口市场空间。

第三,建立中加自贸区有利于提升中加双边合作水平。

中国和加拿大自1970年10月13日建交以来,双边经济合作取得了长足发展。具体成果表现在以下几个方面:一是注重合作机制建设。早在1973年,双方就成立了中国—加拿大经济和贸易联合委员会,随后又陆续成立了中国—加拿大气候变化工作组、金融行业政策对话、环境合作联合委员会、联合科学和技术委员会、经贸合作论坛等18项定期或不定期高级别交流、对话和协商机制。二是努力为双边合作提供法律和制度保障。长期以来,中加之间签署了大量谅解备忘录、议定书、协议等具有法律和规章效力的重要文件。从最新成果来看,2012年,双方签订了中加核能合作协定补充议定书以及议定书行政安排;完成了中国—加拿大投资促进和保护协定的实质性谈判;续签了中国—加拿大学者交换项目协议(1973年签订)。同时,还签订或续签了5项两国部门之间的谅解备忘录和协定。这些成果为双边合作的规范化、制度化提供了有力保障。其中一些成果经历了较长时间的努力,来之不易。以中加投资促进和保护协定(FIPA)为例,早在1994年,中国和加拿大就开始协商谈判事宜,2004年9月开始正式谈判,直到2012年才正式签订。从最终文本来看,该协定是一个高标准、范围广的协定,其中包括国民待遇、最惠国待遇、透明度等重要内容,同时还包括了投资者可向母国寻求争端解决的条款,对于保障双方企业合法权益,促进中加相互投资将发挥十分重要的作用。自贸协定与上述合作成果相比,具有更强的综合性、制度性和全面合作等突出特点,不但可以为各领域合作提供制度基础和法律环境,而且有利于实现经济联系的紧密化,巩固和扩大双边经济合作的实质性成果。

第四,建立中加自贸区有利于消除贸易投资障碍,为双方企业营造良好经营环境。

FTA的传统含义是缔约国之间相互取消货物贸易关税和数量限制。但是进入21世纪以来，FTA所包含的自由化内容在原有基础上开始向两个方面扩展。一是协定中涉及取消或消除的"贸易障碍"的范围进一步扩大，不仅包括传统意义的关税和数量限制等贸易障碍，而且包括诸如通关程序、检验检疫、标准认证、政府采购规则等更加广泛的内容，这些内容也被称为"便利化"，并且将包括便利化内容的自由化称为"广义的贸易自由化"。目前许多FTA中已经同时包含了广泛、多样的自由化内容和便利化内容。二是FTA所涉及的"经济活动领域"的进一步扩展，不仅规定要取消关税和各种数量限制等与货物贸易有关的自由化措施，而且涉及服务贸易自由化、投资保障和投资自由化、知识产权保护、竞争政策、经济合作、环境保护、自然人流动等更多领域的相互承诺。

为了更好地适应这些新的趋势、充分体现中加两国深化双边合作的积极意愿和决心，未来可能建立的中加FTA应当具有较高水平的自由化标准和广泛领域的自由化内容。这就意味着两国之间不但要取消目前的货物贸易关税、贸易数量限制措施，而且要相互开放服务贸易市场、取消投资准入限制，实施更加开放和便利的投资、合作促进政策，以有利于消除双边贸易投资中存在的诸多制约因素，降低企业经营成本。另外，在中加不建立FTA的情况下，中国企业在加拿大市场上，将失去与加拿大自贸区伙伴国企业的同等竞争机会，其中包括了墨西哥、印度、马来西亚、越南等我国在全球市场的主要竞争对手；在进入加拿大自贸区伙伴国市场时，面对加拿大企业的有利地位，同样受到较大竞争压力。因此，建立中加自贸区对于中国企业改善在国际市场的竞争条件和经营环境，具有不容忽视的作用。

第五，建立中加自贸区有利于扩大双边贸易和投资，促进两国经济增长和结构调整。

各国建立双边和多边自由贸易区，除了为相互关系奠定制度性基础和稳定机制、加强区域协调和共同发展之外，还包括了追求贸易自由化带来的诸多经济利益。FTA对区域成员经济的影响大致可以分为静态效应和动态效应两类。前者指区域内成员相互之间取消关税和贸易数量限制措施之后贸易规模的扩大效果，包括贸易创造效应和贸易转移效应；后者指缔结FTA之后，区域内生产效率提高和资本积累增加，导致各成员经济增长加快的间接效果。

动态效应包括市场扩张效应和促进竞争效应。对区域内成员而言，市场开放的利益并不是均匀分配的，具有较强比较优势的产业由于市场规模和范围的扩大，贸易机会增加，具有比较劣势的产业却可能受到其他成员产品的冲击。因此，FTA能够促进各成员更有效地发挥比较优势，其内部的资源配置将向优势产业集中，从而促进结构升级和区域整体效率提高。贸易创造效应、市场扩张效应和促进竞争效应会带来许多正面影响，但是，贸易转移效应也有可能带来负面影响，原因在于区域内的低效率产品可能会取代非成员的高效率产品。一般来说，需要通过吸收高效率成员和扩大区域覆盖范围才有可能回避这一负面影响。

中加FTA具有充分显现上述积极效应，实现扩大双边贸易投资、促进两国经济增长与结构调整目标的条件。主要原因：一是中国和加拿大同属世界经济大国，2011年两国经济总量（GDP）之和占全球的12.9%，更加紧密的合作将使两国共同拥有巨大的市场规模和发展空间；二是中国和加拿大由于经济发展阶段不同、资源禀赋迥异、人均GDP水平差距较大，两国之间存在很强的经济互补性，有利于各自比较优势的充分发挥；三是目前中国和加拿大的平均关税水平分别达到8.9%和3.5%；货物和服务进口、跨境投资还存在诸多限制，贸易和投资自由化降低交易成本的效果将较为显著；四是加拿大作为发达国家，生产效率与技术处于世界领先水平，中国仍然是发展中国家，加强与加拿大的市场融合，能够有效提升国内经济效率、促进市场竞争，对双方整体效率的提升产生积极作用。

二、推进中加双边FTA建设的可能性

积极推进中加FTA建设，对于促进两国经济稳定增长和双边经贸关系可持续发展具有重要的现实意义和长远意义，不仅是非常必要的，而且从当前两国经济关系和全球经济格局的演变趋势来看，也是完全可能的。

第一，中加两国都是区域FTA战略的积极推动者和实践者。

贸易伙伴之间是否愿意商签自贸协定，在很大程度上取决于各自关于区域贸易自由化的基本态度和主张。中国和加拿大都是世贸组织成员，在全球贸易自由化进程中扮演着十分重要的角色。近年来，两国都在积极实施FTA

战略，加快了与贸易伙伴商签自贸协定的速度，为探索中加双边FTA的可能性奠定了重要基础。

加拿大的经济增长与国际贸易、跨境投资活动密切相关，外贸依存度高达60%，20%左右的就业岗位来自外贸领域。因此，加拿大十分重视加强本国和贸易伙伴之间的经济合作关系，把推进双边和区域多边贸易和投资自由化放在了十分重要的位置上。从20世纪80年代开始，加拿大首先启动了与美国的自贸协定谈判。1994年正式建成包括美国、加拿大和墨西哥在内的北美自贸区（NAFTA），随后陆续启动了与欧洲自由贸易联盟（EFTA）等其他经济体的自贸协定谈判。截至2012年6月底，加拿大已签署的区域和双边FTA协定共有11个（其中8个已生效）；正在谈判的对象包括美国、日本、欧盟、印度、澳大利亚、新西兰、韩国等50多个经济体。目前，加拿大和自贸协定已生效伙伴国的人口、GDP之和分别占全球总量的8.1%和27.8%，全部谈判结束后的人口和GDP覆盖率将扩大至39.8%和72.4%。值得注意的是，一直到2005年为止的很长时间内，加拿大的自贸区建设进程都明显落后于其他发达国家。近几年，加拿大基于WTO多哈回合谈判严重受挫、全球范围内区域自贸协定谈判迅速增加的新形势，开始对本国的FTA战略进行以下三个方面的调整：一是选择谈判的对象从拉美、中东等较小经济体转向较大经济体；二是随着亚太地区成为全球经济增长的重要引擎，转而更加关注亚太区域的制度性合作；三是加快与东亚地区国家谈判缔结双边FTA。加拿大目前已经签署的自贸协定一半以上是2005年以后完成的，正在谈判的协定大多数是2009年以后启动的。

第二，中加双方具有深化双边经济关系的政治意愿。

2010年6月24日，中国国家主席胡锦涛在访问加拿大期间的演讲中指出，经贸合作是中加关系的重要组成部分。深化中加经贸合作，符合两国和两国人民根本利益，也是全面建立中加战略伙伴关系的必然要求。他还强调，双方应该把握机遇，开拓思路，坚持互利双赢，挖掘合作潜力，丰富合作内容，创新合作方式，推动经贸合作向更大规模、更宽领域、更高水平发展，表达了中方对推进中加经济合作向更高层次发展的积极愿望。

加拿大总理斯蒂芬·哈珀于2012年2月7~11日对中国访问期间，两国领导人重申2009年《中加联合声明》确立的指导原则和对加强中加战略伙伴关系的承诺，双方同意本着相互尊重、平等互利原则，拓展务实合作。哈珀还表示，加拿大视中国发展为加方的重要机遇，愿进一步拓展经贸合作的领域和内涵，并希望在双方完成"中加产业互补性研究"的基础上考虑开展中加自贸区的联合研究，表明了加方对深化双边关系的积极意向。

长期以来，加拿大的对外贸易和跨境投资严重依赖于美国经济。1997—2009年，加拿大80%的货物出口、40%的直接投资流向美国市场；货物进口和服务贸易的一半以上、外资流入的60%来自美国。随着美国转向区域多边和双边自由化政策，与美国签署自贸协定的经济体明显增加，加拿大的原有优势面临巨大挑战。另外，国际金融危机爆发后，全球经济格局发生了重大变化，美国等发达经济体面临巨大困难，新兴经济体迅速崛起，成为引导全球经济复苏的重要力量，寻求具有长期增长潜力的合作伙伴理所当然地成为加拿大新的目标。中国是世界第二大经济体，中国经济具有长期较快增长的潜力和巨大发展空间，加强和中国之间的深层次合作关系，不仅有利于加拿大获得更多的经济利益，而且能够增加加拿大在参与TPP和其他跨区域合作机制中的筹码和影响力。这也是加拿大近年来明确表态，愿意与中方共同探索建立中加FTA可行性的一个重要客观原因。

第三，中加互为重要贸易投资伙伴，具备制度性合作的经济基础。

较大的相互贸易和投资规模及其增长潜力是建立更紧密经济关系的经济基础和必要条件。21世纪以来，中加双边经济往来进入了较快增长时期，和其他发达经济体相比，中国和加拿大的双边贸易和投资重要性逐步上升，相互成为重要的经济伙伴。一是货物贸易需求实现较快增长，贸易伙伴地位有所提高。中国海关统计，2001—2011年，中加双边贸易累计增长了5.6倍，虽然低于中国同期对世界6.2倍的平均增长水平，但高出西方七国平均4.2倍的水平。其中，中国对加拿大出口增长6.5倍，快于中国同期出口平均增长速度，在西方七国中也属于较高增长水平；中国从加拿大进口4.8倍，虽然低于进口平均增长速度，但在西方七国中是增长最快的。从中方来看，加拿大在中国对外贸易中排第19位，是中国第十八大进口来源国和第二十大出口目的国；从加方来看，中国是加拿大第二大贸易伙伴、第二大进口来源和第三大出口市场。中加双边贸易在加拿大经济中的重要性超过中方。二是中加双边服务贸易发展较快，潜力巨大。中加双方的统计数据均表明，两国服务贸易在近十年得到快速发展。加拿大统计数据显示,中加服务业贸易额在近十年翻了一番,2009年达29亿美元[①]。中国统计数据显示,中加服务贸易额在近五年翻了一番,2011年达到74.2亿美元,其中中国出口25.3亿美元,进口48.9亿美元,逆差23.6亿美元,都达到了历史最高水平。三是相互投资平稳增长,相对地位上升。中方统计,2001—2011年,加拿大对华直接投资年均增速为0.6%,而同期西方七国平均下降0.2%;加拿大直接投资同期增长水平高于英国、德国和美国。按照2011年实际金额计算,加拿大对华投资占中国实际利用外资的0.4%,在西方七国中仅高于意大利。与此形成对照的是,中国对加拿大的直接投资近年来呈现快速增长势头。2005—2011年年均增长达到60.5%;截至2011年底,投资存量已达37.3亿美元。另外,按照存量计算,中国对加拿大直接投资在全部对外投资中的比重仅次于美国,在7个全球主要发达国家中居第二位。

中国和加拿大分别是世界位居第二和第十的经济大国,按照2011年统计数据计算,两国的人口、GDP之和分别占全球的20.9%、11.9%;工业、服务业加在一起,占全球的比重在10%~20%。两国所具有的对商品贸易、服务贸易和投资的巨大需求,将为双方企业提供巨大的市场空间和发展机遇,并成为深化双边制度性合作关系的有力支撑。

第四,较强的经济互补性有利于中加双方共同实现制度性合作的利益最大化。

形成统一的市场,有利于最大限度地发挥各自比较优势的作用。因此,越是具有经济互补性的经济体,相互开放市场的经济利益越为显著。中国和加拿大处于不同的经济发展阶段,经济发展水平不同,各自的比较优势存在明显差异。中国是发展中国家,拥有丰富的劳动力资源,劳动密集型产业和加工贸易占主导的机械设备加工组装产业成为最能体现比较优势的领域;加拿大是后工业化国家,具有较为丰富的矿产和农业资源,以及资本和技术优势,比较优势主要体现在农产品、资本和技术密集型产业和生产性服务业的竞争力上。以货物贸易为例,中国对加拿大的出口优势商品主要集中在纺织品、鞋帽伞、杂项制品、非金属矿物制品和贱金属以及机械设备加工组装

[①] 加拿大统计局最新数据。

等领域；加拿大的优势则集中在矿产品、农产品和化工产品等领域，互补性表现得十分明显。利用贸易商品结构数据计算的中加货物贸易互补性指数表明，2001年双边互补指数达到0.6443，超过0.5的中间点，属于互补性较大的结果；根据2011年数据的计算结果，指数值上升到0.9119，中加双边贸易的互补性进一步提高。中加经济互补性还表现在贸易平衡方面，2001年中加贸易特化系数为-2.1%；2011年虽然中方转为顺差，但贸易特化系数仅为6.5%，失衡程度低于中国对美国、英国、法国、德国、意大利等主要发达国家的双边贸易。由于中加双边经济关系具有双赢的结果，为双方带来了巨大的利益，因此容易得到两国生产者和消费者的广泛支持与认同。

三、中加自贸区对两国经济的影响

根据关于区域贸易自由化经济效果的国际理论和经验，作为两个世界经济大国，尤其是发展中经济体与发达经济体之间的制度性自由贸易安排，中国和加拿大建立自贸区所产生的贸易创造和贸易转移效益，对于促进两国市场竞争和提升经济增长能力都将产生较大的积极作用。

为了评估FTA对相关国家（地区）经济的综合影响，最常用的方法之一是瓦尔拉斯一般均衡系统多国多部门模型（CGE）。课题组利用这一方法，在假定中加两国相互取消关税和非关税贸易限制的条件下，对中加自贸区的经济效应进行了模拟分析。

1. 中加FTA的宏观经济效应

在假定①TPP生效、中加之间没有FTA；②不考虑TPP因素、中加FTA单独生效；③中加FTA生效、加拿大加入TPP的三种情景下，关于中加自贸协定对双方可能产生的宏观经济效应，从CGE模型的模拟结果可以得到以下几点结论（参见案例表2-1）。

第一，在情景①条件下，中国经济将受到较大贸易转移效应影响，经济增长率下降0.54个百分点，而加拿大将因加入TPP获得较大经济利益。与此同时，中国的进出口、国民福利、投资需求和劳动力就业需求都将出现不同程度的下降，其中按照2011年数据计算，劳动力就业需求将减少大约172万人。加拿大则从TPP获得较大经济利益，各项宏观经济指标得到较大幅度提升。

第二，在情景②条件下，中加FTA将使中国的GDP增长率提升0.11个百分点，但加拿大获益程度明显超过中国。除此之外，中国的国民福利、进出口、投资以及就业均实现增长，贸易条件也将得到一定改善，尤其是按照2011年劳动力总量作为基数计算，新增劳动力就业需求将可能达到130万人。加拿大的经济增长率将因中加FTA提升0.47个百分点，出口、投资等其他指标的提升幅度也都将大于中国的获益程度。

第三，在情景③条件下，中加FTA的积极效应将部分抵消TPP的负面影响，经济增长率下降幅度比情景①减少0.11个百分点，而加拿大的获益将相互叠加，比单独的TPP效应进一步扩大。中国的进出口、投资、国民福利等宏观指标与情景①的不利影响相比将得到明显改善，其中就业需求的下降规模将由172万人减少至42万人。加拿大同时从TPP和中加FTA中获益，积极效应相互叠加，经济增长率将可能提升3.85个百分点；其他指标的提升效果也十分显著。

案例表2-1　不同情景下中加FTA对两国宏观经济的影响

FTA方案 指标	情景①： TPP12		情景②： 中加FTA		情景③： TPP12+中加FTA	
	中国	加拿大	中国	加拿大	中国	加拿大
名义GDP/%	-0.54	3.4	0.11	0.47	-0.43	3.85
实际GDP/%	-0.14	2.19	0.07	0.34	-0.08	2.5
福利/百万美元	-4058.2	23695.6	1382.3	3849.1	-2794.4	27109.5
出口（FOB）/%	-0.32	5.26	0.32	0.68	-0.03	5.88
进口（CIF）/%	-0.53	6.79	0.46	0.95	-0.11	7.57
贸易条件/%	-0.22	0.72	0.02	0.16	-0.2	0.85
贸易平衡/百万美元	962.6	-4016.6	-585.7	-748.8	451.5	-4423.3
实际投资/%	-0.58	4.48	0.13	0.73	-0.46	5.09
非熟练劳动就业/%	-0.21	3.56	0.16	0.51	-0.07	4
熟练劳动就业/%	-0.24	3.29	0.18	0.51	-0.08	3.74

资料来源：根据课题组模拟结果整理。其中，福利为希克斯等价变化，包含了生产者剩余和消费者剩余，下同。

总体来看，把中国排斥在外的TPP将使中国蒙受较大损失，中加FTA有助于在较大程度上抵消或减缓这一冲击；加拿大则可以获得相互叠加的积极效应，经济增长率等宏观经济指标将普遍得到显著提升。

2. 产业层面的经济效应

在情景①条件下，如果将全部产业部门划分为农业、工业和服务部门，两国所有部门的产出、进出口和贸易收支的变动结果见案例表2-2、案例表2-3、案例表2-4。

第一，在建立中加FTA的条件下，中国农业部门贸易逆差将可能增加，但对于国内相关产业冲击有限，而加拿大农业部门的总体获益程度较大。

农业部门中，除加工食品以外，中国在其他部门均处于贸易逆差，其中来自小麦部门的贸易逆差达5.19亿美元，占据全部农产品贸易逆差的80%以上，与中国商品和服务贸易收支的变动总和相近。相应地，在中加FTA的影响下，中国小麦的进口增长幅度高达36.28%，国内小麦产量也将下降近5%。上述结果一方面表明，自由贸易将释放中加两国在高关税保护下的小麦部门的贸易增长潜力，另一方面也表明，作为中国非常重要的小麦进口来源地，加拿大在小麦部门拥有相对于中国的显著比较优势，因而两国间的自由贸易将使中国的小麦行业遭受较为强烈的冲击。中国的肉类、动物产品和动植物油脂进口也将实现较为明显的增幅，但由于中国上述产品的进口规模较小，国内产出不会受到明显冲击。

案例表2-2 中加FTA对两国农业部门的影响

农产品	加拿大				中国			
	增长/%			贸易收支/百万美元	增长/%			贸易收支/百万美元
	产出	出口	进口		产出	出口	进口	
动物产品	0.48	3.58	1.93	41.9	0.12	0.62	1.5	-36.5
肉类	0.42	1.32	1.44	35.7	-0.07	0.68	7.37	-51.6
鱼类	0.07	0.06	0.59	-2.0	0.07	-0.12	0.84	-3.8
稻米	-1.93	-7.3	1.19	-0.3	0.13	-0.3	0.37	-0.2
小麦	17.82	21.06	13.7	618.2	-4.98	6.05	36.28	-519.4
其他谷物	0.99	2.44	2.13	6.1	0.01	-0.05	4.1	-11.0
蔬菜水果	-1.63	-1.81	0.78	-57.8	0.12	0.09	0.54	-3.8
植物油料种子	-0.17	-0.75	5.41	-31.8	0.05	0.48	0.24	-13.8
其他种植业	-0.16	1.39	0.93	4.4	0.11	-0.09	0.73	-43.0
动植物油脂	5.09	13.23	2.19	136.5	-0.67	0.62	1.4	-55.1

（续表）

农产品	加拿大				中国			
	增长/%			贸易收支/百万美元	增长/%			贸易收支/百万美元
	产出	出口	进口		产出	出口	进口	
糖	0.17	−0.51	0.65	−2.6	0.03	0.22	0.13	−0.3
饮料、烟草	0.27	0	0.64	−13.6	0.1	0.18	0.59	−1.6
加工食品	0.29	0.69	1.15	−25.2	0.13	0.61	1.14	30.8

资料来源：根据课题组模拟结果整理。

对加拿大而言，中加FTA将促使其13个农业部门中的9个产出增加，这些产出增长的部门出口也基本上实现增长（仅糖的生产和出口变动方向相反），而所有农业部门的进口均将增加，农业将成为加拿大贸易收支盈余来源。在农业部门中，小麦和动植物油脂是加拿大受益最为显著的两个部门。其中小麦产量和出口将分别增长17.82%和21.06%，进口也将增长13.7%。但由于小麦是加拿大传统的出口比较优势部门，其进口规模相对于出口而言较小，因而进口总量增长相对有限。在出口和进口同时增长的情况下，加拿大的小麦贸易将增加6.18亿美元的盈余。动植物油脂是加拿大的另一个出口比较优势部门，其产出、进出口以及贸易收支与小麦类似，但幅度相对较低。稻米、蔬菜水果和植物油料种子的产出和出口将受到一定程度的冲击。

第二，中加FTA将使中国工业部门中的设备仪器、化工、电子产品、造纸印刷、其他金属、燃料、其他矿产品7个产业的产出和贸易收支出现"双降"，服装、纺织品、金属制品等10个产业的产出出现增长，工业部门整体的贸易顺差会明显增加；加拿大的产业获益状况和中方基本相反。

上述7个产业的产出下降主要受贸易顺差减少的拖累。产出和贸易顺差双双下降，说明这些产业可能受到不同程度的冲击，其中，设备仪器、电子产品等重点产业尤其值得关注。但总体来看，这些产业产出下降的幅度和贸易顺差下降的规模较小，如设备仪器、电子产品的产出分别仅下降0.05%、0.04%，以现有贸易顺差算可能减少4.4亿美元和1.5亿美元左右，对中国相关工业部门的影响有限。其他多数工业部门的产出、出口和贸易顺差大体上同时实现增长，其中，作为中国传统比较优势部门的服装业获益最大，产出和出口增长幅度分别达到1.67%和2.32%，贸易顺差将增加12.5亿美元。

案例表2-3　中加FTA对两国工业部门的影响

产业	中国				加拿大			
	增长/%			贸易收支/百万美元	增长/%			贸易收支/百万美元
	产出	出口	进口		产出	出口	进口	
燃料	−0.01	−0.18	0.15	−86.2	−0.13	−0.54	0.37	−206
其他矿产品	−0.05	−0.01	0.11	−19.1	0.33	0.42	0.59	8
木制品	0.22	0.48	0.82	63.4	−0.65	−0.64	1.18	−213
纺织品	0.54	0.20	0.98	−90.0	−0.27	1.53	−0.35	66
服装	1.67	2.32	0.44	1251.0	−7.49	1.75	12.91	−536
皮革制品	0.35	0.42	0.78	107.5	4.12	19.84	1.64	4
化工	−0.09	0.07	0.44	−347.6	1.01	1.89	0.85	235
钢铁	0.03	−0.04	0.27	−57.1	0.14	0.28	0.59	−26
其他金属	−0.24	0.12	0.74	−126.9	0.68	1.06	0.84	119
金属制品	0.11	0.41	0.66	55.2	0.10	0.33	1.29	−86
汽车	0.06	1.01	0.96	−21.6	0.10	0.15	0.49	−182
其他交通工具	0.36	1.13	0.37	98.8	−0.50	−0.41	0.58	−95
电子产品	−0.04	0.00	0.11	−150.4	2.37	3.61	1.06	124
设备仪器	−0.05	−0.07	0.31	−444.3	0.70	1.16	0.70	−50
非金属矿制品	0.09	0.15	0.36	4.6	0.20	−0.20	1.04	−45
造纸印刷	−0.11	0.04	1.33	−144.0	0.46	0.87	0.74	106
其他制成品	0.29	0.68	0.56	223.5	−0.67	0.06	3.55	−167

资料来源：根据课题组模拟结果整理。

案例表2-4　中加FTA对中国工业部门影响的分析结果

贸易	产业	按照行业产出增长情况分类	
		增长（0.03%~1.67%）	下降（−0.24%~0.01%）
按照贸易收支增减方向分类	增加顺差	加工食品、金属制品、木制品、其他交通工具、皮革制品、其他制成品、服装	
	增加逆差	纺织品、钢铁、汽车、饮料烟草、非金属矿制品	设备仪器、化工、电子产品、造纸印刷、其他金属、燃料、其他矿产品

资料来源：根据课题组模拟结果整理。

中加FTA的签订将使加拿大矿产品的产量和出口略有增长。木制品、服装、其他交通工具和其他制成品的产出下降，出口同时下降，或出口增幅低于进口，因而上述行业将受到一定冲击，其中以服装行业最为显著，其产出下降幅度将达7.49%，而进口增长幅度达12.91%，这主要是受到来自中国的直接竞争所致。纺织品的产出和进口出现小幅下降，但出口增加。皮革制品业的产出将增长4.12%，而出口增长幅度则达到19.84%，但由于该行业的出口规模较小，出口增长积累的贸易盈余很少。电子产品是加拿大工业部门中受益较为显著的一个行业，其产出和出口增长幅度分别达2.37%和3.61%，进口增长幅度为1.06%，贸易顺差增加1.24亿美元。

第三，中加FTA有利于提升中国和加拿大服务业的产出增长水平，但贸易逆差将出现不同程度的增加。

由于数据库资料所限，服务业只能分为通信、运输、仓储服务业和其他服务业两组；建筑业与服务业相近，这里也将其放在了服务业范围内考察。根据模拟结果，中加FTA将导致中国的三个服务业出口普遍出现下降，而进口增长水平可能有较大幅度的提升，服务贸易收支全部成为逆差。但模拟结果显示，三个产业的产出增长水平将分别提升0.13个百分点、0.06个百分点和0.08个百分点，原因在于市场开放导致国内生产扩大、通过生产网络的传导对服务产出的需求增加，抵消了服务贸易逆差增加而导致的产出下降部分。因此可以判断，中加FTA对促进中国服务业发展是有利的，服务业产出增长主要依靠面向国内的服务需求增长。与中国相似，加拿大三个服务业部门的产出和进口均增加，出口减少，服务贸易收支出现逆差，其中服务业逆差规模超过中国。

案例表2-5 中加FTA对服务部门的影响

	服务业	增长/%			贸易收支/百万美元
		产出	出口	进口	
中国	建筑业	0.13	−0.12	0.13	−3.66
	通信、运输、仓储服务业	0.06	−0.06	0.22	−37.8
	其他服务业	0.08	−0.17	0.21	−151.65
	合计	—	—	—	−193.11

（续表）

服务业		增长/%			贸易收支/百万美元
		产出	出口	进口	
加拿大	建筑业	0.67	−0.33	0.61	−2.04
	通信、运输、仓储服务业	0.24	−0.27	0.64	−107.67
	其他服务业	0.29	−0.47	0.7	−403.92
	合计	—	—	—	−513.63

资料来源：根据课题组CGE模拟结果整理。

3. 关于CGE模型分析的局限性

第一，CGE模型分析给出的经济效果并不是对于某一时期经济现象可能达到水平的预测。CGE模拟的是在原有潜在增长水平基础上，由于区域贸易自由化的影响产生的提升或降低效果。这是利用模型模拟结果评估时首先需要注意的问题。对相关自贸区建成时期经济增长率的预测，则必须结合长期趋势变化、潜在增长水平和自贸区的影响效果等因素综合进行。

第二，CGE模型的模拟只反映了贸易转移和贸易创造效应等静态效果，如果将动态效果考虑在内，中加自贸区对中国经济的实际促进作用可能高于静态模型的模拟结果。一方面，促进竞争、扩大市场规模等贸易自由化的动态效应在模拟结果中并不能得到反映，而按照FTA相关理论，市场扩大和经济效率提高等动态效应对FTA成员的经济增长具有积极意义。因此，模拟结果可能低估FTA的经济影响，尤其是长期影响。另一方面，使用静态模型的模拟结果无法反映相互直接投资增长及其动态影响。对中国来说，作为直接投资的东道国，由于其巨大的市场规模和经济发展潜力，各种FTA将有可能使中国进一步成为加拿大等其他国家企业海外投资的重点地区，这对于继续带动中国的技术进步和产业结构升级、促进经济成长都将产生积极效果。对加拿大来说，可以通过FTA的影响吸收大量外国投资，带动国内投资和产业增长；而且，作为面向中国等发展中国家的投资输出国，也可以从企业的海外经营中获益。加拿大作为投资输出国，企业已经从海外生产和经营中获得了丰厚回报，FTA将使这种投资的规模进一步扩大，投资收益继续增加，并大大提高国民福利水平。因此，如果将直接投资（包括吸收第三国投资）带来的动态效果考虑在内，那么中加FTA的经济收益同样可能超过静态模型的模拟水平。

四、中方可能面临的困难和障碍

从目前形势看,启动中加FTA联合研究和谈判仍存在一定的不确定性。一是加拿大的态度可能出现摇摆。签订中加双边FTA是由加方于2011年首先提出的,但加拿大总理在2012年2月访华期间,提出先完成"中加经济互补性联合研究",对中加FTA则建议先开展探索性讨论(exploratory discussion)。这一退却的举动,说明由于加拿大对美经济依赖度高,顾虑到美国的态度,也担心国内产业受中国冲击的影响。现在,加拿大已经加入TPP发起国谈判,在是否启动中加FTA的问题上美国态度的影响应该已有所减弱,其对中加FTA的态度有可能转向积极以提高在其他区域FTA谈判中的地位和增加谈判筹码。二是双方关于高标准自由化的认识存在差异。随着新区域主义浪潮的不断推进,自由化范围逐步地由传统的货物贸易向服务贸易、投资、经济合作以及更广泛的领域扩展,自由化程度不断加深。TPP不仅将规定取消或降低商品的关税,还将涵盖安全标准、技术贸易壁垒、动植物卫生检疫、竞争政策、知识产权、政府采购、争端解决,以及有关劳工和环境保护的规定,标准之高和覆盖领域之广远远超过一般自贸区协议。加拿大在签署区域和双边FTA协议中均要求较高标准的贸易和投资自由化,加入TPP发起国谈判意味着其认可并接受采取高标准的贸易自由化进行亚太经济一体化的制度性安排。中国已签订或正在谈判的FTA虽已显示出参与经济一体化深度持续增强的趋势,但以往大多数自贸区协议主要限于降低商品关税和促进服务贸易,基本上尚未涉及投资自由化,更很少涉及劳工、竞争政策和环境保护等问题。中加FTA将基于何种水平的自由化安排,将是双方在联合研究和谈判中首先要面对并解决的问题。

如果中加FTA进入实质性推进阶段,加拿大可能成为中国截至目前的FTA伙伴中经济规模最大的国家。一般来说,大国之间的自贸区建设,由于经济影响大、覆盖领域广、谈判内容多等,往往会存在许多困难和问题。作为发展中国家,中国在与加拿大的谈判中同样将面临较多难点问题。

1. 敏感产品的确定和处理方式

对FTA成员而言,市场开放的利益并不是均匀分配的,具有较强比较优势的产品,由于市场规模和范围的扩大可能使相关行业的生产和贸易机会增加，企业会从中受益并可能增加就业；但是，对于那些在区域内不具备比较优势的行业却可能受到其他成员价廉物美商品的冲击，企业因此可能破产，失业也会增加。由此可见，FTA能够促进各成员更有效地发挥比较优势，其内部的资源配置将向优势产业集中，从而促进结构升级和整体效率的提高，但是贸易自由化也会带来一定的结构调整成本，如部分行业的衰退，甚至可能引发失业和社会矛盾等。因此，拟建立FTA的相关各方，为了实现共赢，使得所有成员都能从中获益，一般事前都要以单独或联合研究的方式进行认真的可行性评估；即使是能够达成共识，为了最大限度地减少结构调整的成本，仍然需要通过过渡性措施缓解对部分产业可能带来的冲击。但是，一方的保护要求，可能减少对方的自由化利益，因此，确定各自的敏感产品领域并要求采取一定的保护性措施，往往是FTA谈判中的最大难点。

2. 原产地规则的选择和执行方式

原产地规则是一种通过防止迂回贸易保护成员国利益的重要方式，是FTA协议中必不可少的组成部分，随着近年来成为贸易保护的重要手段，原产地规则问题日益受到各方重视。加拿大认为，原产地规则既要防止来自第三国的货物规避原产地规则，也要避免对贸易造成不必要的阻碍，在透明和可预测的基础上，要简便易行，并在确定原产地规则时，兼顾产品特征、产业结构以及对双边贸易和投资的影响。值得注意的是，在已签署的FTA协议中，中方大多使用增值率为判定标准和授权出口商制度（即由贸促会发放原产地证书），加拿大大多采取税号改变的判定标准和出口商自我认证制度。中加两国惯用的原产地判定标准不同，加上存在美国企业的进入问题，使得原产地规则的制定有可能成为双边谈判中的重要议题，对此须认真研究。

3. 服务贸易领域的市场开放

在中加服务业自由化过程中，需要找到两国服务业竞争力优势互补的领域以寻求合作潜力，以便通过互惠方式进一步促进双边服务贸易发展，同时也要分析出相对敏感的领域，为双边谈判作准备。为此，我们通过比较两国服务贸易结构和竞争优势、比较两国未完全开放领域和在已签署FTA协议中的开放情况，发现金融、电信和商业服务有可能成为中国在中加FTA协议中的敏感部门。一是因为中国部分服务部门的开放程度较低。根据世贸组织《服务贸易总协定》（GATS）的分类，入世十年后中国在服务贸易的12个大类的155个分部门中,已兑现承诺并开放的服务业部门达100个[①],虽然在开放部门的数量上已经和加拿大相差不多了(加拿大对WTO承诺开放了105个服务业部门),但是,从开放的程度与广度来看,加拿大的服务业更加开放。二是加拿大服务业存在较强竞争优势:服务业是加拿大重要的产业,服务业增加值约占加拿大GDP的73%和就业的78%。虽然加拿大是服务贸易的净进口国,2010年服务贸易赤字为221亿加元,但是加拿大拥有高度发达的知识型经济,服务业成熟且具有竞争力。从具体部门看,加拿大在金融和商业服务中的优势较为突出。2010年,在加拿大的全球服务出口中,约28%属于商业服务,而其全球服务进口中则有约52%属于商业服务。加拿大商业服务类别下出口最活跃的部门是管理服务、建筑、工程和其他技术服务以及计算机和信息服务。此外,加拿大在很多已缔结的FTA中以单独的章节或者附录解决关于电信和金融服务等部门的开放问题。可见,服务业开放将成为加拿大较为关切的领域,并会出现较多要价,而中方则将面临较大开放压力。

4. 投资自由化安排

国际投资是经济增长和竞争力提升的主要推动力。中国和加拿大两国已经基本结束双边投资协定谈判。未来在双边FTA协议中,有两个关键的问题有可能引起双方的重点关注:一是如何解决其他国家"搭便车"的问题,即在加拿大有很多美国投资企业,包括汽车等制造业企业和以商业存在方式进入的美资服务业企业。美资企业在汽车、钢铁、金融服务等产业的竞争力更高,如果中国对加拿大投资进一步开放,那么有可能意味着对美资企业的开放。美资企业的进入问题,不仅将增加外部竞争压力,更将增加FTA协议的复杂性,提高执行与管理成本。二是加拿大要求双边FTA包括高标准投资自由化内容的可能性较大。加拿大认为,透明、以规则为基础的制度对投资促进和保护最为重要,因而在其已经签订的FTA协议中,我们可以发现基本包括以下内容:在投资的创立、购买、扩张、管理、运作和销售或其他处置方面给予国民待遇;高标准的投资保护,比如防止征用条款、禁止某些业绩要求、允许资本自由转移;采取负面清单法;建立有效的投资者—国家争端解决机制;等等。其中,在投资设立前实行国民待遇和负面清单方式,都与我

---

① 《胡锦涛主席在中国入世十周年高层论坛上的讲话》,2011年12月。

国现有经济管理体制和签署FTA中的惯常做法不同,这将成为双边谈判的关键难点。

5. 更广泛领域合作的拓展

政府采购:加拿大是世贸组织《政府采购协定》(GPA)的成员国,积极参加关于修订GPA的谈判。在现行GPA下,加拿大对GPA的承诺仅限于中央政府和一部分其他实体机构,但在修订版GPA中,加拿大扩大了其现有市场准入权覆盖范围,特别是在地方政府采购方面。中国启动加入WTO《政府采购协定》的谈判已历时五年并给出了三份出价单,最新出价已涵盖部分地方政府实体。但由于我国政府采购制度处于创建初期,扩大采购范围须与市场发育程度和相关体制状况相适应,在中国没有解决加入WTO《政府采购协定》的相关问题之前,不会在双边FTA谈判中作出进一步让步。

自然人流动:自然人流动有利于两国间的商务人员往来,巩固双边经贸往来的长期性基础,促进双边经贸发展。加拿大将商务人士流动视为一种既可以促进服务贸易,又可以推动投资及货物贸易的一种手段,通过推动商业关系的便利化带来经济效益。加拿大在其与其他国家签订的区域或双边自由贸易协定中就商务人士流动作出大量承诺,将商务人士大致分为公司内部调派人员、专业人士和投资商等类型。中国对促进商务人士流动持积极态度,但由于在商业服务业的分部门仍未完全开放,因此需要具体问题具体分析。

知识产权保护:加拿大作为世贸组织《与贸易有关的知识产权协定》的缔约方,积极在区域和双边FTA中就知识产权的保护和实施作出承诺,认为知识产权问题应当在FTA协议中予以解决并将为双边经贸投资关系带来显著效益。加拿大非常重视促进知识产权制度的透明度和管理效率,十分关注打击假冒和盗版商品的非法贸易,强调知识产权保护和执法。这一点与中国日益重视知识产权问题是统一的,但加拿大和日本曾经在双边FTA联合研究前就签署了《反假冒贸易协定》,这一点值得关注,相关协议也值得认真研究。

五、关于推进中加自贸区建设的政策建议

第一,适时启动中加自贸区联合研究。

上述研究表明,中加FTA作为发展中国家和发达国家之间的制度性自由贸易安排,将有效提升双边区域内的经济效率,促进产业结构调整升级,为两国带来较大的经济利益。与此同时，从中方来看，在美国主导的TPP进程加快的背景下，中加FTA还可以较大幅度地抵消TPP的贸易转移效应，缓解TPP对我国经济增长和就业带来的下行压力，进一步改善我国经济发展的外部环境；加拿大也可以获得具有高成长性的巨大市场空间，通过与TPP等区域安排的叠加效应，进一步提升经济增长水平。因此，建立中加自贸区符合两国的共同利益，是互利共赢原则的最优化体现。我国可在双边对话场合，适时提出启动中加自贸区联合研究的倡议，尽早获得研究成果，为政府谈判提供有效的参考和决策依据，并对可能涉及的各种复杂问题做好预案。在协商策略上，我国应表现出对启动双边联合研究或谈判的积极态度，但不可操之过急，避免为加方提供抬高要价的机会。鉴于中加两国已经围绕互补性问题等课题开展了深入研究，拥有丰富的研究成果和资料积累，可减少民间学术研究等环节，直接开展政府主导的官方联合研究。建议中方将联合研究的时间定为一年，并与加方就研究结束后启动谈判的衔接方式和时间表达成初步意见。

第二，坚持适度的高标准自由化原则。

TPP加速推进后，追求具有较高水平的自由化标准，成为当前双边和区域多边贸易安排建设中出现的新趋势、新特点。加拿大对于新签FTA同样具有较高的贸易和投资自由化要求，在这一背景下，中加FTA进程能否顺利启动在很大程度上取决于中方事先承诺的自由化目标。鉴于我国已经在推进双边贸易自由化方面积累了一定的经验，开始具有较强的贸易自由化应对能力，为了更好适应贸易安排高标准、广覆盖的趋势和我国对外开放的新要求，可以商签中加FTA为契机，适度提高市场开放的标准，向加拿大方面作出相应的承诺，并提出我国关于加方全面开放市场和投资准入的要求。

第三，保持处理敏感议题的灵活态度。

由于中加双边货物贸易具有很强的互补性，我国大量进口的商品多数属于资源性产品，现行关税水平已经较低，可列入零关税商品范围；对于少数具有敏感性的商品，可根据双方关税水平，不同产业的竞争力水平和在双边贸易中的重要程度，结合CGE模型模拟结果，特别是考虑到两国在以往签订FTA协议中特别关注的领域等多方面情况分类处理。我们认为，中国在小麦、大排量轿车、部分机械和化肥产品上将受到一定程度的冲击，而纺织服装将成为加拿大特别关注的敏感产品。由于上述产品占双方贸易额的比重较大，不可能都进行例外处理，因此可以考虑采取区别对待和较长过渡期的办法予以解决，并可参照NAFTA的做法对双方特别关注的产业在双边协议中以专门的章节或附件进行探讨。

在服务贸易领域，加拿大具有较强竞争力，这是加方较为关切的部分。我国将一些美国或其他国家在加拿大投资所占比例较高的服务业列为敏感领域，其他领域适度提高对加拿大的市场开放水平；对于知识产权、政府采购、国内竞争政策、投资促进等相关问题，可考虑根据国内现有制度条件表达积极意向；但对于劳工和环保标准等条款，则可以要求开放劳务市场和转让减排技术为筹码，坚持我国应有立场。

第四，提高原产地规则的针对性。

由于美国投资企业在加拿大占有较大比重，因此，如何防止美国产品和服务"搭便车"将成为对加方原产地和当地服务商规则确定的难点。在货物贸易领域，对于美国企业具有很强竞争优势的汽车等领域可建议制定较严格的原产地标准，其他适度放开。在服务业领域，美国企业投资集中的金融服务等产业，也应建立高于其他服务业的当地商业存在标准；对于其他大多数服务部门，建议参照内地与港澳之间已签CEPA协议中的界定方法。另外，加拿大在已签FTA协议中普遍给予对方投资企业准入前国民待遇，我国现有吸收外资政策和已签FTA中的惯常做法与其存在较大差距。投资前准入国民待遇问题预计成为双边磋商中的难点。涉及相关问题的法律法规修改很难在近期内完成，因此，在联合研究及其谈判中仍应以坚持我国惯例和立场为主，但可通过提供改革时间表的方式予以回应。

第五，做好中加FTA联合研究的基础性工作。

我国应适应全球化条件下开放型经济体制建设的新要求，继续坚持深化改革和对外开放的既定方针，为参与和主导高标准贸易自由化营造良好的制度与政策环境，这将对中加FTA的持续、实质性进展产生积极影响。另外，随着中加FTA进程的逐步加快，双方还将有许多敏感性、技术性问题需要深入研究和探讨，双方有必要经常进行协调和沟通，对于许多问题的判断和决策也应当广泛听取相关政府部门、专家学者和企业界的意见与建议。因此,在政府的推进机制之外,有必要建立一个邀请双方政府官员、学者和企业界代表共同参加、具有广泛代表性的"官产学论坛"机制。其作用是研究和讨论重要问题、反映各界看法和向政府部门提出政策建议,这将在更大程度上保证中加FTA框架的可行性、科学性和客观性。

第六,大力推进中加贸易投资便利化合作。

从理论上讲,在实现进一步贸易投资自由化的条件尚未完全具备时,通过制度性经济合作促进贸易便利化,也会对双边贸易和相互投资产生显著的推动作用。通过CGE模拟计算,建立中加自贸区将使两国实现共赢,但两国主要产业在国际市场和区域贸易中的比较优势不同,自贸区对产业的影响有所区别,来自部分产业的反对呼声有可能更加集中和强烈。中加两国一贯在区域和双边自由贸易安排中十分重视贸易便利化,基于比较优势的双边贸易发展潜力巨大,而贸易便利化是发挥这一潜力必不可少的条件。在贸易便利化领域进行富有成效的合作,是加强两国制度性经济合作的一个良好切入点,不仅能为企业带来实实在在的收益,也将成为中加自贸区的重要内容。其中,食品安全标准和动植物检验检疫程序,有可能是加方高度关注的问题。

案例3:澳大利亚FTA战略对我国的影响和借鉴意义[①]

我们首先分析澳大利亚FTA战略的基本特征,再结合我国自贸区战略的特征和存在的问题,分析澳方FTA战略对我国的影响和可供我国借鉴之处。

一、澳大利亚FTA战略的基本特征

澳大利亚实施的FTA战略(见案例表3-1)具有以下一些主要特征:

(1)从目的来说,澳大利亚实施FTA战略,在于最大化澳大利亚国民的经济利益,同时会为了保护公共利益而采取贸易措施。例如,制定严格的检疫措施、保护人体健康、保护环境、设定食品安全标准以反映社会的价值取向、保护国民的安全利益等。

(2)从选择FTA伙伴来说,澳大利亚重视与亚太区域国家(地区)以及世界主要经济大国(体)签订自贸协定。

---

① 国务院发展研究中心对外经济研究部课题组完成于2013年9月。

（3）从FTA内容上来说，澳大利亚重视签署高质量的自贸协定，消除或者大幅减少贸易壁垒。

（4）从双边贸易协定和多边贸易协定关系来看，澳大利亚认为，多边贸易自由化的经济效益最大，任何双边和区域贸易协定都不能削弱多边贸易体系。但是，随着全球多边贸易谈判进程停顿，区域贸易投资自由化安排发展迅速，澳大利亚也日益注重推进和参加双边和区域贸易投资自由化安排。

（5）从自贸协定的前期准备来看，自贸协定必须经过符合国家利益的净利益测试，必须使公众充分了解协定内容和吸纳公众意见。

（6）从自贸协定的功能来看，不仅将市场开放作为对外谈判的筹码，而且提倡通过市场开放促进国内经济竞争和增长。

案例表3-1　澳大利亚的自贸协定

已经生效的自贸协定	正在谈判的自贸协定
东盟—澳大利亚—新西兰自贸协定	澳大利亚—中国自贸协定
澳大利亚—智利自贸协定	澳大利亚—海湾合作委员会自贸协定
澳大利亚—新西兰更紧密经济关系	澳大利亚—印度全面经济合作协定
澳大利亚—美国自贸协定	澳大利亚—日本自贸协定
马来西亚—澳大利亚自贸协定	澳大利亚—韩国自贸协定
新加坡—澳大利亚自贸协定	印度尼西亚—澳大利亚全面经济伙伴关系协定
泰国—澳大利亚自贸协定	太平洋更紧密经济关系协定
—	区域性全面经济伙伴关系协定
—	跨太平洋伙伴关系协定

资料来源：根据相关材料整理。

二、中国自贸区建设的特征和问题

中国正在稳步推进双边和区域性自贸协定建设。截至2013年9月，中国已对外签署了12个自由贸易协定，除了内地与香港、澳门签订的更紧密经贸关系安排（CEPA）以及大陆与台湾签订的海峡两岸经济合作框架协议（ECFA）外，还包括与东盟、智利、巴基斯坦、新西兰、新加坡、秘鲁、哥斯达黎加、冰岛和瑞士签订的自由贸易协定（FTA）。已经启动谈判的自贸区有9个，分别是中国与海湾合作委员会（GCC）、南部非洲关税同盟、澳大利亚、挪威、韩国、斯里兰卡和以色列开展的双边FTA谈判，以及中日韩自贸区和《区域全面合作伙伴关系协定》等2个区域FTA谈判。此外，中国已完成了中印区域贸易安排（CECA）联合研究，并正在与哥伦比亚进行双边FTA的可行性研究（见案例表3-2）。总体来讲，我国自贸区发展取得了积极进展，2012年已签署的自贸协定的贸易覆盖率超过了25%。

案例表3-2　中国的自贸协定[①]

进度	自由贸易安排	双边贸易占外贸总额比重/%	
		2010年	2012年
已签协定	中国内地—中国香港（2003年）、中国内地—中国澳门（2003年）、中国—东盟（2004年）、中国—巴基斯坦（2006年）、中国—智利（2005年）、中国—新加坡（2008年）、中国—新西兰（2008年）、中国—秘鲁（2009年）、中国—哥斯达黎加（2010年）、中国大陆—中国台湾（2010年）、中国—冰岛（2013年）、中国—瑞士（2013年），中澳、中韩自贸协定已于2015年签署生效	24.1	26.2
正在谈判	中国—海湾合作委员会（2004年）、中国—澳大利亚（2015年）、中国—挪威（2008年）、中国—南部非洲关税同盟（2004年）、中国—韩国（2015年）、中日韩（2013年）、RCEP（2013年）、中国—斯里兰卡、中国—以色列	24.8	26.3
官方研究	中国—印度（2006年开始，2008年结束）、中国—哥伦比亚	2.1	1.96

注："已签协定"自贸区括号内为协定签署时间；"正在谈判"括号内为启动谈判时间；"官方研究"括号内为启动研究的时间和结束时间。贸易比重根据中国海关统计计算。

资料来源：根据商务部网站资料整理。

我国在推进自贸区建设过程中，采取了开放性、实质性、平等性、渐进性、包容性等五大原则，在谈判领域选择、原产地规则和关税减让等方面采

[①] 张琦同志整理。

取了灵活处理的模式，开放领域不断拓展，开放水平不断提高，自贸区建设取得了积极的成绩。但是，与当前国际上区域贸易投资自由化快速发展的趋势相比较，我国在自贸区建设中还存在较明显的不足，主要包括：

（1）自贸协定的伙伴对象主要是周边经济体和其他地区经济规模不大的国家，尚没有和世界主要经济大国签订自贸协定。

（2）自贸协定的覆盖范围和自由化程度，与国际领先的高质量FTA协定还有差距，尚未采用已被广泛使用的负面清单管理方式。

（3）在自贸协定谈判中，尚未完全树立主动开放市场促进经济体制改革和影响国际经贸规则制定的指导思想，而是往往将市场开放作为换取对方市场开放的筹码。

（4）主导区域贸易自由化谈判的影响力和能力还不足。目前在亚太区域已经开启谈判的主要自贸安排，无论是TPP还是RCEP，都不是由中国提出和主导的。

改革开放以来，对外贸易和跨境投资对中国经济增长发挥了重要作用。目前，中国经济进入了转变发展方式的新阶段，对外贸易需要转型升级、对外投资正在快速增长、涉外经济管理体制亟待改革。在此背景下，稳定的外部经贸环境和借鉴发达经济体先进的市场规则，仍然是中国经济长期稳定增长和完成经济升级的保障性条件。

澳大利亚和中国同处亚太区域，互为紧密的贸易投资伙伴。澳大利亚推进FTA建设，不仅会直接影响我国的外部经贸环境和经济发展，而且其推进FTA建设的经验也值得我们参考借鉴。

三、澳大利亚自贸区战略对我国的经济影响

中澳互为重要贸易伙伴。据中方统计，2012年中澳贸易额为1223亿美元，同比增长4.9%。澳大利亚是中国第八大贸易伙伴、第九大出口市场和第七大进口来源地。据澳方统计，2012年中澳双边货物进出口额为1218.3亿澳元，增长3.9%。中国是澳大利亚第一大贸易伙伴、出口市场和进口来源地，见案例表3-3。中国对澳大利亚主要出口家电、计算机、服装、纺织品、鞋、箱包、玩具等；从澳大利亚主要进口铁矿石、煤、氧化铝、铜矿石、羊毛和大麦等。

案例表3-3 2012年中澳双边贸易额

单位：亿美元

中方统计		澳方统计	
中国出口	377.35	澳方出口	758.36
中国进口	845.68	澳方进口	459.96
进出口总额	1223.03	进出口总额	1218.33

资料来源：根据相关材料整理。

一般来说，贸易伙伴对外签订自贸协定，会对贸易伙伴国产生贸易投资转移效应，即在该伙伴国的生产成本和其他贸易国家的生产成本相近的情况下，会将原先与其他国家的贸易投资转向新的自贸协定伙伴国。因为自贸协定将会降低双方之间的贸易投资壁垒并提高便利化程度，从而使自贸协定伙伴国之间的贸易投资成本降低。

在澳大利亚已经签署和正在谈判的自贸协定伙伴中，一些东南亚国家和中国的经济发展阶段和比较优势相近，产品有一定的竞争性，因此，澳大利亚与这些国家签订的自贸协定，可能会对中国产品出口澳大利亚市场有一定的影响。例如，东南亚国家在生产服装、纺织品、鞋、箱包、玩具等劳动密集型产品上，具有一定竞争优势。而且，东南亚国家的劳动力等生产要素价格较低，并正在实行积极的吸引外商投资政策，因此，在吸引澳大利亚投资上也会和中国形成一定的竞争关系。但是，由于中国和东盟已经签订了自贸协定，可以适当抵消一部分上述不利影响。澳大利亚的关税水平较低，2011年，澳大利亚最惠国关税简单平均税率为2.8%，其中农产品最惠国关税简单平均税率为1.4%，非农产品最惠国关税简单平均税率为3.1%，并且，中国享受澳大利亚给予发展中国家的优惠税率。因此，仅就货物贸易自由化而言，澳大利亚目前签署的和正在商签的自贸协定，对中国的直接冲击并不大。

从双边经贸关系来看，澳大利亚经济对中国经济的依赖性超过中国对其依赖性。中国工业化和城市化的快速发展，消耗了大量资源型矿产品，拉动了作为资源生产大国的澳大利亚的经济增长。其他国家（包括与澳大利亚签订了自贸协定的国家）很难取代中国对澳大利亚经济的这种拉动作用，因此，从这个角度来看，澳大利亚依然会与中国保持紧密的经贸关系。

但是，澳大利亚正在参加谈判的跨太平洋伙伴关系协定（TPP）对中国的冲击可能会较大。目前TPP成员中包含了一些与中国比较优势相似且与澳大利亚相毗邻的国家，也包含了一些世界主要发达经济体，如美国、日本等，而中国没有参加该协定谈判，因此，会对中国造成不利的贸易投资转移效应。而且，随着该区域贸易集团的形成，其内部的竞争效应和结构调整效应将会促进其成员之间资源更有效的配置和生产效率的提高，中国在国际贸易投资中会遇到更大的竞争压力。按照2012年中国海关统计，我国面向TPP12国的出口占全部出口的35.7%；截至2012年，来自TPP12国的外商投资存量占我国吸收的全部外商投资存量的比重约为20%。作为主要市场和外资来源地区，TPP将对我国产生较明显的贸易投资转移效应。CGE模型的模拟结果显示，我国在不加入TPP的假设下，出口和国内生产总值增长率将可能分别降低0.32个百分点和0.14个百分点，就业岗位减少175万个左右。

对外贸易出口和外商对华投资对于中国经济的增长和结构升级具有重要的意义，因此，在上述分析效应的作用下，澳大利亚实施FTA战略会对中国国内产业发展和经济增长造成一定压力，尤其是澳大利亚正在参加的TPP谈判，其对中国经济的冲击可能会较大。

当然，澳大利亚加快签订自贸协定，也能为中国创造一定的机遇。例如，近年来，中国海外投资迅速增长。澳大利亚签订的自贸协定有利于降低这些自贸协定范围内的贸易障碍，促进贸易协定成员国的经济增长，能为中国对外投资创造更多机会，为中国跨国公司成长提供机遇。

四、澳大利亚FTA战略对我国自贸区建设进程的影响

澳大利亚深知亚太经济快速增长对其经济至关重要。2012年10月，澳大利亚政府发布了白皮书《亚洲世纪中的澳大利亚》（Australia in the Asian Century），强调了亚洲崛起为澳大利亚提供了绝好的机遇，见案例图3-1。因此，其已经签署的和正在谈判的FTA的贸易伙伴基本上都是亚太区域国家，这与其贸易政策的指导思想是一致的。而且，在已经签署的7个自贸协定中，有4个都是和东盟成员签的，分别是东盟—澳大利亚—新西兰自贸协定、马来西亚—澳大利亚自贸协定、新加坡—澳大利亚自贸协定、泰国—澳大利亚自贸协定。这说明澳大利亚高度重视与毗邻区域内贸易伙伴的关系。而在正在开展自贸协定谈判的国家（经济体）中，除了海湾合作组织以外，其他也都是亚太区域的国家，包括中国、日本、韩国、印度等，还有区域性

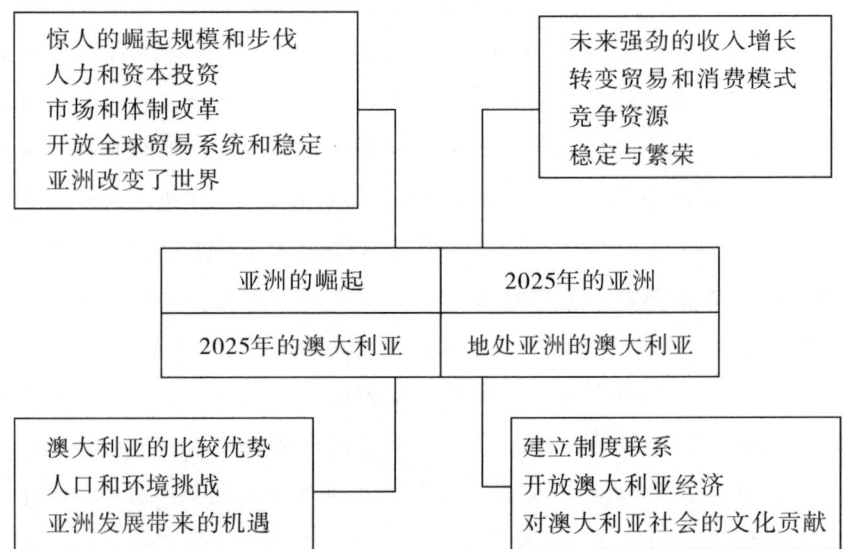

案例图3-1 《亚洲世纪中的澳大利亚》对澳大利亚和亚洲关系的描述

协定RCEP和TPP。澳大利亚之所以先与东盟签订自贸协定，一方面是因为与东盟经贸乃至外交关系对其很重要，另一方面可能与谈判的难易程度有关，即与东盟签订的自贸协定的自由化程度相对较低，容易达成协定。

中国已经签订和正在谈判及研究的自贸协定，主要伙伴国家（地区）也集中在亚太地区。中国—哥斯达黎加、中国—冰岛、中国—瑞士、中国—挪威、中国—海合会、中国—哥伦比亚等自贸协定的贸易伙伴是亚太区域外的国家（地区），这可能是为了先和一些发达地区和中美洲地区的国家签订协定以积累经验。但是，中国还没有和任何主要的发达经济体签订自贸协定，在谈判的有日本、韩国等，但是没有和亚太区域其他主要发达国家如美国、加拿大等开展自贸协定谈判。

从中国自贸区建设进程的角度来看，若澳大利亚加快实施自贸区战略，则对中国自贸区谈判有促进作用；若澳大利亚自贸区建设进程出现停顿，则可能会延缓中国的自贸谈判进程。

一国在选择自由贸易协定伙伴时，出于多种因素考虑，会有先后之分。

虽然自贸协定是经济协定，但在相当大程度上会受到外交战略因素影响。因此，有时虽然经济利益很大，但是考虑到外交战略因素，也会先与其他一些国家签订自贸协定。中国因为经济增长快、进出口规模大，一般能为贸易投资伙伴国带来较大经济利益，但是，受市场开放程度和国内经济体制的差异，以及外交战略等因素的影响，中国往往会被一些国家列在较后签订自贸协定的名单之中。中国是澳大利亚第一大贸易伙伴，却不是澳大利亚优先考虑的自贸协定谈判伙伴，可能就是上述缘故。但是，当澳大利亚及其自贸协定伙伴国签署的自贸协定越来越多之后，和中国签订自贸协定的政治经济障碍也会越小。因为，一方面，一些阻碍澳大利亚市场开放的因素，会在其与其他国家的谈判中逐渐消减，从而也就减少了和中国谈判的国内阻力；另一方面，澳大利亚签订了多个自贸协定之后，外交战略平衡因素在中澳自贸协定中的权重也会下降，与中国签署自贸协定的难度也就降低了。在同样因素的作用下，澳大利亚加快与亚太国家签署自贸协定，也将有助于中国加快与这些国家签订自贸协定。而且有些国家为了平衡与各个主要经济体之间的经贸关系，会在推进与一国谈判签订自贸协定时，加快与另一国谈判签订自贸协定。中国和澳大利亚的自贸协定谈判伙伴具有较高的重合度，因此，这种相互促进效应可能会比较明显。

澳大利亚的自贸区战略，也可能延缓中国的自贸区谈判进程。一方面，澳大利亚在谈判中比较坚持自己的立场原则，例如在TPP谈判中，澳大利亚坚持反对投资者起诉国家的争端解决机制条款，因此可能会导致有些自贸协定谈判延迟，进而影响中国与该对象国谈判签订自贸协定的进展；另一方面，一些国家为了平衡或者牵制澳大利亚，可能会推迟与中国签订自贸协定，以在与澳大利亚签订自贸协定过程中获得更多要价。

五、澳大利亚FTA战略对我国自贸协定谈判的借鉴

澳大利亚与亚太区域内的发达经济体和发展中经济体都谈判过FTA，其FTA谈判经验丰富，值得我国参考借鉴。例如，澳大利亚自贸协定的开放模式大多采用的是负面清单和准入前国民待遇方式，20世纪80年代签订的澳大利亚—新西兰紧密经济关系协定就已经采用该种方式开放。但是，对于不同的贸易伙伴，澳大利亚灵活运用正面清单和负面清单实施服务贸易开放。例如，与泰国的服务贸易开放就采用了WTO格式的正面清单开放方式，而与美国、新加坡等经济发达国家的服务贸易开放则采用了负面清单开放方式。具体来看，我们可以从以下几方面参考借鉴澳大利亚FTA谈判经验，改进完善我国的FTA战略：

（1）采取负面清单管理方式开放投资，是发达经济体普遍采取的自贸协定方式。负面清单一般适用于开放程度较低和经济发展水平还不高的经济体。我国正在进行经济结构转型升级，扩大开放和降低投资准入门槛，有利于促进我国国内竞争和政府管理体制改革。因此，我国应该学习国际先进的自贸协定设计模式，采用负面清单管理模式和实施准入前国民待遇，提高开放水平和改进政府管理经济的方式。

（2）加强与周边国家以及区域内发达经济体之间开展自贸协定谈判。我国与东盟在十年前就签订了自贸协定，这与澳大利亚相似，说明了东盟对于中国的重要性。但是，中国签订自贸协定的目标和澳大利亚既有相同之处，也有差异。未来，我国应该借鉴澳大利亚的经验，在推进与周边国家FTA建设的同时，开展与区域内发达国家之间的自贸协定谈判，如与美国、加拿大等国开展自贸协定谈判。

（3）与不同对象签订自贸协定，可以考虑采取不同的方式。因为与不同对象签订自贸协定，其需要实现的贸易投资目标可能有所差异，但是，只要是符合我国FTA战略原则的对象，我们都可以采取灵活的协定模式，以实现我国通过FTA促进我国对外贸易和投资发展的目标，如澳大利亚与泰国和新加坡签订的自贸协定就采取了不同的开放模式。

（4）从自贸协定的开放范围来看，一方面，其涉及的领域有逐渐丰富的过程，例如在早期的澳新经济关系协定中涉及的领域和文本模式都较为传统，而近年来签订的自贸协定所涉及的领域则大大扩展了；另一方面，与不同对象签订的自贸协定涉及的领域也有所不同，例如，与美国签订的FTA中涉及了环境保护、劳工等议题，而与新加坡、泰国等签订的FTA中就没有涉及这些议题。但是，根据最新的澳大利亚参与谈判的TPP协定内容，亚太区域的自贸协定标准已经被大大提高了，无论是自由化程度，还是开放领域，都扩大了。因此，虽然我们在签订协定时，可以针对不同对象采取不同方式，但是，随着中国经济实力和贸易投资地位的提升，我们需要提升设计和使用国际高标准自贸协定的能力，需要加快研究和采用国际先进的自贸协定标准。

（5）从签署的时间来看，最近十年是区域经济协定签署的高峰期。澳大利亚签署的FTA协定中除了澳新协定以外，都是最近十年内签署的。因此，我们在继续推进全球多边贸易自由化遇到一定障碍时，也应该顺应区域性自由贸易协定发展的趋势，加快制定我国的自贸区战略，为我国经济长期稳定发展创造有利的外部环境。

（6）推进自贸协定谈判和建设，在坚持互利共赢原则的基础上，更加强调规则建设的重要性，即自贸协定的签署固然是为了进一步扩大双边贸易投资，增进两国国民福利，但也应该是为了建立国际经贸规则，保证国际贸易投资稳定发展、国际经济顺利运行。就目前世界FTA发展趋势来看，规则建设的功能可能会越来越重要。因此，我国在未来实施FTA战略中，也应改变以市场开放作为要求对方开放的谈判筹码的传统指导理念，而更多地纳入规则和标准建设的考量。

六、对中澳谈判的政策建议

澳大利亚的农产品比较优势明显，因此，在自贸区谈判中要求对方开放农产品市场是澳大利亚的重要利益所在。即使像美国这样的农业发达国家，也没有对澳大利亚全部放开农产品市场。澳大利亚还针对不同的谈判对象，要求对方开放澳大利亚自身具有比较优势的部门，如在与马来西亚、泰国的自贸协定谈判中，澳大利亚获得了进入对方服务业部门的机遇。当然，澳大利亚也给予了对方更大的市场开放条件。因此，在我国与澳大利亚的自贸协定谈判中，应该根据澳大利亚的重点利益所在，主要是农产品开放和服务业开放，在我国农业能够承受的大范围内，向澳大利亚农产品进口扩大开放，以促使澳大利亚对我国的投资门槛的降低。澳大利亚的农产品环保标准和质量较高，因此，扩大澳大利亚农产品进口，对于提高我国的食品供应保障也是有利的。从服务业开放来看，我国正在加快推进服务业发展，扩大对澳大利亚服务业开放，这并不会对我国服务业产生严重冲击，反而有助于我国服务业发展。

总体来看，在对澳谈判策略上，应该以更大的农产品和服务业市场开放（这也是符合我国现阶段经济发展需要的），来获得澳大利亚允许我国扩大对其投资的承诺，消除两国自贸谈判中的难点，加快谈判进程。

案例4:中国—海合会自贸协定的意义和影响[①]

一、我国与海合会双边经贸关系的主要特点

海湾阿拉伯国家合作委员会(简称"海合会",GCC)成立于1981年5月,正式成员有阿拉伯联合酋长国、阿曼苏丹国、巴林国、卡塔尔国、科威特国、沙特阿拉伯王国6个国家。GCC面积241万平方公里,人口4983万人,GDP规模1.66万亿美元,人均GDP3.33万美元。沙特是GCC第一大经济体,经济总量占GCC的45.6%(见案例表4-1);卡塔尔是人均GDP最高的GCC国家,为9.2万美元。

案例表4-1 GCC国家基本经济情况

国家	GDP/亿美元	人均GDP/美元	人口/万人	贸易额/亿美元
阿联酋	4055.01	42930	944.6	6789.6
阿曼	808.15	20582	392.6	800.2
巴林	338.37	25174	134.4	381
卡塔尔	2089.15	92118	226.8	1620.4
科威特	1726.44	49619	347.9	1326.2
沙特	7566.62	25764	2936.9	5395.9
海合会	16583.74	33279	4983.2	—
世界	774509.10	10694	724246.4	—

数据来源:联合国贸发组织数据库。

近年来,中国和海合会国家的双边贸易额呈稳步增长趋势。2013—2014年,受石油价格下降和经济波动等因素影响,中海双边贸易增幅有所下降。2014年,我国与海合会六国的双边贸易总额为1752亿美元,中国逆差380亿美元(见案例图4-1)。中国是沙特的第二大贸易伙伴,仅次于美国;沙特是中国在GCC中最大的贸易伙伴,2014年双边贸易额达691亿美元,其次是阿联酋,双边贸易额为548亿美元。

在海合会国家中,沙特和阿曼是中国最大的逆差来源。2014年,中国对沙特和阿曼的贸易逆差分别为279.32亿美元和203.64亿美元。阿联酋是中国最大的顺差来源,2014年中国对阿联酋顺差232.71亿美元(见案例图4-2、案例图4-3)。

[①] 摘自国务院发展研究中心对外经济研究部课题组于2015年12月完成的研究报告。

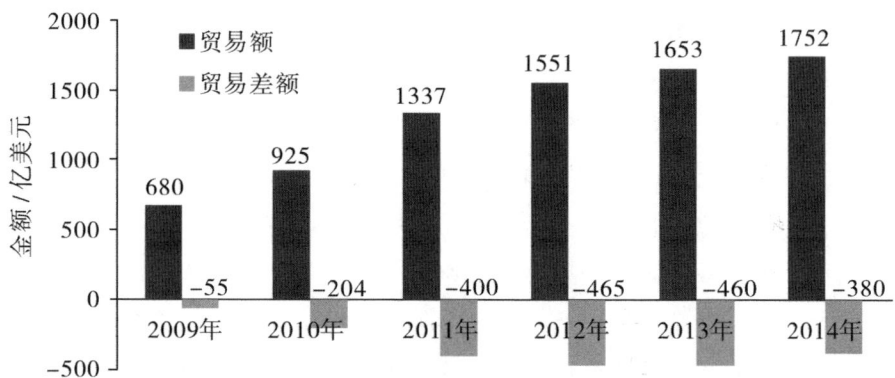

案例图4-1　中国与GCC贸易额和贸易差额

数据来源：联合国商品贸易数据库。

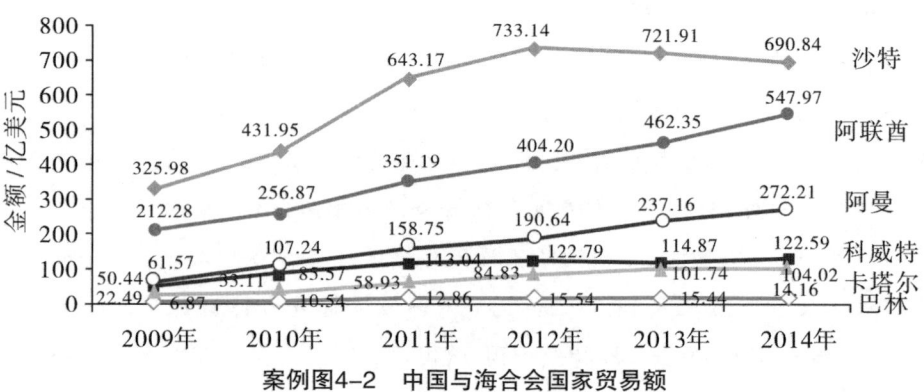

案例图4-2　中国与海合会国家贸易额

数据来源：联合国商品贸易数据库。

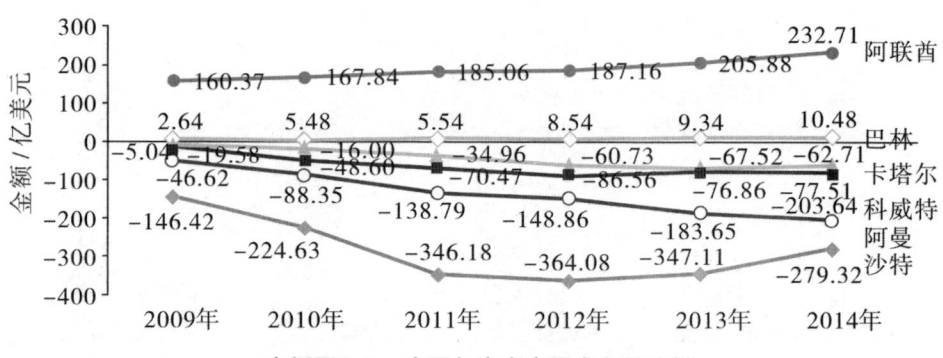

案例图4-3　中国与海合会国家贸易差额

数据来源：联合国商品贸易数据库。

根据中国海关统计，2014年，GCC六国合计占中国原油进口的33%，是中国重要的原油进口来源地。中国从沙特、阿联酋、阿曼进口的矿物燃料、矿物油及其产品、沥青等产品的金额分别为379亿美元、129亿美元、228亿美元，占中国从这3个国家进口总额的78%、82%、96%。沙特是中国最大的石油进口来源地，2014年中国从沙特进口原油4966.6万吨。

机电音像设备及其零件附件、纺织原料及纺织制品、贱金属及其制品，是中国出口海合会最主要的产品。2014年，中国出口沙特的前三类产品分别是机电音像设备及其零件附件、纺织原料及纺织制品、贱金属及其制品（以钢铁产品为主），金额分别是53亿美元、33亿美元、31亿美元，三者合计占中国出口沙特的57%。中国出口阿联酋的前三类产品是机电音像设备及其零件附件、纺织原料及纺织制品、贱金属及其制品（以钢铁产品为主），金额分别是141.7亿美元、78.5亿美元、35.8亿美元，三者合计占中国出口阿联酋的65.6%。中国出口阿曼的前三类产品是机电音像设备及其零件附件、贱金属及其制品（以钢铁产品为主）、化学工业及其相关工业的产品，金额分别是5.5亿美元、5.2亿美元、1.8亿美元，三者合计占中国出口阿曼的60.7%。

近年来，中国对海合会国家投资逐年增长（见案例图4-4）。2014年，中国对GCC投资金额为11.03亿美元，累计投资存量为52.14亿美元，分别是2008年的5.37倍和4.9倍。沙特是中国在GCC中的最大投资对象国，2013年中国对沙特投资金额为4.79亿美元、投资存量是17.47亿美元；其次是阿联酋，2013年中国对阿联酋投资金额为2.95亿美元、投资存量是15.15亿美元（见案例表4-2）。

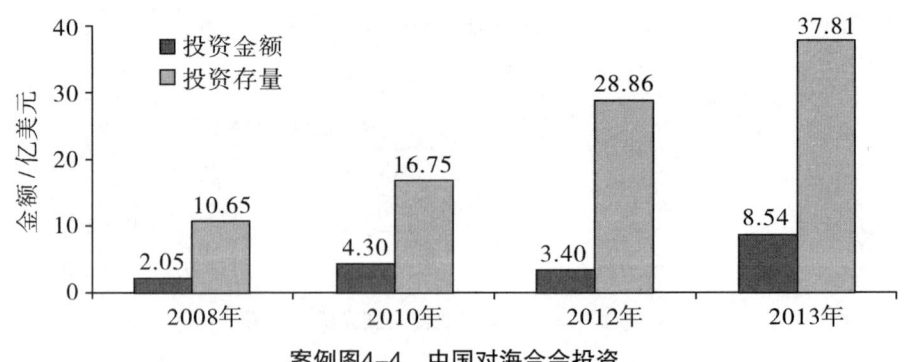

案例图4-4 中国对海合会投资

数据来源：根据商务部统计整理。

案例表4-2 中国对海合会六国的直接投资

国家	投资金额/万美元				投资存量/万美元			
	2008年	2010年	2012年	2013年	2008年	2010年	2012年	2013年
沙特	8839	3648	15367	47882	62068	76056	120586	174706
阿联酋	12738	34883	10511	29458	37599	76429	133678	151457
阿曼	-2295	1103	337	-74	1422	2111	3335	17473
科威特	244	2286	-1188	-59	296	5087	8284	8939
卡塔尔	1000	1114	8446	8747	4979	7705	22066	25402
巴林	12	—	508	-534	87	87	680	146
合计	20538	43034	33981	85420	106451	167475	288629	378123

资料来源：根据商务部统计整理。

海合会国家对中国的投资规模不大，但近年来增长很快。例如，2015年一季度沙特对华投资激增800%，达到2.4亿美元。中国和海合会的双向投资主要集中在石化和建材等领域。2004年，中石化集团与沙特阿美公司组建了中沙天然气公司，中标沙特B区块天然气勘探开发项目，双方对该项目的累计投资已经超过5亿美元；沙特阿美公司、福建石化有限公司与埃克森美孚公司在中国福建合资建设了福建炼油一体化项目；中国石化集团和沙特基础工业公司合资兴建的天津炼油化工一体化项目已于2009年建成投产；中石化集团参股沙特阿美公司在沙特延布年产2000万吨的红海炼厂项目，设计原油加工能力为2000万吨/年，以沙特重油作为原料，2014年底投产。

海合会国家是中国重要的工程承包市场，据中国商务部统计，从2003年到2013年7月，中国在中东投资建设工程承包合计729.2亿美元，占中国对外工程承包总额的10.6%。其中，沙特是中国在中东地区最大的工程承包和劳务输出市场。

二、建立中海自贸区对我国推进重大战略实施的积极作用

（一）对推进"一带一路"建设具有重要战略意义

海合会6个成员国位于丝绸之路经济带与21世纪海上丝绸之路的交汇点上。历史上，丝绸之路就曾把中国和阿拉伯国家紧密地联系在一起，互通有无、文明互鉴，为人类文明发展进步作出过重大贡献。签署中国—海合会自贸区，挖掘双边贸易潜力，深化双边区域合作，实现双方资源禀赋、资金优

势、市场潜力、生产能力的有效对接，不仅对双方实现经济发展转型有利，而且对"一带一路"建设的顺利推进和统筹协调具有重要的战略意义。

一是海合会国家人均收入水平高，双方经济结构互补性强，经贸合作条件成熟。2014年海合会经济总量达1.66万亿美元，人口规模4983.3万人，人均GDP为3.3万美元，是世界平均水平的3.1倍。海合会国家能源储量丰富，石油储量约占世界总储量的46%，产量也居世界之首。但除石油化工相关产业外，海合会其他产业发展滞后，产业结构单一，基础设施落后，建设发展空间大，与我国产业互补性强。2004年，中阿合作论坛建立后，中国与海合会签署了经济、贸易、投资和技术等合作框架协议，双边贸易发展活跃。2004—2014年，中海贸易额从143亿美元增长到1700亿美元左右，年均增速28.1%，是我国总体外贸增速的2倍。海合会国家正加快工业化进程，为增强陆海空运输能力而加大对铁路、港口、机场等基础设施的建设力度，对我国而言蕴藏着较大的投资机遇。

二是海合会对"一带一路"态度积极，中海双边政治关系良好。随着美国页岩气革命取得突破，其对GCC国家能源依赖减弱；与此同时，亚洲经济保持较快发展、市场需求增强，促使海合会"向东看"寻找发展机遇。中国提出的"一带一路"，加强同中、西亚地区的合作是重点方向。因此，海合会国家对中国提出的"一带一路"倡议积极响应。沙特表示，"一带一路"将给沿线国家人民带来实实在在的好处。阿联酋表示，愿为"一带一路"贯通东西出力。卡塔尔希望成为"一带一路"的积极参与者，而不仅仅是一个中转站。科威特计划投资1300亿美元建"丝绸城"。除巴林外，海合会成员国都是亚洲基础设施投资银行的创始成员国，即使是未加入的巴林，也表示期待与中国开展伊斯兰金融合作。中国与海合会之间有着广泛坚实的利益基础，签订自贸协定将有利于加快双边合作进程。

三是海合会资金实力雄厚，可与我国相互支持。丰富的石油和天然气资源以及能源价格的长期高位运行，使海合会国家通过资源出口积累了庞大的外汇储备，不少国家较早设立了主权财富基金。据国际金融协会估计，2014年底海湾国家金融资产总额约为2.7万亿美元，且因外债较少，外币资产净额达2.3万亿美元。美国主权财富基金研究所的数据显示，2015年上半年，海合会国家主权财富基金规模累计达2.67万亿美元，占全球主权财富基金的

37.6%。签署中海自贸协定、加强双方国产业和金融合作，有助于为"一带一路"建设提供更多资金支持。

四是对"一带一路"建设发挥示范和辐射作用。海合会经济基础好，政局相对稳定，又处于亚欧非三大洲结合处以及"一带"与"一路"衔接的支点，因此，与海合会签署双边自贸协定，可将海合会经济圈通过中巴经济走廊（目前建设顺利）在陆路上与我国经济实现有效贯通，同时也可丰富海上丝绸之路的合作内涵，发挥示范效应和规模效应，撬动中国与中亚、南亚、东南亚的经济合作。

与海合会签署自贸协定具有重要现实意义，但也应注意到，海合会国家所处中东地区的宗教矛盾和地区冲突不断，地缘政治和经济利益争夺剧烈，需要我国平衡好各方关系：一方面，要打消美国和印度等国的战略顾虑；另一方面，要兼顾与周边国家的政治外交沟通和经贸合作，防范和降低政治博弈带来的风险。

（二）对保障我国能源安全将发挥重要作用

1. 我国能源需求形势分析

能源是世界各国争夺的战略性资源。我国是世界能源消费大国，能源消费逐年上升，对外依存度不断走高。BP公司2013年的能源统计数据显示，中国在全球的能源消费占比高达21.9%。历史经验表明，在一国工业化过程中，人均能源消费增长大致遵循近直线形的增长轨迹。在工业化初期（即人均GDP 2500~3000美元时），能源消费开始快速增长，到人均GDP 10000~12000美元时，人均能源消费增速才开始趋缓。目前，我国仍处于人均能源消费增长的阶段，尤其是我国经济转向绿色低碳发展需要改变以煤炭为主的消费结构，对碳排放较少的石油和天然气的需求上升。要实现这一转型，我国国内能源禀赋决定了必须加强国际能源合作，扩大石油、天然气的进口。据统计，我国石油和天然气人均占有量仅相当于世界平均水平的5.4%和7.5%，2014年我国石油对外依存度接近60%，天然气对外依存度升至32.2%。维护国家能源安全、保障经济社会稳定发展，需要我国统揽全球、优化布局。

2. 海合会目前在中国能源供应中的地位

海合会成员地处亚欧非三大洲交接处，是世界主要能源生产和出口基地之一，已探明的石油、天然气储量分别占全球的45%和23%。海湾国家是我国最主要的石油进口来源地,在2014年我国前十位石油进口来源国中(见案例表4-3),有4个是海合会成员,其中沙特位居榜首,海湾五国(除巴林无数据外)合计占我国进口量的33.1%。沙特是海合会成员国中的主导国,经济规模最大、石油产量最高、军事力量最强,与西方国家能够和睦相处,石油生产和出口稳定,是中国石油进口较为可靠的来源地。

案例表4-3 2014年中国原油进口来源地及数量占比

国家	比例/%	排名	国家	比例/%	排名
*沙特阿拉伯	16.11	1	蒙古	0.33	23
安哥拉	13.18	2	埃及	0.31	24
俄罗斯联邦	10.74	3	挪威	0.31	25
*阿曼	9.65	4	利比亚	0.31	26
伊拉克	9.27	5	刚果	0.31	27
伊朗	8.91	6	加纳	0.29	28
委内瑞拉	4.47	7	厄瓜多尔	0.24	29
*阿联酋	3.78	8	墨西哥	0.22	30
*科威特	3.44	9	喀麦隆	0.17	31
哥伦比亚	3.27	10	*卡塔尔	0.12	32
刚果(布)	2.29	11	阿根廷	0.1	33
巴西	2.28	12	阿鲁巴岛	0.09	34
南苏丹	2.09	13	玻利维亚	0.08	35
哈萨克斯坦	1.84	14	加拿大	0.07	36
赤道几内亚	1.05	15	阿尔及利亚	0.07	37
澳大利亚	0.88	16	巴基斯坦	0.07	38
也门共和国	0.81	17	阿塞拜疆	0.07	39
尼日利亚	0.65	18	马来西亚	0.05	40
苏丹	0.58	19	巴布亚新几内亚	0.03	41
加蓬	0.5	20	英国	0.03	42
越南	0.48	21	文莱	0.03	43
印度尼西亚	0.4	22	乍得	0.01	44

注:打星号*的为海合会成员。

数据来源:国家石油和化工网(http://www.cpcia.org.cn)。

3. 中国与海合会能源合作面临的国际形势

中国加强与海合会能源合作，面临着严峻的国际形势。一方面，面临着其他能源消费大国的竞争。除中海自贸区谈判外，海合会还拟启动与欧盟、日本、印度等多个国家和地区的自贸谈判磋商。欧盟是传统的能源消费大经济体；中、日两国同为东亚石油消费大国，需求来源地重合度高，两国在能源领域的竞争日益激烈；印度对能源的需求增长迅速，国务院发展研究中心和壳牌国际有限公司的联合研究结果显示，2030年，印度新增能源需求占全球新增能源的需求将达29%，接近中国在全球新增能源需求中所占份额。另一方面，目前我国南海区域形势渐趋复杂，马六甲海峡等海上运输要道面临的安全威胁增加。

但我国面临的有利形势是全球的能源供应格局正出现新变化。俄罗斯、中亚、中南美及北美的石油、天然气资源探明储量近年来有较大幅度增长，非OPEC国家如美国与俄罗斯的油气供应也有较大幅度增长，尤其是美国"能源独立革命"取得重要进展，对中东地区能源依赖度降低，为我国优化石油进口来源格局、提升能源安全保障提供了难得的机遇，也有利于推进中海自贸协定谈判。

与此同时，石油等大宗商品价格下跌，使沙特等海合会国家调整发展战略，力推产业结构多元化，希望同中国加强油气勘探、开采、生产、提炼等能源产业各环节以及金融、制造、农产品加工、旅游等领域的全面交往合作。如沙特曾大力投资日本、韩国的炼油项目，现在更加重视对华投资，既希望拓展稳定增长的中国市场（中国已取代美国成为沙特最大的石油出口目的国），又希望借助中国全产业链加工能力进一步发展其石化工业。

4. 中国—海合会自贸区谈判对保障我国能源安全具有重要意义

目前是推进中国—海合会自贸区谈判的较好时机。一旦协定达成，通过加强经贸合作、扩大共同利益，不仅能深化中国和海合会之间的伙伴关系，而且能够通过与石油出口国之间的经贸合作，增强双边利益绑定，制衡海上石油运输通道上存在的安全威胁，对保障我国经济社会发展日益增长的能源需求具有重大意义。

三、对海方的经济影响及海方策略分析

（一）海合会区域经济一体化的实际进展

1. 内部经济一体化稳步推进

虽然经历了各种波折和拖延，但海合会内部的经济一体化进程总体保持了稳步推进的势头，已经实现了三大步骤，即自由贸易区（实现区内货物自由流动）、关税同盟（统一对外关税）、共同市场（实现区内人员、资本自由流动），目前正在向第四步——经济货币联盟迈进。

2. 对外区域经济合作尚未取得重大突破

海合会的对外区域经济合作起步很早。1984年，海合会决定作为一个整体开展对外经贸合作谈判，并以欧盟、日本和美国作为初始谈判对象；2000年，海合会通过了对外经贸合作的长期战略。但是，海合会对外区域经济合作的推进并不顺利。海合会从2004年开始大规模地开展对外FTA谈判，除美国外，海合会与世界各主要经济体之间都启动了FTA谈判，但在2009年以后，中断了所有谈判。到目前为止，海合会只同几个小型经济体（如新加坡、欧洲自由贸易联盟、黎巴嫩等）签订了自贸协定。

3. 已有FTA以货物贸易自由化为主

海合会现有的为数不多的几个自贸协定，主要是实施了货物贸易的自由化，并在少数服务贸易部门扩大了开放，基本没有涉及投资，只是承诺通过后续谈判来讨论。

4. 海合会对外区域经济合作曾受到美国—中东自由贸易区计划的严重干扰

2003年美国入侵伊拉克，提出美国—中东自由贸易区战略，相继与多个中东、北非国家签订双边FTA，其中就包括海合会成员巴林和阿曼。然而，按照海合会经济一体化协议的规定，6个成员国必须作为一个整体与其他贸易伙伴进行FTA谈判。因此，巴林、阿曼单独与美国缔结FTA引起沙特的强烈不满。美国提出建立美国—中东自由贸易区，除了想借此推进自身的全球反恐战略、推动阿以和平外，还带有明显的推进中东民主化的意图，海合会中经济实力最强的沙特阿拉伯对此坚决反对。据2008年1月海合会首脑会议所达成的共识，在启动海湾共同市场之后，海湾国家将集体同美国开展FTA谈判，阿联酋、卡塔尔和科威特都已经终止了同美国的FTA谈判。

（二）中海自贸协定对海合会国家财政收入的影响

海合会国家税种少且税负相对较低，从中国进口规模也不大，中海自贸协定签署对其财政收入影响较少。海合会国家关税水平较低，平均关税为5%。在37个部门中，水稻、建筑、运输仓储这3个部门的平均关税为0，其余20个部门的平均关税为0~5%。另外，除阿联酋（2014年从中国进口390.3亿美元）和沙特（2014年从中国进口205.8亿美元）之外，阿曼、巴林、科威特从中国进口规模都较小，即便按照取消平均关税水平计算，对这3个国家的税收收入影响也只有1亿美元左右。

（三）海合会的对外区域经济合作目标

1. 海合会的对外经贸合作目标

根据海合会于1999年发布的长期综合发展战略（2000—2025年），加强与其他经济和区域集团的合作是其八大发展目标之一，其目的在于加强海合会内部的一体化，包括扩大和深化内部市场、提高本地经济的效率、增强国际竞争力。海合会经济发展面临的最大挑战是经济结构单一，其GDP、出口和财政收入都高度依赖油气产业，经济社会发展特别容易受到国际油价大幅波动的冲击。因此，海合会的经济发展战略始终把推进经济多元化作为首要目标，其对外区域经济合作，也是为上述目标服务的。

2. 海合会的地缘政治策略

海合会成立的最初目的，就是要平衡伊朗和伊拉克的力量，防止什叶派势力的扩张。在英国于1968年撤出海湾地区后，美国取而代之，将海湾地区变为自己的石油基地。海合会一直希望能引入另一个域外大国来平衡美国的影响。这应该就是海合会与欧盟开展FTA谈判时在政治方面的考虑。

3. 海合会达成中海自贸协定的意愿

在全球原油供求由卖方市场向买方市场转变的情况下，海合会应该有很强的积极性为海湾石油寻求稳定的买家。全球经济低迷，加上美国页岩气产量大增，使得全球在未来相当长的时期内面临原油供大于求的局面。在主要原油进口国纷纷减少进口的情况下，原油进口不断增加的中国成为原油出口国争夺的对象。海合会应该有意愿通过中海FTA在中国获取更大的市场份额，从而稳定自身的石油产量和收入。从宗教、政治方面考虑，海合会也显然不希望看到以什叶派人口为主的伊朗和伊拉克的对华石油销售迅猛增长。

在伊朗核谈判达成妥协、伊朗原油出口即将快速增长的情况下，海合会与中国达成FTA协议的积极性会更高。

海合会对向中国出口石化产品寄予厚望。海合会的经济多元化战略已持续多年，但到目前为止效果并不令人满意。由于中国的市场需求规模巨大，因此海合会在谈判中应该会坚持要求中国对其开放石化产品市场。从中方角度看，开放市场会受到一定的进口冲击，但中方也可以要求海方对中国投资者敞开大门，通过与海方共同在海湾地区发展石化产业来分享利益。

在中国的全球影响力迅速增强的情况下，海合会很希望中国能成为推进中东和平进程的一支力量。在这方面，海合会曾对欧盟寄予很大希望，但由于欧盟的政治和军事实力明显逊于美国，仅凭经济力量很难对明显偏向以色列的美国起到平衡作用。由于经济实力的迅速增长、对外部能源的依赖度迅速提高，中国近年来已经开始在中东事务中发挥影响。相对于美国，中国的立场更为中立。通过签订自贸协定密切与中国的政治联系，应该是海合会所希望的。另外，中国一贯奉行的不干涉别国内政原则，也使得海合会比较放心。

案例5：中韩自贸协定经济影响的模拟分析[①]

中韩自贸协定于2014年5月签署，2015年12月20日正式生效。根据双方公布的关税减让方案，以2012年数据为基准，中方实现零关税的产品最终将达到税目数的91%、进口额的85%，韩方实现零关税的产品最终将达到税目数的92%、进口额的91%。由此可见，中韩自贸协定在中国目前和贸易伙伴签署的自贸协定中，具有涉及双边贸易额规模最大、自由化率最高等特点。课题组根据已公布的降税方案进行实证研究，结果表明中韩自贸协定有利于促进中韩双边经贸关系的长期、持续、较快发展，也将为双方带来巨大的宏观经济收益和结构调整效应。

一、中韩自贸协定的宏观经济影响

为了综合评价和比较中韩自贸协定的经济影响，课题组利用CGE模型，对已经公布的降税方案情景下（以下简称"降税方案"）中韩自贸协定可能

[①] 摘自国务院发展研究中心对外经济研究部课题组于2016年2月完成的研究报告。

产生的宏观经济影响进行了模拟分析。

1. 对降税方案自由化水平的评价

根据WTO的标准，区域贸易安排中关税的实质性减让包括两个方面，即关税减免产品的税目与进口额的占比都在所有产品的90%以上。按照已公布降税方案的中韩双方表测算，中方的自由化率按照商品品目和贸易金额计算，分别达到90%和85%，与中国目前已签署的自贸协定相比，贸易自由化率有了较大幅度的提高。此外，中韩双方按照贸易额计算的自由化率也分别超过85%和90%，基本达到了区域贸易自由化安排，尤其是经济大国之间自贸协定的开放水平。但是，中韩双边已公布降税方案的自由化率与韩美自贸协定等高水平协定相比还存在较大差距，而且中方开放水平还略低于韩方的自由化率。中韩双方都存在进一步提升降税水平的较大空间。

2. 降税方案的宏观经济影响评估

课题组利用CGE模型对已公布降税方案情景下的可能影响进行了比较与分析，并得到以下结论：

第一，中方将获得可观的宏观经济收益（见案例表5-1）。对降税方案的模拟结果显示：中韩自贸协定生效将使中国GDP名义增长率提高0.37个百分点，GDP实际增长率提高0.34个百分点，中国的国民福利因此增加49.5亿美元；面向全球的出口、进口增长速度分别提升1.81个百分点和2.5个百分点；全社会非熟练劳动力和熟练劳动力就业需求分别新增0.64%和0.69%；投资新增0.56%。如果按照2013年实际水平估算，中韩自贸协定将使中国GDP实际增加1948亿元（314亿美元），新增就业需求499万人左右。

案例表5-1　中方宏观收益

经济指标	根据已公布降税方案的模拟结果
名义GDP/%	0.37
实际GDP/%	0.34
国民福利/百万美元	4950
出口额/%	1.81
进口额/%	2.5
贸易条件/%	−0.13

（续表）

经济指标	根据已公布降税方案的模拟结果
贸易平衡/百万美元	-2382
非熟练劳动就业/%	0.64
熟练劳动就业/%	0.69
投资/%	0.56

资料来源：研究组CGE模型。

第二，中国对外贸易面临的市场竞争压力将有所上升。模拟结果显示，在已公布降税方案的市场开放条件下，中国面向全球的贸易条件将下降0.13%，贸易顺差将减少23.8亿美元。这和中韩双边贸易失衡、中韩之间价格总水平存在较大差异等因素有着直接的关系。但从短期来看，这些因素对中国外贸的不利影响相对有限；从长期来看，有助于促进国内市场竞争、缓解贸易顺差持续居高不下带来的失衡压力。

3. 中韩双方宏观收益的比较

模拟结果表明，在已公布降税方案框架下，中韩自贸协定将使韩国GDP名义和实际增长率分别提升3.09个百分点和0.97个百分点，高于中方增长率提升效果；韩方新增国民福利、出口和进口增长率、贸易平衡变化、贸易条件以及就业需求、投资增长率提升幅度均大于中方。这一结果主要受双方经济规模存在较大差异等因素的影响。从总量指标来看，按照2013年实际水平估算，韩国实际GDP金额新增127亿美元，就业可能新增31万人左右，明显小于中方获益的总量水平。双方获益程度大体平衡。

二、中韩自贸协定对两国产业的综合影响

分产业的模拟分析结果显示，中韩双边贸易自由化对中方具有不同竞争优势产业的影响存在较大差异。综合来看，多数产业将从市场开放中获益，产出、出口增长有所加快；少数产业受进口快速增长的冲击，国内产出将出现不同程度的下降。根据已公布降税方案进行模拟分析，结果显示中方的产业影响（见案例表5-2、案例表5-3）具有以下几个特点。

第一，多数产业将从中韩双边贸易自由化中获益。如果将产出变动作为产业影响的综合研究标准，那么模拟分析结果表明，在全部37个行业中，有

28个行业将获得不同程度的产出增长效果。其中有10个行业增幅高于全产业（GDP）平均增长水平，这些行业在全部产业中的比重将因中韩自贸协定产生的贸易创造效应而有所提高，其中包括了电子产品、服装、矿产品、纺织品、有色金属、加工食品、建筑业等重要产业；另外18个行业的增幅小于平均水平，这些行业产出将增长，但在全产业中的比重将会略有降低，其中包括了服务业、商业和运输服务、造纸和印刷业、机动车辆、金属制品等较大的产业。在所有产业中，有9个产业将受到相关产品进口快速增长的冲击，产出出现不同程度的下降。这些行业在全部产业中的比重也将因此下降，其中包括钢铁、机械产品、化工等较大制造业行业。总体来看：按照已公布降税方案达成的中韩自贸协定将使得我国多数产业从中获益，而且产出增幅普遍较大；四分之一的产业可能因此受到不同程度的冲击，但产出下降幅度普遍较小。跨产业部门分析进一步支撑了产出总体上升0.34%的综合研究结论。山东省开展的一项企业问卷调查结果显示，在受访的1692家企业中，只有2.3%的企业认为中韩自贸区对我国产业的总体影响是弊大于利，而认为利大于弊或利弊相当的企业高达56.3%。这些结果反映了市场主体对我国产业总体获益情况的乐观预期。

案例表5-2 根据已公布降税方案对中方产业影响的评估

产业	实际产出变动/%	出口增加（FOB）/%	进口增长（CIF）/%	贸易差额/百万美元
电子产品	1.71	2.68	2.42	1777.25
服装	1.38	1.74	1.18	890.79
其他粮作物	1.06	12.12	0.95	50.80
有色金属	0.68	7.61	2.60	212.09
其他运输工具	0.65	1.27	0.79	86.65
矿产品	0.63	2.63	5.07	114.11
建筑业	0.55	-0.42	0.46	-12.93
渔产品	0.42	6.19	1.73	65
纺织品	0.4	2.26	6.65	-200.6
加工食品	0.38	1.44	1.55	122.22
饮料和烟草	0.33	1.04	1.18	2.82

(续表)

产业	实际产出变动/%	出口增加（FOB）/%	进口增长（CIF）/%	贸易差额/百万美元
服务业	0.31	0.05	0.74	−336.91
蔬菜水果	0.3	−0.05	1.63	−21.21
商业和运输服务	0.28	−0.08	0.75	−99.52
动物产品	0.28	−0.15	1.25	−27.36
皮革	0.28	1.49	12.85	5.84
水稻	0.26	−1.11	1.53	−9.15
林产品	0.26	−0.61	0.71	−19.56
采矿	0.26	0.39	0.41	−59.22
植物纤维	0.25	−0.23	0.76	−20.28
造纸和印刷业	0.23	−0.34	0.64	−85.4
小麦	0.22	4.68	1.13	−9.96
机动车辆	0.19	1.64	2.36	−161.14
燃料	0.16	5.33	1.84	−117.03
油脂	0.16	3.44	0.84	−20.25
金属制品	0.15	0.76	5.39	−159.28
木制品	0.08	−0.06	0.94	−42.47
肉	0.07	−2	1.5	−42.36
油籽	0	−0.64	0.6	−46.58
钢铁	−0.01	0.37	2.44	−423.37
其他农作物	−0.02	0.07	1.52	−5.61
其他制成品	−0.03	−0.12	4.78	−164.78
机械产品	−0.06	1.90	3.30	−2202.36
毛织物	−0.08	−1.32	2.00	−16.40
化工	−0.15	2.07	2.71	−1396.92
奶制品	−0.18	−1.41	0.85	−5.15
糖	−0.52	−0.68	1.50	−4.14

资料来源：课题组CGE模型的模拟结果。

案例表5-3 中方获益和受冲击最大的产业

影响	产业	实际产出变动/%	出口增加（FOB）/%	进口增长（CIF）/%	贸易差额/百万美元
获益最大	电子产品	1.71	2.68	2.42	1777.25
	服装	1.38	1.74	1.18	890.79
	其他粮作物	1.06	12.12	0.95	50.80
	有色金属	0.68	7.61	2.60	212.09
	其他运输工具	0.65	1.27	0.79	86.65
冲击最大	机械产品	−0.06	1.90	3.30	−2202.36
	毛织物	−0.08	−1.32	2.00	−16.40
	化工	−0.15	2.07	2.71	−1396.92
	奶制品	−0.18	−1.41	0.85	−5.15
	糖	−0.52	−0.68	1.50	−4.14

资料来源：研究组CGE模型的模拟结果。

第二，电子产品、服装、其他粮作物、有色金属和其他运输工具是我国获益最大的产业。按照产出增幅最大的顺序排列，我国从中韩双边自贸协定中获益最大的行业将是电子产品制造业。模拟结果显示，这一产业的产出增长将提高1.71个百分点；其次是服装制造业、其他粮作物，产出增幅分别达到1.38个百分点和1.06个百分点；有色金属和其他运输工具名列第四位、第五位，产出增幅分别为0.68个百分点和0.65个百分点。

五大获益产业受到的影响具有以下几个共同特点：一是中韩自贸协定导致面向全球出口增长速度的提升效果大于进口；二是贸易顺差将会明显扩大，如电子产品贸易顺差可能增加17.8亿美元，服装的顺差也将增加9亿美元左右；三是均为我国具有传统竞争优势的劳动密集型产业或资源密集型产业。中韩双边相互开放市场，有利于中国继续发挥相对比较优势，进一步提升面向全球的出口竞争力，为我国产业增长提供有力支撑。企业问卷调查结果也可以印证这一结论。33.9%的受访企业认为韩国开放市场将使我国对韩出口实现大幅度增长或有所增长，比回答可能大幅度下降或有所下降的企业高出30.3个百分点。

第三，我国受冲击最大的行业将是化工、机械产品、糖、奶制品、毛织物等五类产业。模拟结果表明，受中韩自贸协定的影响，我国糖产业的产出将可能减少0.52%,在10个下降行业中降幅最大;其次是奶制品和化工,降幅分别在0.18%和0.15%;毛织物、机械产品产出降幅分别达到0.08个百分点和0.06个百分点。其中,机械产品、化工作为两大重要制造业行业,因中韩自贸协定导致产出增速下降的现象是最值得关注的。从模拟结果来看,这两大行业的出口增长将分别上升1.9个百分点和2.07个百分点,但由于进口增速提升幅度更大,抵消了部分出口增长效果,贸易逆差扩大,导致产业产出增速有所下降。糖、奶制品和毛织物的出口将出现下降,进口增速提高,贸易逆差扩大,最终导致产出出现较明显的下降。但总体来看,机械产品和化工的出口将保持增长,并且产出降幅较小;毛织物、糖和奶制品3个行业产出规模并不大,受冲击的程度较为有限。

案例表5-4 对中韩两国产业的影响

中国		韩国	
产出增长率上升的产业	产出增长率下降的产业	产出增长率上升的产业	产出增长率下降的产业
电子产品、纺织品、加工食品、植物纤维、矿产品、采矿、动物产品、金属制品、服务业、饮料和烟草、油脂、建筑业、有色金属、燃料、皮革(15)其他运输工具、服装、其他粮作物、机动车辆、木制品、油籽、小麦、渔产品、林产品、钢铁、商业和运输服务、毛织物、蔬菜水果、水稻、造纸和印刷业、肉(16)	奶制品、化工、机械产品、糖(4)其他制成品、其他农作物(2)	电子产品、纺织品、加工食品、植物纤维、矿产品、采矿、动物产品、金属制品、服务业、饮料和烟草、油脂、建筑业、有色金属、燃料、皮革(15)奶制品、化工、机械产品、糖(4)	其他运输工具、服装、其他粮作物、机动车辆、木制品、油籽、小麦、渔产品、林产品、钢铁、商业和运输服务、毛织物、蔬菜水果、水稻、造纸和印刷业、肉(16)其他制成品、其他农作物(2)

资料来源:研究组CGE模型的模拟结果。

3. 中韩产业影响的比较

按照已公布降税方案进行模拟的计算结果显示,由于中韩两国相对比较优势的不同,各自产业受到的影响存在较大差异(见案例表5-4)。在全部37个行业中,15个行业在两国的产出都会因双边自贸协定而加快增长,其中包括电子产品、纺织品、加工食品、金属制品、服务业、建筑业、有色金属等重要产业。这表明贸易自由化使得双方为数众多的产业共同获益。中国还有16个行业的产出增长率也会提升,但韩国的这些行业可能出现不同程度的产出下降,其中包括其他运输工具、服装、商业和运输服务、造纸和印刷业等中方具有较强比较优势的产业;机动车辆和钢铁是两个例外,韩国企业同样具有较强优势,但随着中国市场对韩国企业扩大开放,韩国产品进入中国市场的机会增加,可能导致国内产品价格上升,在一定程度上抑制面向全球其他市场的出口。在中国受到冲击的6类产业中,韩国有4类产业的产出增长可能加快,其中包括化工、机械产品等韩国强势产业;其他制成品和其他农作物等两类产业,在中国和韩国的产出都会出现一定程度的下降。总体来看,中韩两国的大批产业将共同受益,中国产出增长的产业数量较多,韩国优势产业的产出增长提升幅度较大,尤其是机械产品、化工等重要行业增长加快,可在一定程度上弥补韩方其他产业受损部分。按照相对增长率计算的韩方产业整体获益水平(全产业产出实际增长率提高1.01个百分点)高于中国(0.38个百分点),但中方产业获益的经济总量将明显大于韩方。这是双方经济互补性的正常表现,两国产业获益可实现大体平衡。

三、中韩自贸协定对农业部门的影响

我们利用可计算一般均衡模型(CGE)对以降税方案为基础的中韩贸易自由化分部门影响进行了模拟。结果表明,中国农业部门将受到的影响表现在以下三个方面:一是大多数产品将从中韩自贸协定中获益。在15个大类农业产品中,有12类产品的产出都会增长,其中增长最快的是其他粮作物、油产品、植物纤维、蔬菜水果和动物产品;和已公布降税方案的模拟结果比较,这些产品产出增长幅度进一步上升。二是受进口增长加快的冲击,少数产品的产出将下降。受中韩贸易自由化的影响,中方的其他农作物、奶制品和糖等3类产品的产出将下降,其中糖产出下降幅度高达7.86%,是所有产业中受冲击最为严重的产品,主要受进口可能出现15%左右增长因素的影响。三是中韩自贸协定给中国农产品贸易平衡带来的变化较小。模拟结果表明,在15类中国农产品中,除渔产品、其他粮作物的贸易顺差分别会增加0.65亿美元和0.5亿美元之外,多数农产品面向全球的贸易逆差将会有所增加,但普遍规模较小,在0~0.51亿美元,因此对这些产品贸易平衡的影响程度有限。

另外,模拟结果显示,在目前水平下,韩国农业部门的受损面较大,但受损幅度不大。在15个大类产品中,有10个大类产品的产出下降,但是下降幅度超过1%的只有其他粮作物、油籽、小麦这3类产品。与受冲击的农产品相比,韩方的糖产品产出将增长12.7%,是韩国农产品中获益程度最高的产品。

总体来看,作为具有较强比较优势的产业领域,中国农业将从中韩自贸协定中获得较多机会和利益。问卷调查结果也显示,中国农业生产企业对中韩FTA的看法总体上是正面的。在受访的56家农林牧渔业企业中,回答对农业影响整体利大于弊的企业比重比回答弊大于利的企业高出18.5个百分点;另外,33.3%的企业认为农产品实行零关税后,中国对韩国出口将会大幅度增长或有所增长,比例高于其他选项。如果把农林牧渔业的下游产业,如农副食品加工、食品制造、酒饮料和茶制造、烟草制品等的行业调查结果包括在内,认为对韩出口会有所增长或大幅增长的受访企业比例进一步上升,其中酒、饮料和茶制造业尤其乐观,这一比例达到65%。另外,烟草制品、食品制造、酒饮料和茶制造这三个行业中,认为中韩自贸协定将会使企业经营收益有所增长或大幅增长的受访企业比例分别高达60%、58%和54%。

四、中韩自贸协定对工业部门的影响

从CGE模型模拟的结果看,按中韩双方降税方案,中国的工业部门总体是获益的。在19个大类产品中,有16类产品的产出都会增长,其中电子产品和服装等两类的产出增长率分别达到2.2%和1.24%,是所有工业行业中增幅较大的;其次为其他运输工具、有色金属、矿产品和纺织品,产出增幅在0.5%以上,高于工业品平均增幅。从增幅排名前4位的行业来看,产出增长主要来自出口增速快于进口、贸易顺差较大幅度增加等因素的贡献。从贸易平衡来看,中方总体上会增加25亿美元的工业品贸易逆差,量也很小。分产品来看,电子产品和服装将分别增加21亿美元和8亿美元的贸易顺差;化工产品和机械将分别增加16亿美元和27亿美元的贸易逆差,但产出基本没有变化,说明中国国内对化工和机械产品的旺盛需求足以消化中韩FTA带来的进口增长,国内生产并不会因此而萎缩。

问卷调查显示,中国工业企业对中韩自贸协定对中方工业部门影响的看法总体上是积极和乐观的。在按照国民经济分类的25个工业子行业中,有24个子行业受访企业都认为中韩FTA对本行业的影响总体上利大于弊(即认为

利大于弊的受访企业比例显著高于认为弊大于利的企业比例）。黑色金属冶炼和压延加工业（钢铁）是唯一的例外，在该行业中，认为中韩FTA利大于弊的受访企业比例与认为弊大于利的企业比例大体相当。这可能与韩国在钢铁工业领域具有较强国际竞争力、中国企业对市场开放导致进口快速增长的有所担忧存在直接的关系。

中韩自贸协定对韩国工业部门的影响相对较大，19个大类产品中有12类产品的产出将实现增长，皮革、机械产品、有色金属、化工、燃料、电子产品、饮料和烟草等产业的增幅都在1%以上；受损的产业为其他运输工具、汽车、服装、钢铁、其他制成品、木制品等，其中其他运输工具产出下降幅度高达10.7%。从贸易平衡的变化看，韩方会因中韩FTA增加24亿美元的工业品贸易顺差，主要来自机械产品、化工和电子产品3类产品。从模拟结果来看，按照总量计算的中方获益大于韩方，但按照相对增长率估算的韩方产业获益高于中方。中韩双方的产业获益大体保持平衡。

总体来看，中方的工业品税目自由化水平和贸易额自由化水平分别为90.3%和86%，达到了较高标准。但与韩方税目96.9%和进口额92.5%的工业品自由化率相比，中方仍然存在一定差距。分产品来看，中方现有假设情景对石化、钢铁等原材料行业采取了较多的过渡期保护措施，汽车、机械、电子和轻工等行业也存在进一步提高自由化水平的空间。

案例表5-5　主要国家（地区）双边自由贸易协定

名称	生效日期	自由化率	涉及领域
日本—新加坡经济合作协定	2007年9月	货物贸易：日本进口总额的95%免税，新加坡进口的所有商品免税 服务贸易：新加坡方面比GATS约定自由化率更高	货物贸易、服务贸易、经济合作
日本—东盟全面经济合作协定	2008年12月（印度尼西亚尚未批准）	货物贸易：日本在10年内达到进口总额的93%免税，东盟六国（泰国、印度尼西亚、菲律宾、马来西亚、新加坡、文莱）在10年内达到贸易额的90%（商品种类的90%）免税，东盟四国（柬埔寨、老挝、缅甸、越南）根据各自发展水平设置有区别的关税减让时间表	货物贸易

(续表)

名称	生效日期	自由化率	涉及领域
日本—印度经济合作协定	2011年8月	货物贸易：日本在10年内达到进口额的97%免税，印度在10年内达到进口额的90%免税	货物贸易、服务贸易
新加坡—澳大利亚自由贸易协定	2003年7月	所有商品免税、服务市场开放、知识产权保护、竞争政策、关税手续简化等	货物贸易、服务贸易、经济全面合作
中国—东盟自由贸易协定	2010年1月	货物贸易：中国和东盟六国在2010年以前、和东盟四国在2015年以前达到贸易额的90%免税 服务贸易：协定生效后即相互开放一部分市场，并在协定生效一年内商定需进一步开放的市场 投资协定：相互给予国民待遇、最惠国待遇、投资上的公平公正待遇，承诺提高投资法律法规透明度，营造自由便利、透明公正的投资环境	货物贸易、服务贸易、投资协定
印度—新加坡全面经济合作协定	2007年12月	印度：马上废除506种商品的关税；到2009年4月1日之前阶段性废除2202种商品的关税，将2407种商品的关税降到50%以下 新加坡：废除全部进口关税	货物贸易、服务贸易、投资保护合作等
韩国—新加坡自由贸易协定	2006年3月	韩国：91.6%的商品种类（大部分农林水产品除外）在十年内免除关税 新加坡：所有商品即时免税	货物贸易、服务贸易、投资、政府采购、知识产权
韩国—东盟自由贸易协定	2007年6月	货物贸易：双方原则上同意在2010年1月以前相互撤销90%（进口总额、商品种类、正常货物贸易）的关税；在2016年以前，将剩下7%商品（敏感品种）关税下调0~5%；剩下3%商品（高敏感品种）关税，根据各国具体情况分为豁免、长期减税、设定关税配额等从A到E这5个组别	货物贸易、服务贸易、投资协定

（续表）

名称	生效日期	自由化率	涉及领域
中国—新加坡自由贸易协定	2009年1月	货物贸易：中国在2010年1月之前撤销97.1%的商品关税，新加坡在协定生效后即时撤销所有关税 服务贸易：相互在教育、医疗领域放宽准入限制	货物贸易、服务贸易
韩国—印度全面经济合作协定	2010年1月	在协定生效后8年内，印度对韩进口额的74.5%实现零关税，韩国对印进口额的84.7%实现零关税	货物贸易
印度—东盟全面经济合作框架协定	2010年1月	在2013年以前免除占商品种类80%且占贸易额75%的正常货物贸易的关税	货物贸易
美国—新加坡自由贸易协定	2004年1月	美国对新加坡进口商品在10年内免税	货物贸易、服务贸易
美国—澳大利亚自由贸易协定	2005年1月	澳对美出口的97%、美对澳出口的99%实现免税。对澳大利亚产牛肉、乳制品等实行配额制度	货物贸易
韩国—欧盟自由贸易协定	2011年7月	货物贸易：韩国免除商品种类81.7%（工业品90.7%）的进口关税，欧盟免除94.0%（工业品97.3%）的进口关税。关于工业品，欧盟在5年内、韩国在7年内撤销关税。双方在5年内，撤销包括农产品在内98.7%（按金额计算）的商品关税	货物贸易、服务贸易
韩国—美国自由贸易协定	2012年3月	货物贸易：双方在3年内互免进口额94%的关税。在商品种类上，10年内，韩美分别免除98.3%和99.2%的关税 服务贸易：根据负面清单获得比GATS更大的自由化 贸易救济：美国承诺在展开反倾销调查前通报韩方并可以协商	货物贸易、服务贸易

资料来源：日本贸易振兴机构官网（www.jetro.ho.jp），截至2013年9月1日。

案例6：推进区域全面经济伙伴关系协定谈判的意义[①]

面对当前全球经济复苏持续低迷、贸易保护主义迅速抬头、逆全球化潮流明显加剧的严峻形势，作为世界上经济规模最大、人口最多、贸易和投资活动最为活跃的区域贸易安排，由中国、日本、韩国、澳大利亚、新西兰、印度和东盟十国共同发起的区域全面经济伙伴关系协定谈判受到国际社会的广泛关注，中国和相关成员国普遍期待谈判能够尽早取得成果。

研究组认为，面对日益严峻的逆全球化和贸易保护主义形势，加快RCEP建设进程的战略意义已经超越了区域贸易协定谈判的范畴。权衡RCEP谈判的利弊得失，不能仅看经济利益的得失、大小，更要从政治外交、拓展国际发展等国际战略的角度评判。尽快达成RCEP协定，建立我国能够发挥重要作用的大型贸易集团（Mega-FTA），这将推动我国在构建高水平自贸区网络、全球经贸规则重构和国际经济格局大调整中争取战略主动，为提升我国在全球经贸合作和经济治理中的话语权打开新的局面、创造更为有利的条件。

一、维护开放的世界贸易体系，保持全球化发展势头

当前，全球经济正处于2008年国际金融危机爆发之后的深度调整过程中，主要发达国家的政策转向和贸易保护主义迅速抬头，对多边贸易体系和经济全球化造成巨大冲击。2016年6月英国公投结果开启了欧盟第二大经济体的脱欧进程，"二战"以来持续时间最长的区域一体化进程严重受挫。在此基础上，欧盟内部一些国家的保守和反全球化力量不断冲击现有政治格局，将欧盟拖入分裂的风险迅速上升。2017年1月，正式就职的美国总统特朗普着手落实竞选期间的许诺，高调宣扬"买美国货，雇美国人"的政策主张，推出一系列贸易保护主义举措，宣布退出TPP和重启NAFTA谈判，全面开展针对贸易伙伴的所谓公平贸易调查，试图绕开WTO多边体系单方面对贸易伙伴采取限制性措施，并计划动用税改等手段，吸引到海外投资的美国企业回归。在全球经济持续低迷、贸易增速连续5年低于全球经济增速的背景下，这些严重的贸易保护主义倾向加大了全球经济复苏的不确定性，对逆全球化趋势起到了推波助澜的作用，引发了许多国家的担忧甚至恐慌。

[①] 摘自国务院发展研究中心对外经济研究部课题组于2016年12月完成的研究报告，本书出版时已作适当的修改。

建成RCEP对维护开放的世界贸易体系和保持经济全球化势头,将发挥积极的作用。历史经验表明,经济全球化是世界和平发展和繁荣的重要保证。在过去40年中,中国坚持改革开放的大政方针,抓住了全球化快速发展的重大机遇,收获了经济持续较快增长的全球化红利,跃升为全球第二大经济体。但中国要真正跨入高收入国家的行列,还需要做出长期的努力。全球化带来的机遇、新动能和良好外部环境仍然是中国实现强国目标的重要条件。作为新兴大国,中国对于经济全球化的积极态度和行动,对于维护全球开放的多边贸易体系与保持全球化发展势头具有举足轻重的作用。面对美欧主要经济体日趋转向逆全球化和贸易保护主义政策之际,我国应该坚持高举维护开放的世界贸易体系的旗帜,和国际有识之士一起,努力保持和继续推进经济全球化。

广泛参与的区域经济一体化是全球化的重要组成部分。RCEP包括16个亚太成员,覆盖全球近一半人口,经济总量占比和贸易投资增速都高于欧盟与NAFTA。如果RCEP16个成员加强合作、在已取得成果基础上加快推进谈判,有望在近期内催生目前全球经济规模最大、人口最多、成长性最强的经济一体化区域集团,显著增强世界上多数国家对于实现贸易投资自由化的信心,促进区域各国经济的持续稳定和较快发展,为全球经济增长和全球化注入新动力。

二、加快亚太经济一体化进程,推进我国自贸区网络建设

东亚发展中经济体通过参与全球产业分工,明显加快了自身工业化进程,经济发展进入持续较快发展轨道,总体经济实力和在全球经济中的地位不断提升。但这些经济体长期以来面临的结构性问题没有得到根本解决,新的矛盾还在不断显现:一是严重依赖北美和欧洲市场,区域内贸易比重偏低,外部市场冲击的风险居高不下;二是为摆脱经济落后,有效吸收跨国公司资本要素、扩大出口、带动本国经济与就业增长的压力持续上升;三是区域内发展中国家在全球治理改革中的话语权与其不断上升的经济地位不相适应的问题日趋凸显,参与全球经贸规则制定的机会和能力严重不足;四是发达国家主导的TPP、TTIP等高标准自由贸易安排所具有的排他性作用,增加了大多数发展中经济体在新一轮区域一体化浪潮和规则重构中被边缘化的风险;五是东亚双边和次区域贸易安排呈碎片化,贸易投资自由化安排带来的贸易创造效应较为有限。

2012年RCEP谈判正式启动，作为和TPP同样通向未来亚太地区整体经济一体化的两大路径之一，RCEP受到广泛关注和期待。随着美国经济政策转向和退出TPP，RCEP谈判对于继续推动亚太地区经济一体化、破解地区成员发展与合作瓶颈的关键作用更加凸显。达成RCEP协定，建成超大型区域贸易集团，在区域内形成规模巨大的统一市场和更加优化的生产分工网络，增强成员之间的凝聚力和行动力，有助于RCEP成员改变经济发展过于依赖美欧市场的局面，避免在发达国家主导的区域经济合作中被边缘化的困境，提升RCEP成员在吸收国际先进技术和投资中的竞争力。

RCEP区域内市场的形成和其对经济增长的促进作用，促使我国首次参与大型区域贸易协定谈判，这对加强与RCEP成员的经贸联系、增强对区域外成员的吸引力、提高其与中国商签区域或双边贸易投资自由化安排的积极性，有着不容忽视的促进作用，将有助于推进我国构建高水平的自贸区网络。

研究组于2016年12月面向国内2212家企业开展的问卷调查结果显示，超过56.2%的企业认为，"在TPP中途流产的背景下，恰好是中国作用提升的机会，应当加大RCEP推进力度"；在表示对自贸区的作用"十分了解"的企业（797家）中，持这一看法的受访者更是高达70.3%（见案例表6-1）。

案例表6-1 受访企业对推进RCEP谈判的态度

选择答案	全部受访企业		了解FTA的企业	
	数量/个	比例/%	数量/个	比例/%
是中国作用提升机会，应当加大RCEP推进力度	1242	56.2	560	70.3
竞争压力减轻，可放慢RCEP推进节奏	405	18.3	121	15.2
没有必要继续推进RCEP了	98	4.4	33	4.2
不知道	467	21.1	83	10.4
合计	2212	100.0	797	100.0

注："了解FTA的企业"指在问卷中回答非常或比较了解FTA经济影响的受访企业。

问卷中的问题：前一段时间，大家都认为美国主导的TPP（跨太平洋伙伴关系协定）和中国力推的RCEP是通往亚太地区经济一体化的两个途径，存在竞争关系，而且TPP已签署协定走在了前边。但随着特朗普当选，美国可能退出TPP，我国的RCEP推进策略需要如何调整？

资料来源：DRC课题组问卷调查数据。

三、实质性推进"一带一路"建设，打造沿线国家命运共同体

2017年5月14~15日举行的"一带一路"峰会取得了巨大成功和丰硕成果。"一带一路"建设区别于单一的排他性自贸协定等传统的区域合作制度性安排，倡导开放包容、互利共赢的合作理念，坚持政策沟通、市场导向和企业主体的合作机制，推行适合实际需要的多元化合作方式，是对区域合作模式的重大创新。在具有较为成熟贸易投资关系、较高市场开放水平的经济体之间，通过谈判签署自贸协定也是"一带一路"贸易畅通建设的一项重要内容，是更高层级的合作方式。RCEP成员处于"一带一路"沿线或延伸地区，推动RCEP进程有利于通过深化参与方之间的经贸合作关系，为"政策沟通、贸易畅通、设施联通、资金融通、民心相通"提供便利条件和制度性保障。

作为开放性区域合作的重要支撑，一体化程度更高的RCEP可以通过巨大的贸易和投资创造效应，有效发挥辐射和带动作用，为"一带一路"的广阔腹地输送资本、技术等生产资源，形成潜力巨大的区域市场；还可以不断积累建设覆盖范围更加广泛的自贸区经验，逐步打造制度和市场双链接的"一带一路"命运共同体。而且，这次"一带一路"峰会的成功举办，也能为RCEP谈判创造有利的舆论影响。借此机遇，加快推进和达成RCEP协定，与"一带一路"建设形成相互促进的正反馈效应。

案例表6-2 受访企业关于RCEP对华经济影响的总体判断

选择答案	全部受访企业		了解FTA的企业	
	数量/个	比例/%	数量/个	比例/%
利大于弊	832	37.6	396	49.7
弊大于利	299	13.5	160	20.1
利弊基本相当	464	21.0	136	17.1
不确定	617	27.9	105	13.2
合计	2212	100.0	797	100.0

注："了解FTA的企业"指在问卷中回答非常或比较了解FTA经济影响的受访企业。

四、扩大贸易创造效应和促进竞争，提供中国经济转型升级的新动能

建立RCEP区域自由贸易协定产生的资源优化配置、贸易促进等静态效应，与促进市场竞争和跨境投资的动态效应相结合，将促进中国经济转型升级。国际经验及理论研究表明，区域贸易自由化可以有效实现区域市场融合，显著增加成员贸易和投资机会，提升要素资源配置效率和企业生产率。随着成员范围扩大、经济互补性加强，尤其是发达国家参与其中，上述作用会进一步增强，有利于成员方整体产业结构和技术升级，提升区域生产网络在全球产业分工和价值链中的地位。

中国经济进入新常态，传统比较优势逐步减弱，国际竞争新优势尚未真正形成。为了保持经济中高速增长，实现结构转型升级和创新驱动发展，必须通过深化供给侧结构性改革和更高水平的对外开放，在更大范围内有效配置和整合要素资源，激发微观主体活力。一方面，需要大力推动传统产业在周边国家投资布局，充分利用周边发展中国家的丰富劳动力资源，巩固并提升劳动密集型产业的国际竞争力；另一方面，需要以巨大的市场空间和最为齐全的产业配套体系为依托，注重高技术产业核心环节，培育技术创新能力和产业竞争新优势。在RCEP的16个成员中，既有日本、澳大利亚、新西兰等发达经济体，也有韩国、新加坡等后工业化国家，还有大批处于工业化中后期，甚至初期阶段的发展中经济体。RCEP所具有的经济互补性强、市场空间巨大、资本和劳动要素资源丰富等优势，与经济一体化带来的贸易投资创造以及竞争促进效应相互叠加，能很好地适应中国经济转型升级对内外经济环境、条件的新要求，为中国经济长期较快发展注入持久动力。

当然，高水平的市场开放是一把双刃剑，部分商品和服务进口增加、市场竞争加剧，可能对国内弱势产业造成不利影响，增加企业倒闭和劳动者失业风险。因此，科学把握市场开放与安全保障之间的关系、客观研究可能带来的影响、做好利弊预判和谈判策略准备，对于实现中方利益最大化、降低国内结构调整和政策协调成本，具有十分重要的理论和现实意义。

案例7：中日韩自贸区进程需要再提速[①]

目前，在影响经济全球化未来方向的诸多因素中，最大的变数是正在迅速升级和蔓延的全球性贸易争端。特朗普挑起中美经贸摩擦和全球贸易战，对贸易和投资自由化产生两大效应：一方面，多边体系遭受冲击，经济全球化的制度和规则基础受到严重损坏；另一方面，单边保护倒逼当事方市场开放，双边或次区域经济一体化出现新突破。在这一背景下，面对逆全球化的严峻形势和长期化趋势，推动贸易投资自由化和区域经济一体化持续发展，加快中日韩自贸区建设进程的必要性和紧迫性日趋凸显。

一、全球区域经济合作新变局

美国特朗普上台执政之前的较长时间内，在多边自贸区建设缓慢前行的背景下，全球区域合作大调整加快展开，形成了以下格局：一是签署自贸协定成为全球范围内双边及区域多边合作的新潮流和主要共识。二是贸易自由化覆盖领域明显扩展，不仅涉及传统的货物贸易和市场准入，而且包括服务和投资自由化、市场标准、规则等边境后内容；成员间承诺的开放水平也普遍提高。三是以TPP、TTIP、日欧EPA为代表的跨区域大型自贸协定谈判相继启动，美国、欧盟、日本等主要发达经济体将其视为实现外交和地缘政治目标、主导全球新规则制定的重要工具。四是新兴经济体推进自贸区建设的力度明显加强，主要目的在于回避贸易投资转移效应的不利影响，提高国际竞争力和保持经济外交的均衡关系。五是东亚区域一体化出现突破性进展，与欧美等其他地区的差距有所缩小，中韩、中日韩、RCEP等区域多边自贸协定谈判先后启动，贸易自由化标准明显提升。受这些因素影响，全球主要经济一体化安排之间大体走向一定程度的均衡。

2017年特朗普就任总统之后，美国的贸易政策发生重大转向，在大肆实施单边主义和贸易保护主义措施、不断对贸易伙伴输美商品加征关税的同时，区域自由贸易谈判也进行了大幅度调整，先后宣布退出已签署并等待正式生效的TPP协定、对NAFTA开启重新谈判、停止TTIP谈判等。在这一背景下，全球区域合作出现新变局。一是经日本的大力推动，由原TPP的11个成

[①] 根据赵晋平在中日韩合作秘书处于2018年9月19日在中国北京举办的"第五次中日韩自贸区研讨会"上所作的主旨讲演整理。

员正式签署CPTPP协定。二是欧盟、日本结束谈判签署日欧EPA，成为高水平跨区域大型贸易自由化安排的新范例。三是美欧零关税协定在美欧经贸摩擦倒逼下浮出水面，美日取得同样成果的可能性明显上升，三大发达经济体通过双边协定"结盟"的格局初现端倪。新变局已经打破原有的均衡，给中国、韩国、东盟等新兴市场带来的挑战尤为突出。

二、中日韩自贸区建设面临的挑战和机遇

在新一轮区域经济一体化格局大调整中，中日韩自贸区建设面临十分严峻的挑战。一是美欧、日欧、CPTPP，甚至美日等跨区域贸易集团在全球经济中占有较大份额，也是中国最为重要的贸易投资伙伴，贸易转移效应将给中国面向这些地区的贸易投资活动造成冲击；韩国由于已签署韩美、韩欧自贸协定，受到的影响相对有限，但也存在与日本的竞争关系；日本与中韩等本地区经济伙伴之间的贸易投资活动也可能相应减少，作为三国合作动力源泉的区域内经济融合关系面临弱化风险。二是主要发达经济体试图通过深化相互经济关系，联手掌控全球经济和贸易投资规则的主导权，制约新兴经济体不断上升的影响力，中国将是其中的主要围堵对象之一，韩国等东亚其他国家也未免不在其列。这些国家面临着在区域合作及规则制定中被边缘化的风险，各方在区域内谈判中的规则对接可能存在差异。三是三国各自都存在一些高度敏感领域。中日韩自贸区的贸易自由化标准将高于以往协定；中国市场开放压力较大，尤其是一些边境后议题上的谈判难度显著上升；日本、韩国也面临农产品及其他敏感商品贸易自由化遭受国内强烈反对的较大压力。四是外部因素加大了中日韩以及东亚各国关系的复杂性，由于区域内各国与域外大国，尤其是美国之间关系复杂，东北亚区域内部不稳定因素凸显，周边部分国家存在"远交近攻"和"大国平衡"的政策倾向，都有可能触及三国相互关系中的敏感问题，损害三国谈判的互信基础和行动力。

在当前形势下，中日韩自贸区建设面临的有利条件和机遇也明显增加。一是中日韩自贸协定谈判从正式启动到2018年的较长时间内进展较为缓慢，而且始终未能取得实质性成果。但在这一时期，三国各自在推进自贸区建设方面均已取得较大进展，中韩双边自贸区建设先行取得实际成果，日本在加入和引领较大规模跨区域贸易协定谈判方面积累了较多经验，有利于提升各自在中日韩FTA谈判中的开放水平和适应能力，谈判的难度有所降低。如果

三国都有加快推进谈判的积极意愿，那么就可以早日取得成果。二是中国、日本、韩国三国相互政治关系在经历了连续多年多种原因引发的不稳定甚至低迷阶段之后，目前已走向明显改善，三国领导人通过互访和参加多边会议的机会成功开展对话，政府间的政策协调和对话机制重新恢复，有利于创造推进自贸区谈判的政治互信环境和良好氛围。三是在单边主义和贸易保护主义抬头的国际新变局中，三国都已成为美国挑起经贸摩擦的受害方，通过深化相互之间的合作关系来维护正常国际贸易环境和秩序、推动区域贸易和投资自由化的意愿较为强烈。2018年7月，三国领导人会议在日本东京成功举办，达成了加快推进三国自贸协定谈判的高度共识，目前谈判进程已经有所提速。

三、中国在推进中日韩自贸区谈判中的积极作用

21世纪初以来，中国的自贸区战略取得了一定成效，但是和世界主要经济体和周边国家的实际进展相比，不论是自贸区伙伴数量、贸易覆盖率，还是自由化标准等方面，仍然存在较大差距。在货物贸易领域，如何在提高市场开放水平的条件下，客观评价产业冲击和确定敏感产业；如何选择原产地规则和执行方式，需要制定科学合理的谈判策略和应对措施。在服务贸易领域，中国在金融、电信、文化、医疗、教育和法律服务等方面仍有较为严格的市场准入限制，而这些也往往是包括日本和韩国在内的发达国家优势突出、较为关切的领域，在未来的三国自贸区谈判中将面临较大开放压力。关于政府采购、知识产权、国有企业、劳工标准、环境保护等区域谈判中不断拓展的所谓"边界后议题"或"新议题"，中国目前的进展尚存在较大差距，也将成为中国参与中日韩自贸协定谈判以及范围更加广泛新一轮贸易投资自由化的难点。

推进高水平自贸区建设是应对国际环境变化的严峻挑战、抢抓战略机遇、倒逼经济体制改革、全面提升开放型经济水平的战略需要。理论研究和国际经验表明，高水平的自贸区网络，有利于促进市场竞争和跨境贸易投资加快发展，有利于培育参与和引领国际经济合作竞争新优势，有利于促进经济、就业和国民福利增长。更为重要的是，高水平自贸区建设有利于形成倒逼机制，以开放促改革，助力经济高质量发展。

目前，关于加快自贸区建设进程的必要性和紧迫性，在中国国内已经形成了广泛共识，并且在推动中韩、中日韩、RCEP谈判方面已经作出了明确部署，取得了实际进展。中国提出了努力构筑面向全球的高水平自贸区网络的目标，并将现阶段的重点放在早日完成中韩、中日韩和RCEP谈判上，放在"一带一路"自贸区布局取得扎实进展等方面。近几年我国作出的一系列扩大开放举措也为推进自贸区战略的实施提供了有力保障。

中国将在推动中日韩自贸区谈判进程方面采取更加积极的行动，发挥更加重要的作用。日本和韩国也需要抓住这一机遇，提升自身自贸区建设水平，为促进东亚一体化发展采取更加积极的措施。加强中日韩自贸区谈判和三国在东亚区域合作领域的协调合作是当前三方经济合作的最重要课题之一。

四、加快推进中日韩自贸区谈判的政策建议

第一，中日韩自贸区谈判进程应当进一步提速。建议采取分阶段谈判方式，争取使以货物贸易为主的第一阶段成果能够在2020年前正式生效；随后2~3年使三方自由化合作全面覆盖至货物贸易、服务贸易和投资领域。在推进方式上需要有所创新，可将中韩自贸协定谈判等双边成果纳入三方框架内，以减少谈判环节，加快谈判节奏；根据先行先试的需要，也可将三国地方合作内容纳入自贸协定框架，充分利用示范区或先行区等特殊功能区，在服务业相互投资准入方面适用高于全部关境开放水平的负面清单，进一步加强这些开放平台在推动更高水平服务贸易自由化和深化地方合作方面的试验田作用。

第二，三方应兼顾迂回贸易风险控制和企业运用便捷化的需要，在谈判中应用科学、合理、务实的原产地规则，结合各国产业结构调整的方向，保持对敏感和劣势产品的灵活处理方式，用好敏感产业过渡期安排等手段，最大限度降低市场开放和结构调整的成本。

第三，着眼于东北亚地区长期稳定和经济发展的需要，在朝鲜半岛实现南北和解以及其他经济体具有积极意愿条件下，三方应在中日韩自贸区取得成果的基础上，推动贸易自由化合作逐步拓展到包括域内其他国家在内的东北亚全域。

第四，进一步加强与自贸区建设相关领域的深度合作。一是共同维护多边贸易体制和规则，充分表达反对单边主义和贸易保护主义的坚决态度，有

效利用WTO在处理经贸争端中的核心作用，加强反制贸易保护行为的联合行动，确保世贸组织改革在鼓励和支持区域贸易合作方向上有新的拓展。二是加强三国在RCEP和其他区域一体化进程中的政策协调和沟通，为在2019年结束的第一阶段谈判创造有利条件，提供必要的知识与经验共享，并为启动亚太自贸区谈判做好准备，以实际行动推动经济全球化的深入发展。三是保持中日韩三方交流对话，分享各自成功经验，为高水平自贸区谈判提供支撑。日本、韩国在参与高水平区域协定方面积累了丰富经验，关于"边境后议题"的解决也取得了明显进展。中国应当学习和借鉴这些经验。四是把三国相互之间的贸易投资便利化合作放在重要位置，下大力气改善营商环境，努力提高货物通关、货币兑换以及跨境贸易投资结算和人员往来的便利性。

参考文献

[1] 倪月菊. "经济北约"重塑国际贸易格局. 人民日报, 2013-07-25.

[2] 孙玉红. 《美韩自由贸易协定》的新变化及其背后的动态博弈. 当代亚太, 2012（1）.

[3] 夏至红. "世外桃源": RTAs在WTO多边贸易框架外的新发展. 经济经纬, 2006（3）.

[4] 巩胜利. 21世纪：美国新战略"三大"规则: TPP、TTIP、PSA之后的全球贸易新规则新秩序的"破立"格局. 国际金融, 2013（3）.

[5] 曹云华. 21世纪初的东盟对话政策探究. 世界经济与政治论坛, 2007（4）.

[6] 张海琦, 李光辉. TPP背景下中国参与东亚区域经济合作的建议. 国际经济合作, 2013（3）.

[7] 李波. 澳大利亚和日本双边自由贸易（FTA）谈判中的农业问题. 世界农业, 2008（10）.

[8] 朱洪. 不断深化的中国—巴基斯坦自由贸易区建设. 国际商报, 2008-12-01.

[9] 李咏涛. 从东亚区域经济合作看日本的战略问题. 经济经纬, 2004（2）.

[10] 赵晋平. 从推进FTA起步：我国参与区域经济合作的新途径. 国际贸易, 2003（6）.

[11] 钟海涛, 袁波. 东盟FTA战略的新进展及影响. 国际贸易, 2010（1）.

［12］陈琪，周舟．东盟对中国—东盟自贸区的顾虑．国际政治科学，2010（4）．

［13］卢孔标，王守贞．东盟自由贸易协定的基本特征、推动因素与前景展望．区域金融研究，2010（3）．

［14］平川均，乔林生．东亚FTA的进展及面临的课题．日本研究论集，2006．

［15］许祥云．东亚FTA体系中的原产地规则与东亚生产体系．当代亚太，2010（2）．

［16］薛敬孝，张伯伟．东亚经贸合作安排：基于可计算一般均衡模型的比较研究．世界经济，2004（6）．

［17］宋玉兰．对"中国—东盟自由贸易区"问题的再思考//中国社会科学院党校第33期进修班中国社会科学院党校办公室赴广西壮族自治区边境地区国情调研文集．［出版地不详：出版者不详］，2009．

［18］沈铭辉．对构建中国FTA战略的思考．新视野，2009（6）．

［19］姚新超．多边主义还是区域（双边）主义．国际贸易，2006（8）．

［20］赵晋平．泛太平洋伙伴关系协定与中国的自贸区战略．国际贸易，2011（4）．

［21］王红霞．服务业国家安全及整体战略：美国双边及区域自由贸易协定的战略目标及启示．国际贸易，2004（10）．

［22］高潮．哥斯达黎加：进入美洲市场的重要平台．中国对外贸易，2012（10）．

［23］张鸿．关于中国实施自由贸易区战略的思考．国际贸易，2009（3）．

［24］高潮．关注中巴自贸区带来的投资贸易机遇．中国对外贸易，2011（11）．

［25］王巍．国际自由贸易协定的商签趋势与对策思考．北方经贸，2013（1）．

［26］王红娟．韩国—欧盟自由贸易协定解析及对我国区域贸易发展的启示．北方汽车，2012（3）．

［27］文燉．韩国FTA政策与东亚区域主义的未来．当代韩国，2010（4）．

［28］廖小健，廖新年．韩国的FTA战略．外交评论，2005（10）．

［29］赵金龙．韩国的自由贸易区战略及其动机．韩国研究论丛，2011（1）．

［30］孙永．韩国加速推进FTA战略．学习与探索，2007（4）．

［31］李明权，韩春花．韩国已签署FTA中的农产品贸易规则分析．东北亚论坛，2010（4）．

［32］崔兑旭．韩国自由贸易协定（FTA）的推进战略．当代韩国，2006（1）．

［33］杨达．韩美FTA及对韩国知识产权法的可能影响．企业导报，2011（6）．

［34］刘婷婷．韩美FTA下的版权研究与中国版权对策．法制与社会，2009（21）．

［35］苏萃芳，李晓蕾．韩美FTA与中新FTA中劳工条款比较研究．法制与社会，2009（32）．

［36］金佑炯，安世英．后韩美FTA时代的中韩自贸区．上海经济，2011（8）．

［37］姬艳洁，董秘刚．基于巴拉萨模型的中国新西兰FTA贸易效应研究．亚太经济，2012（6）．

［38］马建军，付松．基于美欧经验的自由贸易区发展战略．国际经济合作，2007（5）．

［39］陈志阳．加快我国自贸区建设面临的四大困难与对策．对外经贸实务，2012（11）．

［40］杨虹．减税意外成焦点，中日韩FTA谈判分歧大进展难．中国经济导报，2013-08-15．

［41］盛玮．建立中国—哥斯达黎加FTA的有利条件与制约因素．对外经贸实务，2009（11）．

［42］陈柳钦．建立中日韩FTA的有利条件、制约因素及路径选择．日本问题研究，2008（2）．

［43］张叶红．建立中日韩自贸区的可行性及方案分析．商，2013（12）．

［44］远宁．解读《中国—秘鲁自由贸易协定》．大经贸，2009（5）．

［45］宋锡祥．解读中国与新加坡自由贸易协定．国际商报，2009-10-13．

［46］高潮．借助自贸协定优惠条件拓展哥斯达黎加和中美洲市场．中国对外贸易，2011（10）．

［47］张天桂．开放战略升级和金融危机后中国FTA战略的深入实施．亚太经济，2013（1）．

［48］许庆，范英．零关税政策背景下中国—东盟自贸区农产品贸易对中国经济影响的模拟分析．世界经济研究，2011（11）．

［49］张帆．论构建中国的FTA战略．开放导报，2004（5）．

［50］赵晋平．迈向制度性经济合作：日本FTA战略若干评价及多方案比较选择．国际贸易，2003（8）．

［51］赵金龙．美国TPP战略的动机及其对东北亚经济一体化的影响研究．东北亚论坛，2012（6）．

［52］张其佐．美国加速推动建立TPP和TTIP：动因何在？影响如何？．光明日报，2013-06-12．

［53］刘重力，杨宏．美国重返亚洲对中国东亚地区FTA战略的影响：基于TPP合作视角的分析．东北亚论坛，2012（5）．

［54］张琦．美韩自贸区会引起蝴蝶效应吗？．大经贸，2007（5）．

［55］郎艺，冉鹏．美韩自贸协定影响及对策．中国财政，2012（13）．

［56］孙元江．美欧自贸区建立对中欧经贸的影响．对外经贸，2013（5）．

［57］李春顶．美欧自贸区建设与中国应对策略．中国市场，2013（15）．

［58］李春顶．美欧自贸区意欲何往．世界知识，2013（8）．

［59］江时学．欧美自由贸易的影响何在．经济，2013（5）．

［60］陈浩．欧洲经济德国化对中日韩FTA的启示．铜陵学院学报，2013（3）．

［61］李金波．浅析全球FTA热的成因及特征．黑龙江社会主义学院学报，2004（1）．

［62］闫燕妮．区域经济合作是中国走向贸易强国的战略选择．现代商贸工业，2007（10）．

［63］江瑞平．全球"FTA热"：态势、成因与对策．港口经济，2003（2）．

［64］匡增杰．全球区域经济一体化新趋势与中国的FTA策略选择．东北亚论坛，2013（2）．

［65］赵放．日本FTA战略的困惑．当代亚太，2010（1）．

［66］李俊久．日本FTA战略论析．当代亚太，2009（2）．

［67］任明，任熙男．日本FTA政策的动向、特征及展望．现代日本经济，2007（5）．

［68］潘涛．日本的FTA战略．日本问题研究，2007（2）．

［69］金永洙，徐芳．日本的FTA战略动向及其对中国的影响．日本学论坛，2006（1）．

［70］赵洪．日本的FTA战略与东亚经济合作．亚太经济，2005（2）．

［71］彭霞．日本海外知识产权战略研究．财经理论与实践，2013（4）．

［72］张祖国．日本积极推进FTA战略的若干问题．日本学刊，2004（3）．

［73］朱颖，罗英．日本欧盟自由贸易协定的背景与展望．日本研究，2013（1）．

［74］朱颖．日本实施FTA战略的进展和挑战．东南亚研究，2006（3）．

［75］王艳红．日韩对东盟的FTA战略及我国的对策．改革与战略，2011（6）．

［76］张海琦，袁波．深化中国—东盟自贸区合作的总体思路与措施．国际经济合作，2013（7）．

［77］李霞．世界FTA发展趋势与我国的区域经济合作战略．南方经济，2005（8）．

［78］李雪威，吴昊．新贸易环境下中韩FTA促进战略评析．东北亚论坛，2013（3）．

［79］姜茜．新形势下我国FTA的特点及战略取向．对外经贸实务，2009（2）．

［80］龚占奎，曾霞．亚太地区FTA整合问题研究．南开学报，2013（4）．

［81］陆建人．亚太地区双边自由贸易协定及其影响．经济研究参考，2003（14）．

［82］衣淑玲．亚太地区新双边FTA与中国的应对策略．甘肃社会科学，2006（1）．

［83］庄芮．亚太区域经济合作下的中国FTA战略．国家行政学院学报，2012（3）．

［84］沈铭辉．亚洲经济一体化：基于多国FTA战略角度．当代亚太，2010（4）．

［85］高潮．用足中秘自贸协定创造双边贸易佳绩．中国对外贸易，2011（6）．

［86］詹映．知识产权战略视野下中日韩FTA中的知识产权问题．科技与法律，2013（4）．

［87］胡琨，陈新．中—瑞自贸区将开启中欧经贸新天地．中国经贸，2011（4）．

［88］张皞．中巴FTA的签订与双边贸易展望．国际经贸探索，2009（9）．

［89］周念利，宋鸿飞．中巴自贸区服务贸易开放水平评估、提升方向及对策建议．南亚研究，2011（4）．

［90］田园，程宝栋．中巴自贸区服务贸易自由化机制分析．国际经济合作，2012（12）．

［91］郎永峰，尹翔硕．中国—东盟FTA贸易效应实证研究．世界经济研究，2009（9）．

［92］邝梅，周舟．中国—东盟自由贸易区创建与发展的政治经济分析．当代亚太，2008（3）．

［93］姜文仙，许娇丽．中国—东盟自由贸易区的经济效应分析．东南亚南亚研究，2010（1）．

［94］李根生，岳伟．中国—东盟自由贸易区实施效果分析．合作经济与科技，2010（4）．

［95］程慧．中国—哥斯达黎加自贸协定的介绍及启示．中国经贸导刊，2012（3）．

［96］高金田，刘婷．中国—瑞士建立自由贸易区的可行性研究．国际商务，2010（2）．

［97］赖明勇，谢锐．中国—新加坡自由贸易协定的背景、内容及影响．国际经贸探索，2009（8）．

［98］樊莹．中国—新西兰自由贸易区的经济效应展望．外交评论，

2005（8）.

［99］宋玉华，张海燕. 中国FTA面临的战略挑战及中欧FTA的地位研究. 南开学报，2013（4）.

［100］赵晋平. 中国FTA战略日渐清晰. 瞭望新闻周刊，2005（36）.

［101］东艳，邱薇. 中国参与区域经济合作的历程回顾与战略思考//2008年中国经济特区论坛：纪念改革开放30周年学术研讨会论文集. 2008-12-13.

［102］樊莹. 中国参与区域经济一体化的战略利益及特点. 国际经济合作，2005（3）.

［103］沈铭辉. 中国参与双边FTA：历程与前瞻. 国际经济合作，2010（4）.

［104］王玉主. 中国东盟自由贸易区：合作的缘起与利益分析//厦门大学南洋研究院50周年暨"当代东南亚政治与外交"学术研讨会大会手册. ［出版地不详：出版者不详］，2006.

［105］魏民. 中国东盟自由贸易区的构想与前景. 国际问题研究，2002（4）.

［106］蔡鹏鸿. 中国同东盟单个国家建立双边FTA对地区经济政治关系的影响. 社会科学，2005（8）.

［107］张波，郭连成. 中国与新西兰双边贸易的发展及签署FTA的经济效应. 国际经济合作，2008（8）.

［108］笪志刚. 中国自贸区战略面临新风险、新挑战与有效路径选择. 对外经贸，2013（1）.

［109］刘雪峰. 中国自由贸易区：富有吸引力的投资措施. 中国经贸，2013（2）.

［110］刘德标，马志杰. 中国自由贸易区：开放自由的服务贸易. 中国经贸，2013（2）.

［111］杜梅. 中国自由贸易区：内涵丰富的经济合作机制. 中国经贸，2013（2）.

［112］黄鹏，汪建新. 中韩FTA的效应及谈判可选方案：基于GTAP模型的分析. 世界经济研究，2010（6）.

［113］徐梅．中日韩FTA的进展、影响及前景探析．日本学刊，2012（5）．

［114］赵金龙，程轩，高钟焕．中日韩FTA的潜在经济影响研究：基于动态递归式CGE模型的研究．国际贸易问题，2013（2）．

［115］刘向丽，王厚双．中日韩FTA的三大经济瓶颈及发展趋势探讨．亚太经济，2013（1）．

［116］刘晨阳．中日韩FTA服务贸易谈判前景初探：基于三国竞争力的比较．国际贸易，2011（3）．

［117］刘重力，盛玮．中日韩FTA战略比较研究．东北亚论坛，2008（1）．

［118］施锦芳，方庆亮．中日韩建立FTA面临的问题、可行性及对策分析．日本研究，2013（1）．

［119］魏民．中日韩自贸区谈判与中国的应对．当代世界，2013（5）．

［120］鲁翔宇．中新自贸协定："蛋糕"的背后．经济，2008（6）．

［121］朱洪．自由贸易协定：中国与发展中国家南南合作的新桥梁．国际贸易，2009（9）．

［122］李丹萍，杨静．自由贸易协定中的商标权TRIPS-plus条款研究：基于美国、欧盟、日本的研究．广西社会科学，2013（2）．

［123］孙玥．TPP到CPTPP：背景、影响及中国的对策．商业文化，2017（33）．

［124］竺彩华，韩剑夫．"一带一路"沿线FTA现状与中国FTA战略．亚太经济，2015（4）．

［125］杨源源，于津平．中日韩FTA战略差异比较与区域经济合作前景．亚太经济，2018（1）．

［126］徐步，张博．中国—东盟贸易关系现状、问题和前景展望．亚太安全与海洋研究，2017（5）．

［127］李光辉．中国自贸区建设的发展实践研究．东北亚经济研究，2017（1）．

［128］全毅．全球区域经济一体化发展趋势及中国的对策．经济学家，2015（1）．

［129］陈柳钦，宾建成．世界双边自贸区的发展趋势与中国的对策探讨．国际问题研究，2005（5）．

[130] 盛斌. 迎接国际贸易与投资新规则的机遇与挑战. 国际贸易, 2014（2）.

[131] 杨力. FTA中原产地规则对贸易的影响研究：以中瑞自贸区为例. 南京：南京大学, 2018.

[132] 王健新. 区域主义视角下中韩组建自贸区的动因分析. 复旦学报, 2016（1）.

[133] 廖战海, 曹亮, 张亮. 中韩FTA对两国贸易结构的影响研究. 宏观经济研究, 2016（8）.

[134] 李艳丽. 美国的FTA战略与石油安全. 国际经济合作, 2007（12）.

[135] 詹小洪. FTA战略：韩国经济坚挺的利器. 领导文萃, 2016（8）.

[136] 李艳丽. 印度FTA战略和能源安全分析. 对外经贸, 2015（9）.

[137] 贺平. 新型跨区域主义的重要一环：日本—欧盟EPA/FTA初探. 日本学刊, 2014（2）.

[138] 全毅, 沈铭辉. 区域全面经济伙伴关系（RCEP）的中国视角. 国际贸易, 2014（6）.

[139] 曹云华, 朱幼恩. 论东盟的区域经济一体化战略. 暨南学报（人文科学与社会科学版）, 2005（1）.

[140] 张天桂. 中国加快实施FTA战略的思考. 合作经济与科技, 2015（12）.

[141] 柳彦. 平衡部门利益和国家利益：中国自由贸易区战略的决策制度. 世界经济与政治论坛, 2016（2）.

[142] 保建云. 中国与东盟各国双边贸易发展前景及存在的问题. 国际经贸探索, 2008（4）.

[143] 曹亮, 曾金玲, 陈勇兵. CAFTA框架下的贸易流量和结构分析：基于GTAP模型的实证研究. 财贸经济, 2010（4）.

[144] 张卉. "一带一路"战略背景下中国参与FTA的现状、问题及对策研究. 财经理论研究, 2015（5）.

[145] 田燕梅. 中国双边FTA建设面临的问题及推进策略. 中国商贸, 2014（20）.

[146] 李丽. 印度FTA战略及其对中国的启示. 印度洋经济体研究,

2014（2）.

［147］刘昌黎. 东亚双边自由贸易研究. 大连：东北财经大学出版社，2007.

［148］李俊久. 日本FTA战略论析. 当代亚太，2009（2）.

［149］钟海涛，袁波. 东盟FTA战略的新进展及影响. 国际贸易，2010（1）.

［150］张蕴岭. 东亚合作需要创新. 国际经济评论，2010（1）.

［151］吴正龙. 对TPP的几点思考.（2010-09-16）www.Chinadaily.com.cn/zgrbjx/2010-09/16/content_11308896. htm.

［152］赵晋平. 跨太平洋伙伴关系协定：经济影响与对策. 北京：中国财政经济出版社，2013.

［153］邓喻静. TPP：美国制衡中国新招. 中国经营报，2011-07-09.

［154］刘非. 中国应对TPP. 学习时报，2011-12-07.

［155］蔡成平. 日本加入TPP对中国的影响. 金融时报，2011-11-09.

［156］美国国家情报委员会. 全球趋势2025：转型的世界. 北京：时事出版社，2011.

［157］PENH P. Joint Declaration on the Launch of Negotiation for the Regional Comprehensive Economic Partnership［2011-11-××］.http：//www.asean.org.

［158］BASU D S. Asia's regional comprehensive economic partnership. East Asia forum，2012.

［159］US rule of TPP halts natural expansion.Global times，2011.

［160］KAWAI M, WIGNARAJA G. ASEAN+3 or ASEAN+6：Which Way Forward?. ADB institute discussion paper，2007，77.

［161］KAWAI M, WIGNARAJA G. The Asian 'Noodle Bowl'：Is it serious for business?. ADBI working paper series，2009，136.

［162］KAWAI M, WIGNARAJA G. Free trade agreements in East Asia：A way toward trade liberalization? Masahiro Kawai，Ganeshan Wignaraja. http：//www.adb.org.

［163］WIGNARAJA G. ASEAN+3/+6 or TPP？Pathways towards East Asian

FTA Consolidation. Asian development bank,2011,2.

［164］TANAKA H. Bridging Asia and the pacific: Japan's role in reinforcing the US pivot. East Asia insights,2011.

［165］KAWAI M,WIGNARAJA G. Asian FTAs: trends, prospects and challenges. Journal of asian economics,2011.